管媒行动

宗族村落中的媒、婚姻制度和社会构建

何粉霞／著

GUANMEI XINGDONG

ZONGZU CUNLUO ZHONG·DE MEI

HUNYIN ZHIDU HE SHEHUI GOUJIAN

 人民出版社

小人物大社会(代序)

一、小人物

说到"小人物",这是我们为这个研究课题设定的核心概念。所谓小人物,是指生活在社会底层,属于"草根"社会的人物。任何人,只要他生活在社会底层并属于"草根"社会,就是小人物。以官与民两分法看,就是官员治下的庶民这个社会阶层。与"小人物"概念相对应的,是"大人物",他们属于上层社会,属于精英阶层。有学者讲道:"在日常生活史考察中,人们大抵把这个概念想成一个单独的领域,一个跟许多重要系统相对立并与之区分开来的'小人物世界'。在这种模式中,一边是实行统治的精英人物、制度机构和意识形态,一边是日常。在日常这一边生活的人,他们虽然是被统治的和受管辖的,然而却拥有许多'固执的'可能性和'弱者的计谋'。"①这里所讲的"日常",显然是指小人物的日常生活,其实,大人物也有日常生活,只是那可能是"高大上"的。

小人物在一般社会中,是多数;他们处在社会底层,是基础;他

---

① 见[瑞士]雅各布·坦纳:《历史人类学导论》,白锡堃译,北京大学出版社 2008 年版,第 88 页。

1

们属于"草根"社会，是生命。所以，小人物可能命"贱"，但人不"贱"；可能事平庸，但人不平庸。小人物靠个人劳动为生，不管是依靠体力，还是依靠脑力。他们作为个体，可能有时决定不了自己的命运，但是，作为整体，却在创造世界。所以，毛泽东讲："人民，只有人民，才是创造世界历史的动力。"然而，遗憾的是，史学往往着眼于大人物，小人物则常常是被忽略的，这是因为每当历史的关键时刻，他们在大人物耀眼的光环之下，总是变得黯淡，历史学所以不写他们。但族群学或人类学要写他们，这是我们这个学科的独特之处。

小人物离真实的世界相对最近，对世事之跌宕起伏也体会的相对最真切，他们切己的生活也相对最真实。小人物为了生存和生活，不得不跟各种困难做斗争，所以就磨炼出了他们的真智慧；小人物为了生存和生活，不得不探索他们周围的世界，所以就创造出了真知识；小人物为了生存和生活，不得不体验生命之不易，所以就拥有了真性情、真情感。小人物的人生，因此是丰富的、饱满的，但小人物的人生也是充满个性的，因为每个人的人生是不可以代劳的，他们必须自己度过，必须亲自一天天、一点点地度过。小人物或许可以有代表性、典型性，但是，我们在意的是个别性或个性，因为这才是基本的，是常态。包括人在内的世界上的事物难道是可以原样复制的吗？真的可以成为代表和典型吗？

就像精彩的故事充满情节一样，小人物精彩的人生也充满细节，只是故事的情节可能是虚构的，小人物的生活细节则是真实的。"真实"最能写出他们的朴实感人之处。族群学的人物传记细节决定一切！表达方法是格尔兹（Clifford Geertz）所讲的"深描"(thick description),深度描写。"细"与"深"没有底线,只有尽可能地细,尽可能地深,细到无法再细,深到无法再深。该简约的只是故事,而不是情节。只有细而深,才有丰富多彩的情节,这是一种原貌,是个性特征的真实所在。我们的口号是:绝不拒绝细节! 要跟细节决战! 我们绝不要"公分母"式的小人物,我们只要不可化约的"分子"。

德国的著名哲学家康德(Immanuel Kant)曾讲过一段名言,在他死后被用作墓志铭,说的是:"有两种东西,我对它们的思考越是深沉和持久,他们在我心灵中唤起的赞叹和敬畏就会越来越历久弥新,一是我们头顶浩瀚灿烂的星空,一是我们心中崇高的道德法则。"在康德的心目中,能与星空相比较而值得探索的,就是人的心灵。小人物的一生,同样闪烁有亮点,在他们的心灵深外,更拥有人性的光辉,在芸芸众生之中,他们就像星空中那些离我们遥远的星星,容易被耀眼的明星所遮蔽,研究就是要发现他们,让他们在我们心灵的星空中,大放光亮,让他们宝贵的经验和智慧,照亮未来人的前行之路,使他们的世界不再黯淡。

二、小人物世界

说到"小人物世界",这也是本书的核心概念。要理解这个概念,得从两方面着手:一个是客观世界,一个是主观世界。客观世界就是小人物日常生活的物质世界,是他们所在的"草根"社会世界,这是一个时间和空间概念,有其相对的确定性和有限性,但也有变化性和复杂性。草根社会世界既自成独立时空体系,也向上层精英社会世界敞开,在国家意识形态和政府体制内,受其渗透和操控,并建构为其内在固有的组成部分。人的一生就像流水,总是流动不居,这个客观世界也是流动不居。小人物的流动人生,有时可能是横向的,有时可能是纵向的,有上有下,有下有上,他们的客观世界亦随之。小人物的一生,所以要面对多个客观世界,在每个客观世界中,他们都得重活人生。不同的客观世界中,有不同的人事关系,有不同的生活条件,就得处理不同的人事关系,适应不同的生活条件。正是客观世界的变动性和复杂性,决定了人生的色彩缤纷。

小人物的主观世界是他们的精神世界。主观精神世界对映于客观物质世界,不是后者的原样摹写,也不可能是原样摹写,因为在摹写的过程中,介入了小人物的人生体验,客观中包含有主观的创造。小人物颇具个性色彩的知识结构、性格特点、观点立场、情绪特征以及认知和情感等种种因素,会使其创造产生出异彩纷呈的结果,从而形成他们不同的世界观和人生观,形成不同的价值结构,不同的利益诉求。小人物的主观精神世界与其客观物质世界的关系,打个比方,就像将一个泥人打碎,再用他们自己的审美情趣和艺术创意,重塑一个新的泥人出来。这样,旧的泥人只是提供了素材,产品是又一个新的作品。不是这样吗?然而,正是这样一种主观精神世界,或主观精神境界,一步步地决定着小人物的人生演绎。思维决定行动,选择决定方向,情感决定力度,一切都要打上主观精神烙印。

小人物世界就是我们的方向,是我们的目标,是我们的目的地,是我们的工作场,只有走进这个世界,只有走进这个工作场,才能找到那个真正的小人物,创作那个小人物,不进入这个世界,或离开这个世界,就会迷失那个真正的小人物,就会英雄无用武之地。所以，迷失就意味着失败。

三、另一位小人物

这另一位小人物就是我们自己，就是我们所谓的课题"研究者"。每部书都有一位小人物，也都有另一位小人物，他们是谁可以选择，但都是小人物没得选择，因为这是实验研究的设定。谁说研究一定是研究者的专利？谁说研究比生活更有特权？我们的实验就是要把研究还原到生活，把研究者的专利，让渡给生活中的小人物们。所以，出场的全部都不是族群学家或人类学家，甚至不是经过如此这般训练的。出场的是清一色的小人物，他们也都有自己的"小人物世界"，是不可化约的性情中人。实际上，生活中的人，才更具研究者本色，他们不研究，怎么生活，怎么创造有意义的人生？生活不是研究，生活中没有研究吗？研究能离开生活，离开生活还能研究人吗？所以，即使族群学或人类学家，一定要深入生活之中。这不仅是一个研究过程，更是一个向生活学习的过程，向生活要真知，要洞见，体验真情感的过程。

本课题设定的实验场景是：这另外一位小人物，带着满脸的茫然，带着对未知的犹豫，却又满怀期待地，像被抛出去一样，走进了小人物世界中。在芸芸众生之中，他们寻找那位缘分注定的小人物。找啊找，找啊找，功夫不负苦心人，终于找到了。于是两个小人物的故事开始了。接下来的情景是：两个小人物经常"约会"，一起聊天，一起说笑，一起交心，说到动情处，也许会哭。两个小人物还经常煲电话、浪微信，会一起访亲会友，一起出出入入，就这样，他们一天天由陌生，变得熟悉，变得知己，成了好朋友。过了相

5

当长的一段时光，这另一位小人物，静下心来，满脸肃穆，坐在灯前，打开电脑，认认真真地，一个字一个字地，历历在目地，若有所思地，敲出了那段珍贵的生命或精神之旅，敲出了所知道的他，也让历史停留在那一刻：这就是那个时代的小人物，还有小人物身上映射出的那个时代、那个社会的有留存价值的剪影。

新黑格尔主义者"布拉德雷完全在黑格尔的意义上认为，历史学家从这些杂乱无章、真假难辨的材料中得出什么，取决于他本人是什么，取决于他带给这项工作的那种经验整体。历史学家接受证词，就意味着使见证人的思想成为历史学家自己本人的思想，亦即在历史学家自己的心灵里重演那种思想"①。的确如此，应该如此！本书的每一位小人物，就是带着他们本色的自己，带着他们的"经验整体"，在自己的心灵里重演那位坐他们面前的小人物的人生，以致最终，他们成了那位小人物的形式。这正是亚里士多德也表达过的思想，即认知者当然不是被认知的事物，但却是被认知的事物的形式。②

四、说话

本书更深刻的指向是人的生命，这不仅仅是对生命的探索，对另一位小人物而言，还是一场生命体验。著名的新康德主义哲学家狄尔泰（Wilhelm Dilthey），曾从本体论立场提出生命是世界本原的命题，并主张通过内心体验或理解，来领悟人生意义。我们可

---

① 见张志伟、冯俊、李秋零等：《西方哲学问题研究》，中国人民大学出版社1999年版，第237页。

② 参见张汝伦：《现代西方哲学十五讲》，北京大学出版社2003年版，第205页。

以这样来理解他的意思，即人们要从内心来体验自己的生命，因为这是最直接最亲切的方式，以此实现理解自己生命的同时，也能理解他人的生命，以致理解一般生命的意义。理解生命，的确是一项最庄严的使命，它期待于每一位来到这个世界上的人。本书就是对这一庄严感召的认真的回应。问题是：怎么才能理解呢？本书找到的方法，就是说话，是互动地发生在小人物世界里的、两个小人物之间的说话。这种说话，就是要他们各自讲出自己的生命故事，交换生命体验，分享对生命意义的理解。只有真诚的说话，才能相互走进对方的"小人物世界"，尤其是他们的主观精神世界，即走到对方的心里边去。在后现代主义族群学或人类学中，这一方法，有的说成是"对话"（dialogue），有的说成是谈话或交谈（talk），同时也重视生命史（life history）的研究，我们虽然不一定赞成其对跨文化比较等方法的排斥，但却觉得这个方法在这里是有用的，只是需要进一步向中国本土日常生活中还原：我们的方法是"说话"，即在"他们在说话""他们说的没完没了的"的意义上使用。在说话和理解的实验情景中，没有外来的研究者，"移情"作为极其重要的社会认知概念，是必要的，由此可以进入并拥有他人的感受和情感，主位和客位视角则多余了，①这是因为，前者本来是社会意义的，后者则是学术意义的。小人物和另一位小人物，不是研究对象和研究者的关系，他们只是另一类社会生活中的说话者。

　　生命的意义就是活着的意义，这是一种创造性地活着的意义。

----

　　①　所谓"主位视角"（emic），是指研究者设身处地地站在被研究者的地位上，以他们的方式，去感知和认识；"客位视角"（etic）是研究者自己的视角。

每个人都有活着的权利，都有创造性地活着的权利，但各自的情况不同，活出的意义也不一样，所以这个世界才有无数种生命意义。这样就为每个人提出了同一个课题，这就是，人们不能光顾自己活着，还应该知道别人怎么活着。有这个必要吗？对一些个人也许没有必要，但对于人类整体，是非常有必要的。自然造物，唯独使人成为人，成为生命的最高承领者，这是极大的恩赐。人类没有辱没使命，生命的意义是人自己提出来的，也必须由人自己来回答，由每个人用其鲜活的生命来回答。人类不仅要理解自己生命的意义，还要理解宇宙的生命，狄尔泰也是这个意思。要完成这一使命，不理解他人活着的意义能行吗？不互动地说话能行吗？

我们不仅要理解生命，还要呈现生命，呈现生命的本事也是自然造物给予人类的。生命固然可以通过哲学的形式呈现，以论理的方式呈现，但这样做，一定会失去某些生命固有的鲜活色彩，所以，还要艺术地呈现。艺术具有感染力，可以产生震撼效果，生命的震撼无处不在，只要有足够的感受力，就会体会得到，只要有足够的艺术表现力，就能呈现得出来。恰好，如今的族群志已经艺术化、文学化、诗化。族群志的艺术手法是"真实的虚构"（true fiction），它要求内容一定要真实，但怎样呈现，给予其以什么样的形式、体裁，可以实验。所以，我们要大胆实验，要大胆地显示个性，不要顾及什么标准，标准之下，一定不会有艺术，有真正的呈现！

作物生长需要有土壤、阳光和水，这是它们演绎生命的条件。小人物的成长也需要有演绎他们生命的土壤、阳光和水，这是一种比喻：小人物的土壤就是他们的生活，就是他们的生活关系，阳光和水是他们生活中各种不期而遇的社会条件和机会，学术上叫做

"语境"。小人物必须放在这种语境中才能理解，才能书写。作物生长会遇到风霜雨雪、病害虫鸟之灾，这是它们演绎生命中的命数。小人物也会有各种不期而遇的困难或危机，这也是他们的命数，他们的语境。命数是一种生命的必然性，是决定生命方向和归宿的语境矢量。在命数面前，人们会表现出不一样的意志，是抗拒？是顺从？是超然？由于主、客观条件的选择不同，命运也不一样。人们常说"红花得要绿叶配"，个人的人生就好比是红花，他生命中的人和事就好比是绿叶，两者相配的法则是：只有"绿"的精彩和个性才配"红"的精彩和个性。研究者需要对此敏感，要有真切的体贴、理解与同情。必须指出的是，主体不会自动生成意义，语境也不会自动生成意义，只有特定的主体在特定的语境中的实践才会生成意义，这就要求意义的理解必须回到已被特定主体和特定语境深刻规定的实践中去。

五、比小人物更多

有句话说得好：一滴水可以照出世界。小人物就是这滴水，他可以照出人的社会世界，可以照出我们这个时代的社会世界。研究小人物，其实就是研究这个社会世界！这是我们的方法，是我们的追求，也是我们的信念。所以，请用我们的认真，用我们的真情，用我们充满创意的智慧，打开小人物世界，见证他们的百变人生，写出他们生命的故事！

为历史存照！

孙振玉

9

自　序

　　婚姻问题一直是人类学关注的主题,在中国存在了近千年的媒妁文化传统,其在婚姻家庭建构中的独特作用,引起国内许多学者的兴趣和关注。本书选取西北特征比较鲜明,并具有宗族文化背景的 N 村作为调研地点,试图从管媒行为的视角,去解读 N 村的管媒行动在婚姻制度中的社会功能,并借用英国社会学家安东尼·吉登斯(Anthony Giddens)的"结构化理论"为指导,结合多学科理论的跨学科解读,来诠释 N 村的婚姻制度如何在社会不同权威的操控中有效运行,其运行的机制以及对 N 村社会建构所产生的重要影响。

　　本人采用深度参与观察调研方法,与 N 村人同吃同住三个多月,并结合问卷调查的具体数字化统计和重点个案访谈,搜集第一手的重要材料。在写作期间,查阅大量文献资料,结合自己的思考,完成了本书撰写。在对 N 村的管媒行动和婚姻制度的研究中,本书的研究围绕三个问题四个论点展开。三个问题:(1)管媒在 N 村婚姻制度中起到什么样的作用? (2)N 村婚姻制度是如何运作,其运作机制是什么样的? (3)N 村的婚姻制度与族群的再造(再生产)有什么样的关联? 四个论点:(1)管媒行动是弥合传统文化与婚姻制度结构协同问题的关键环节。N 村媒婆群体的出现是社会结构的客观需要，传统文化的内敛特征，与婚姻制度客观上需要开放的交往环境逆存。媒人是活跃的，他凭借本身的人脉资本、信息资本、个人天赋，对婚姻男女的角色弱化在职能上进行了代替和转换，促成婚姻，也完成了社会结构的构建。（2）媒人操控着整个婚姻过程，事实上，媒人的管媒行动也受到社会中的"行政权威"和"社会权威"操控。媒人利用自己头脑中的"默识意识"操纵着管媒的过程，而"默识意识"是社会文化制度在个体头脑中的内化，并附加个体的自我判断而形成的观念，在社会实践中导引个体按照社会的规范活动。（3）婚姻制度的运行机制由三个基础循环构成，即管媒—家庭—传统文化—价值场域的循环（基础循环）；管媒—婚姻过程·关系—交换网络循环（辅助循环）；价值场域—交换网络—社区·族群之间的循环（核心循环）。宗族村落的婚姻制度是一个闭合的循环婚姻体系，由三个小的循环构成，每一个循环都是一种交换，并由交换缔结成社会—族群网络。（4）宗族村落的婚姻制度与族群的再造。管媒这个不显要的角色的人生叙事，实质是在叙述社会再造、族群再生的主题。通过管媒能够揭示这个过程，或者管媒折射出来族群社会全景、构造的过程，才是本书的深层目标。在理论分析的基础上，宗族村落的婚姻制度对 N 村的社会也产生了三种影响：第一，婚姻制度是避免血缘近亲化，提高人口质量的一种措施。第二，婚姻制度源于群体的规范，在实施过程中却进一步巩固了社会的规范结构。第三，婚姻制度实际上是一个族内闭合循环的婚姻机制，它相对完善地制造出族群的本体。

在上述论点的基础上,从而得出以下研究思考和结论:第一,文化是什么?(1)文化是一种无形的力量。(2)文化是一种权力:文化若要生存,不被消解,它必须让生活于其中的人们学会服从,按它的意志行动。文化的权力,是在权力让渡的过程中,群体形成的一种具有强大共识认同的意识优越。第二,婚姻制度对族群再造的奠基性作用。(1)婚姻制度源于群体的规范,却在实施过程中进一步巩固了社会的规范结构。(2)婚姻制度在交换中,优化了族群血统,提高了人口质量。(3)婚姻制度在运行中,通过一系列的整合建构,形成独立的婚姻链条和系统,在一定程度上,能够制造出族群本体,完成社会重大主题——族群的自我再造。第三,宗族社会中,媒的角色叙述:社会中的媒有普通媒人的一般的"媒介"职能,也有社会文化赋予他的特殊职能。他是行政和社会权威的延伸,具有文化评判的权利。这种批判使得婚姻:(1)与法,要合乎法律;(2)与民俗民情,则合情合理,合乎社会的"公序良俗"。

本书旨在通过人类学视角解读中国乡土文化背景下的村镇,它们在传统宗族社会结构的底色中,把乡村浓缩为一个微型社会。在这样的社会中,每一个社会角色都承担着一份社会责任,并在自身的位置发挥着看似普通却很重要的作用——这就是我们常说的"小人物"和"大社会"的关系,日常生活中的小人物看似不起眼,但在一定关系中起到很重要的作用。本书通过参与观察的人类学研究方法,在宁夏的一个乡村社会中通过乡村媒人这样的"小人物"群体的管媒行动去洞见乡村社会的社会关系,解读社会关系运行的逻辑和规则,并探究这些逻辑和规则到底是如何推动乡村社会结构形成和重塑。媒人他们是乡村社会中普通的小人物,但他们的管媒行动实际上链接起乡村社会宏阔的社会结构的建构，正是这样的社会建构，才延续了整个群体族群再造（或者族群人口繁衍再生产重大的社会任务）。因此，关于这一主题的研究，有利于我们延续费孝通《乡土中国》的传统来了解中国乡村社会的层级结构，了解乡村婚姻和社会结构建构之间的关系，从而更好地理解我们中国乡村系统的内部结构及外部的散射链接。

在研究乡村婚姻制度、社会构建和族群再造主题时，切入点选择了N村媒人管媒的一系列行为，从小的事件入手，然后顺藤摸瓜地一步步深入了N村婚姻制度的内部运行机制。每一个社会的婚姻制度实际上就是社会结构搭建的过程，媒人组建家庭，家庭构成了社会。而婚姻最原始的本质是族群的繁衍，族群繁衍的过程，形成了这个族群的再生过程。乡村社会这样的结构构件过程，需要我们很好研究里面的一些关系和形成过程，同时，一个社会的运行并不是单纯的线性关系，它里面隐含着权力与文化、世俗与行政、宏大与微笑、整体与局部、传统与现代等多层关系的糅合，以及力量的抗衡与整合，这些内容都是我们破解乡村社会和乡村文化的密码，值得我们沉下心去研究，去认识中国乡土社会的本质与内涵。

2023 年 7 月 25 日于银川

目　录

绪　论 ………………………………………………………… 1

第一编　宗族村落中的媒和村里的故事

第一章　N 村的历史与概况 …………………… 49

　第一节　N 村的历史 …………………… 51

　第二节　N 村的现状 …………………… 72

第二章　大传统小社会中的 N 村人 …………… 79

　第一节　村里的少男少女们 …………… 80

　第二节　村里的女人们 ………………… 87

　第三节　村里的媒人们 ………………… 91

第二编　宗族村落中管媒的礼俗与规程

第三章　N 村管媒的礼俗 ……………………… 103

　第一节　管媒的程序和彩礼 …………… 105

　第二节　媒人的谢礼 …………………… 142

第三节 彩礼中的"库拉圈" ……………………………… 151

第四章 媒人的管媒智慧 ………………………………………… 162

第一节 初做"红娘" ……………………………………… 162

第二节 同宗 N 姓间的管媒 …………………………… 168

第三节 城里与山区间的管媒 ………………………… 175

第五章 乡村媒事中的纠纷和矛盾 ……………………… 183

第一节 皮鞋纠纷 ………………………………………… 184

第二节 被刁难的娶亲 ………………………………… 187

第三节 寡妇风波 ………………………………………… 194

第三编　宗族村落中的媒、婚姻制度和社会构建

第六章 媒人的双面人生 ………………………………… 199

第一节 势利和谎言的变体 …………………………… 201

第二节 婚姻—家庭—族群建构中的推手 ………… 210

第七章 通婚圈的空间延伸和婚姻边界的维持 …… 216

第一节 N 村人观念中的"姑舅村"域限概念 …… 219

第二节 通婚圈的序阶格局 …………………………… 225

第三节 "女子不远嫁"传统的朴素含义 ………… 233

第八章 文化控制:媒人"默识意识"的形成 …… 243

第一节 媒人意识中的"默识"规则 ……………… 243

第二节 媒人管媒行动的资本 ………………………… 267

第三节 管媒的实践逻辑 ……………………………… 276

第九章　文化的传承与婚姻制度的悖逆 ································· 280

　第一节　传统文化保持中的"闭" ································· 280

　第二节　择偶中的"开" ································· 294

　第三节　乡村中的媒对婚姻构建的弥合 ································· 299

　第四节　媒的个人利益与族群公共价值的无意识糅合 ··· 302

第十章　乡村社会中世俗权威对婚姻制度的干预与调节 ··· 306

　第一节　N村乡村的社会层级结构 ································· 306

　第二节　村委会对婚姻的干预与调节 ································· 316

　第三节　学董、乡老对婚姻的干预与调节 ································· 321

第十一章　宗族村落的婚姻制度与族群再造 ································· 327

　第一节　基础循环（C-E-F）：管媒—家庭—传统
　　　　　文化—价值场域的循环 ································· 329

　第二节　辅助循环（F-G-H-D）：管媒—婚姻过程·
　　　　　关系—交换网络循环 ································· 333

　第三节　核心循环（A-B-C-D）：价值场域—交换
　　　　　网络—社区·族群再造的循环 ································· 335

结　论 ································· 346

参考文献 ································· 358

绪　论

一、研究的缘起与意义

（一）选题来源

1. 日常的学术积累和观察思考

婚姻的研究一直是平常关注和思考的主题,前期在一些刊物上也发表过文章,因此对这一领域比较熟悉,也熟悉研究的界面,以及相关的问题。在日常的文献阅读过程中,也大量涉猎婚姻方面的理论和资料。从乡村管媒这一视角,深入其背后社会关系网络,在一系列社会关系结构中剖析婚姻制度的运行机制,是比较新颖的探索路径。"管媒—婚姻制度"的角度,在婚姻研究的界面拓展了一个新的视角去诠释婚姻制度,在一定程度上补充和丰满了这一领域的研究内容。因此经过仔细思考和选择,确定了研究的主题及其基本的理论架构,从而夯实了课题的可行性和可驾驭性,最终确定了研究主题的论证角度和研究构思。

2. 本人实地调研甄选

一次偶然机会去宁夏 N 村,发现了合适的调研对象,反复实地考证和甄别课题研究的可行性,并经过深思熟虑的反复思考,确定了课题的主题、田野调研地点及研究思路。

（二）选题研究的意义

现实意义：自 19 世纪以来，婚姻研究一直是人类学和社会学等多种学科关注的主题之一。一方面是因为婚姻是人类社会生活的重要组成部分；另一方面婚姻作为人类社会的一种文化制度，是我们了解社会的一个重要切入口。[①] 通过对婚姻及其社会结构的研究，我们可以了解人类社会的运行规律，从而更有效地控制和适应社会，解决人类社会出现的各种各样的社会问题。N 村是西北地区较为典型的宗族村落，文化特点和社会结构具有独特的历史形成痕迹。选取 N 村的婚姻制度作为研究的对象，在文化研究领域具有典型性。文章中对 N 村的婚姻制度、传统世俗关系格局、社会结构的实地调研和分析，可以部分地为乡村状况研究做参照。

理论意义：关于婚姻主题的研究国内外已经有丰硕的成果，并形成大量奠基性的理论。国外对婚姻的研究从摩尔根到列维-斯特劳斯等大批学者，主要从亲属关系方面及其社会关系的结构去研究人类社会的构成和运行。著名人类学家阿劳德·凡·盖尼谱（Arnold Van Gennap）则从人生礼仪的角度去解释人类社会的婚姻，认为人生过渡礼仪的功能在于整合由社会状态的过渡带来的无序和不稳定。而盖尼普将过渡仪式的思想贯穿于人生的出生到葬礼，包括订婚和婚礼，其过渡仪式的思想对杜尔干、特纳等人类学家的学术研究产生了重要的影响。[②] 国内学者也对婚姻从不同

---

① 李利：《人类学的婚姻研究》，《社科纵横》2010 年第 7 期。
② 汪俊、张建军：《西方人类学婚姻研究简论》，《塔里木大学学报》2010 年第 4 期。

方面进行了细致的研究,费孝通先生的《生育制度》中,对人类婚姻的继嗣关系与联姻关系进行了解释,创建了著名的中国乡土社会人际关系的"差序格局理论"。他探讨了中国乡土社会中以宗法群体为本位的人际关系,是以亲属关系为主轴,以姻亲关系为横面伸展的网络关系,具有差序格局。在这样的格局中,每个人都以自己为中心结成网络,越远关系越显得稀疏。雷洁琼等学者利用社会学的调研方法,探讨了婚姻圈的变迁。部分学者在列维-斯特劳斯、莫斯等人类学家的影响下,探讨了婚姻中财礼的经济和人情流动。而我所研究的主题在前人的基础上,选取从乡村管媒的一系列民俗活动中去探讨婚姻的运行机制,以及乡村的社会结构和关系网络,在研究视角上具有与前人不同的切入点。也就是说,我的研究项目具有以下三个方面的特点,在探索和补充婚姻的学术研究方面有拓展的意义。首先,"管媒—婚姻制度"的视角:从乡村媒人在男女两个单性家庭之间撮合婚姻的管媒行动入手,把这一角色放置在 N 村的社会关系中,从媒人的一系列管媒行动背后,牵引出社会中婚姻制度的运行机制及在运行中制造出族群自我本体的理论解释。从管媒的视角去探讨社会的婚姻及社会结构,是研究视角上的一次创新。其次,方法上的创新:(1)本书在国内学者"关系—事件分析法"和"过程—事件分析法"基础上,有所借鉴也有所创新的"过程—关系研究法",是本书研究方法上的一次尝试性创新。经过重新组合的这一研究方法,更加适合我的研究主题,并给予我很好的方法论指导。作为研究的初学者,在研究过程中创新尝试的心态和精神是学术研究征途中必须练就的素养,也应该肯定和提倡。(2)研究思路模型图。本书把管媒—婚姻交换—族群再造的交换和循环机制,画成一个构建模型图,这样更能清晰理解研究思路,这也是本书一次小小的创新。再次,理论创新:以往研究主要强调传统文化对风俗习惯保持的作用,本书则从婚姻制度的运行机制去探索它对族群结构的形成和影响,并结合国外相关理论,获得自己在乡村管媒—婚姻制度—族群再造之间关系的一种新的解释理论,这也是对国内婚姻理论研究的尝试性拓展。本项目基于实地调研,是对媒妁礼俗最新近的探索,这次调研对婚姻关系及乡村社区结构方面的学术研究,也做了进一步的补充和丰满。从上面的陈述可以看到,本书在理论、方法、研究视角等方面都具有学术探究的价值,值得继续深入拓展。

(三)关键词解释

管媒:N村的方言,指媒人在男女两个家庭之间说合,完成一桩婚事。

族群再造:人类的群居形成族群,族群与个体的生命一样具有新旧代谢规律,新个体的生成,以继嗣关系延续了群体的存在。而人类的婚姻正是保证这种延续的重要手段,在婚姻体系的有效运转中,人类婚姻制度的再生产功能在事实上制造出了人类群体自身的本体,即族群的再造。

(四)文中重要词语辨析

1.“管媒行动”与“管媒行为”:在本书中,使用“管媒行动”而未使用“管媒行为”,是源于对研究理论体系和角色行为特点的考虑。“行为”是一个终止性的词语,它表明了一种状态或一种结果。本书是把媒人放置在N村动态的社会关系中去分析人物角色的社会功能,媒人的管媒行动,是一个动态的行动系列,它不具备终止或结果的状态。"管媒行动"是动态的,不是终止性的,这是"管媒行动"一词与"管媒行为"之间最大的区别。因而,根据书中媒人社会角色行为的特征,选择"管媒行动"比选择"管媒行为"更能够体现书中理论体系和角色行为分析的内在特征。

2. "媒人"与"媒婆":从古代到现代社会,巧舌如莲的媒人多半由女性充任,因此人们多半习惯媒人是女性,并把媒人惯称为"媒婆",也即"媒婆"是女性媒人的统称。事实上,社会中的媒人有男性,也有女性,无论男性媒人还是女性媒人,原则上都称为"媒人",也即"媒人"是牵媒拉线撮合婚姻的这类人的统称,而"媒婆"是对女性媒人的统称。在本书的调研地点——宁夏 N 村,既有女性媒人,也有男性媒人,因此文章中对撮合男女婚姻的这类人群,应该称为"媒人"而非"媒婆"。

(五)研究的范围

本书以 N 村为研究对象,研究 N 村村内媒人的社会行为以及婚姻制度的运行机制。在此,好多人会问,N 村地处现代都市——银川郊野,与永宁县城一路之隔,还盛行传统媒人的管媒行为吗?在 N 村多大程度上还保持着传统媒人的管媒行为?现代的自由恋爱对媒人的传统管媒行为有没有冲击? N 村地处城市的边缘,村内的男女青年还遵从传统婚姻组建模式吗?

在此声明:本书研究的范围是 N 村的村民,即有 N 村居民户口,并住在 N 村的村民。一些原来是 N 村人,出去上学或工作在外,户口不在 N 村,且不居住在 N 村的人,不在本书的研究之列。因为部分出生在 N 村的人,由于上学或工作后,在外地居住,他们的婚姻多半不是传统的 N 村人习惯的方式,也超出了村落的文化模式。随着文化交流和社会发展，他们的婚姻缔结方式呈现出多样化态势，呈现出与当地的传统婚姻习惯不同的特征。

本书目前研究的 N 村中所陈述和研究的状况，不是笔者凭空瞎想乱编的杜撰，而是经过多次扎扎实实调研，与 N 村人日日夜夜地共同生活在一起三个多月，采访了很多村民，收集了 100 多小时的录音，所了解到的实际情况。世代居住在 N 村的居民，一代代传承并接受传统文化生活规范，并按照它的方式进行社会活动。文化是无形的，文化的力量是强大的。相对于其他地区，对传统文化的坚守，使得 N 村的人们依旧保持了较为完整的传统文化习惯。村内的人们延续着熟悉的婚姻风俗，那就是婚姻中不能缺少媒人。一方面，是婚姻当事人与媒人资源对接的需要；另一方面，在传统风俗惯例中，婚礼上至少两位男士或一位男士两位女人作为证婚人，这也是媒人存在的重要因素。N 村人的婚姻缔结过程都要请媒人，这是 N 村落盛行的一种传统文化习惯。因此，在 N 村，媒人是婚姻必需的介质，有职业媒人，多数是业余媒人。居住在 N 村的村民，依然保持着这种适合 N 村村落特殊文化的社会角色。本书研究的主题，也就是生活在 N 村的人，如今依然遵从的一种古老习惯，它依旧能够很好地适应 N 村的独特文化和社会建构。

二、课题实施方案

（一）研究目标

本书把 N 村的管媒行动作为田野调研的主题，村内媒人管媒的一系列惯例乡俗是访谈的主要叙事切口，是通向探索村落社会关系网络建构与运行机制的线索和脉络。通过管媒行动发掘乡村婚姻通婚圈层背后的社会关系及其权威分层,传统世俗——宏阔"二元权威"对于婚姻行动的操控,使得整个社会在有机循环交换网络中通过男女婚姻组建家庭而完成族群自我制造的隐秘过程和机制运行轨迹,从中能够发现乡村社会建构以及建构关系中间隐含的逻辑原理,为乡村社会研究和社会发展理论拓展不同的视角。以往的研究侧重传统对文化保持的重要作用,实际上乡村婚姻制度在再生过程中有更为重要的作用。正是相对闭合的婚姻制度的反复循环,保证了在碎片化的居住格局中,完好保存了区域文化个性。本书从管媒的小事件这样的微观层面入手,通过实践观察和理论思考,去揭示内群社会的构造和再生机制,力求更深更贴切地解释婚姻制度与族群建构之间的内在关系。

(二)研究思路(模型建构)

1. 微观层面:把"管媒"作为微观行动者,放置在 N 村社区的社会关系和社会结构中作为文化的镜面。

2. 宏观层面:通过管媒在社区家户对等"分类默识"的行动中,"深读"出中观层面的社会权威,再把这个中观作为中介,链接传统与族群这个社区的宏大主题,进而指出宏观界面,即传统文化权威对婚因制度的引导和约束。这个引导与约束关涉族群自我再生过程,因而婚姻制度是"碎片化"居住又能保障完好保留传统惯习的重大文化取向和价值,从而把管媒这个个体行为放置到族群的自我制造的宏大主题之内。管媒就成为"主—从双元复合型角色",表面上管媒受家庭委托搜寻适婚对象并促成婚姻缔结,扮演媒介的角色,是一种婚姻的操纵者。但是管媒置身族群社区的场域价值中,族群制造再生过程落脚点就是婚姻制度,这不仅是社区传统惯习的价值标尺，也是社区世俗权威的社会准则。管媒的自主行动在双重价值尺度之下行动，形成"默识分类"知识，管媒按照"默识分类"采取行动，因此，管媒同时是被操纵的对象。

按照迪尔凯姆的思想，人类社会具有一种集体、社会的维度，个体的思维和行动经由社会实体的调节并被神秘化，从而社会由此介入了人们对世界的直接意识。这种意识在舒茨现象学中就成为"习惯性知识"，即通过生平情境（biographical situation）中的经验积累形成的主观性知识。人们总是能够将这些不断变化的情境标准化（standardization）变成例行的情况，然后使用类型化的库存知识处理遇到的问题。①

吉登斯在例行化的日常生活理论中揭示了默识知识，社会行动者具有无意识（unconsciousness）、实践意识（practical consciousness）和话语意识（discursive unconsciousness），而行动者具有资格能力主要体现在他的认知能力（knowledgeability）。行动者凭自身和他人行动的生产与再生产，对这些行动的背景环境所知晓的那些东西，除了用话语形式表达的知识，还包括不言而喻的默识知识。② 管媒正是凭借内心潜存的默识知识和分类知识采取行动，但却既是主动的操纵者（操纵某一对陌生男女），同时也被这种社会知识所操纵。而这个行动过程通过"反身性调控"（reflexive monitoring of action）③，理所当然地完成了族群—社会的自我再造，证明了社会活动是循环往复的。

---

① 杨善华：《当代西方社会学理论》，北京大学出版社 1999 年版，第 25 页。
② 杨善华：《当代西方社会学理论》，北京大学出版社 1999 年版，第 25 页。
③ 杨善华：《当代西方社会学理论》，北京大学出版社 1999 年版，第 25 页。

　　这就把管媒的微观行动和宏观社会建构过程联系在一起,通过结构两重化建构个体婚姻家庭的同时,也把族群社会的结构建构起来。达到从微观行动折射宏观族群社会整体、有机研究的目的。N 村的管媒—婚姻制度—族群再造循环的机制,用一个构建模型图可以较为容易地理清它们之间的关系。

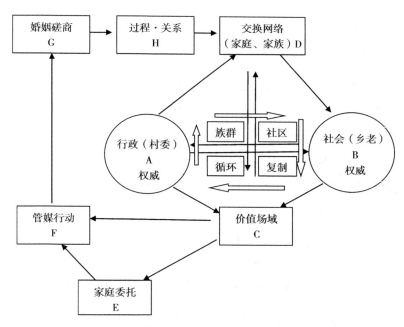

图 0-1　N 村管媒—婚姻制度—族群再造循环的机制图

　　N 村社区的婚姻制度与社会结构是一个大的循环网络,它由三个小的循环构成,环环相扣,构成社区婚姻、社会结构、族群再造的运行机制,如上面的模型图所示。每一个循环都是一种交换,并由交换缔结成社会—族群网络,有些交换是男女交换,有些交换是家庭与家庭交换,有些是世俗与宏阔的交换,或者是社会与个体的交换。这些交换涵盖着族群社区的人、家族、精神、规则、地位等各种要素,是族群社会从微观到宏观立体构造中的性别、结构、价值等关联的再生景象。管媒在这张网中,无疑是最佳的切入点和访问人,通过管媒叙事发掘背后宏大的主题,进而探索社会和族群是如何不断自我复制的,及其表现的形式。

三个小的循环:

1. 管媒—家庭·传统文化—价值场域的循环(C-E-F基础循环)

传统世俗权威对婚姻的引导和约束,形成了整个社会的文化价值场域。价值场域具有权威性和约束性,它规导着人们的行为按一定的规则活动。文化价值赋予家庭和媒人婚姻使命,媒人用生平经验积累于头脑中的"默识意识",操纵着婚姻。同时,他也在管媒的实践行动中无意识地受文化价值的操纵,在操纵与被操纵的交织中,媒人完成婚姻的使命。在管媒的行动中,C是不说话的,C通过F实施权威,F传递C的权威规范,不是文字或语言形式,而是以"默识意识"规导完成管媒行动。

2. 管媒—婚姻过程·关系—交换网络循环(F-G-H-D辅助循环)

通过婚姻磋商,媒人把分别只具有男女单性的家庭组合成新的家庭。管媒的行为是一种能动的过程—关系,过程—关系的结果形成婚姻交换的网络。

3. 价值场域—交换网络—社区·族群之间的循环(A-B-C-D核心循环)

族群婚姻制度对于社区和族群的自我再生的促成,其中价值场域来自传统文化规约,通过婚姻背后家族网络的循环叠加,事实上产生出族群自己,而通婚被限定在这个网络层之内,任何个体和家庭不能脱域。婚姻的交换,产生新的个体家庭,为族群社群的再生实际注入了新的基因和新的血液。这是族群再造最关键的一环,在此,族群的再生完成。

三个循环合并成一个大的循环:

从左面的一般事务向右面的宏大事务逐步贴近、抬升,婚姻背后把家庭—家族网络链接出一张大网,这个网络支撑起一个社区族群。在族群再生循环系统中,管媒的过程是把单个家庭的个人私事,经过循环的整合和转化,私事转化为社区和族群的公共事务,这个循环即为社会的整合,也是功能和角色在系统内的无意识转化。

从而,管媒这个不显要的角色的人生叙事,实质是在叙述社会再造、族群再生的主题。通过管媒能够揭示这个过程,或者管媒折射出来族群社会全景、构造的过程,才是本书的深层目标。并通过管媒行动视角发现、检验、推倒一些理论,从而推动社会研究的学术进展。

(三)研究方法

本项研究主要选择族群社会学通常采用的方法,如田野调查法、深度访谈法、问卷测量法、个案研究法之外,还主要创新一种叫作"过程—关系研究方法"。

"过程—关系研究视角"借鉴了国内学者的方法,但又有所创新。我国社会学家在借鉴外国研究方法基础上,提出本土化的"关系—事件"研究法(李猛,1997)、"过程—事件"研究法(孙立平,2000)。二人的方法基于"小事件因果分析",把事件作为研究的对象,把事件中的行动者作为微观观测点,行动者不是社会制度

(规则)的"偶人",而是有自己欲求和计谋的事件操作人,通过互动中的事件过程揭示出制度在现实社会活动中的真实表现形态与结果。正如吉登斯结构化理论所说的那样,规则和实践是相互依存的,共同参与构成社会过程。

二人的研究方法实际上更像是一种研究"视角",能够在微观和宏观之间打开一条中观界面,避免沦为宏观的过于宏大与抽象,也避免了微观的过于琐碎、只见树木不见森林的弊端。本书把二人的方法加以综合,各取一个元素重新组合成符合本书研究对象的方法和视角。即取前者的"过程"和后者的"关系",组成"过程—关系"研究视角。把管媒的促婚行动看成"过程",把婚姻搭建起两个家庭,两个家族的社会网络看成是"关系"。而过程中和关系中涉及复杂主体的共同参与、互动、角色扮演,及其族群复制的最终结果,能够使本项研究层层深入,田野工作的进一步推进有了清晰的思路和具体的线索。

三、国内外研究现状综述

(一)国内研究现状综述

乡村婚姻圈的研究是人类学和社会学的传统课题,并已有大量奠基性的成果。对于通婚圈的研究,学术界的界定有地域范围和社会范围两个层面的解释。从地域范围上解释,它是通婚家庭历史上形成的地缘关系;[①]从其社会范围上来说,其含义超越了个

---

① 王铭铭:《社区的历程——溪村汉人家族的个案研究》,天津人民出版社1997年版,第45—49页。

人和家庭,有了社会文化的属性。婚姻除了有自然性外,还有社会性,即婚姻行为无不受到当即社会的道德、法律、习俗,以及不同的政治、经济和文化水平的制约,并随时代的变化而变化,婚姻圈反映在社会上就是社会圈。①

国内对于婚姻圈的研究,主要从乡村通婚圈的静态和动态两方面来研究。静态研究重在关注乡村通婚圈的结构,这是在国外学者施坚雅、杜赞奇等学者对中国通婚圈结构研究影响中,产生的一批研究成果。另一部分学者主要从动态方面,研究中国农村在市场经济和现代化浪潮冲击下,乡村通婚圈的结构和关系的变迁。

1. 关于乡村通婚圈结构的理论研究

对于乡村通婚圈结构的研究中,最具典型性的是王铭铭和庄章英。王铭铭通过对福建晋江县塘东村和安溪县美法村的调查中,分析当地人的族谱,发现该村婚出和婚入的地域范围对称,且与相邻的异姓家族通婚的比率较高,通婚地域的地理分布大约与人文经济区域对称,同时,与地域轮祭圈的范围也一致。他的研究证明了福建晋江县塘东村和安溪县美法村的通婚圈与祭祀圈、市场圈一致的论断。② 庄章英从历史学的角度对台湾汉族社区林圯埔的社区发展和宗教组织、祭祀、神民会、庙宇等之间关系做了深刻研究,探讨了超村际的宗教活动、村内的宗教活动、祭祀圈与地域组织的关系。在台湾林圯埔镇的考察中他发现,该地域的祭祀

---

① 郭松义:《伦理与生活——清代的婚姻关系》,商务印书馆 2000 年版,第 27 页。

② 唐利平:《人类学和社会学视野下的通婚圈研究》,《开放时代》2005 年第 2 期。

圈与婚姻圈相互重叠，该镇的主要祭祀圈的形成以自然流域、水利灌溉或交通要冲为基础，那么，通过祭祀圈所形成的通婚圈也必然以这三个要素为基础。因此，林圮埔镇若干的主要祭祀圈的中心，也就是此地域组织的集散中心。[1] 庄章英在其著作《林圮埔——一个台湾市镇的社会经济发展史》的第六章小结中总结，该镇的通婚圈、祭祀圈和基层的市场圈是重合的，这与施坚雅的基层市场通婚圈理论形成对话。周大鸣对广东省潮州市的凤凰村人口、婚姻家庭、宗族制度、民俗信仰等进行调查，通过实地调研考证后指出，凤凰村的婚姻圈范围，与村民交往的范围有一定关系，同时也与当地的通婚习俗密切相关。[2]

以上学者以乡村通婚圈的研究为主要主题，分析了乡村社会的空间结构。其研究的地域分别选择我国某个乡村，详细地考察了我国乡村的社会现状。在我们乡村田野调查基础上，以施坚雅的基层市场婚姻圈理论为基础和范本，分析了中国乡村的婚姻圈结构，方法具有典型的中西合璧特点。

2. 关于乡村通婚圈变迁研究

中国乡村社会在经济大潮中不断处于动态的变迁中，不少社会学者注意到这一趋势，因此，在后期的乡村研究中，大部分的学术研究课题集中在乡村社会变迁中。社会制度和乡村文化的变迁，带动村际村内通婚圈的变迁。由此，研究者围绕乡村通婚圈的

---

[1] 庄英章：《林圮埔——一个台湾市镇的社会经济发展史》，上海人民出版社 2000 年版，第 177 页。

[2] 田园：《富民芭蕉箐苗族的婚姻圈与婚姻交往》，博士学位论文，云南大学人类学系，2012 年，第 5 页。

变迁趋势、影响通婚圈的因素和原因以及变迁带来的后果等方面做了深入研究。究其研究内容,大致有三种观点:(1)改革开放后,乡村婚姻圈缩小、内卷化。(2)乡村婚姻圈扩大。(3)乡村婚姻圈基本未变。下面针对此三种观点列举有代表性观点评析如下:

邱泽奇、丁浩从社会学的角度,采用定量研究的方法,以湖北省麻城市王福店乡为基本的调研对象,研究了该区域的婚嫁距离及乡村关系。通过数据分析后,他们发现,王福店乡三个村的婚嫁距离在 7.5 公里以内的占绝大多数,其中婚嫁距离在 5 公里以内的占 60%,在这些近距离的通婚中,本村通婚比例又占多数,而且,近距离婚嫁随年龄组的下降呈加强态势。他们认为,婚媒形式[包办(买卖)—媒人介绍—自由恋爱]、交通不便、农村小农经济对劳动力的需求等共同促使乡村婚嫁距离的缩短。这种结果会造成农村微型社会的更加封闭、农村社会关系的亲属化以及农村人口素质的下降。① 吴重庆在莆田孙村对社会变迁与通婚地域伸缩的研究,也属于乡村通婚圈缩小研究中典型的一例,他的研究是对施坚雅基层市场通婚理论在中国乡村的进一步考证。在莆田孙村,他分析了村落的行政地理空间、它的祭祀圈、通婚圈和水利圈,发现由于乡村已不存在完整的宗族体系,因此,莆田沿海的一带乡村,没有形成一个明确稳定的祭祀圈。市场圈的出现和消失,并不以村级聚落的相互交流过程为基础,当然,市场的兴起肯定与其所处的地理方位的便利程度有关,但这也并不表明处于同一市场圈

---

① 邱泽奇、丁浩:《农村婚嫁流动》,《社会学研究》1991 年第 3 期。

内的村落之间存在着有机的社会网络。孙村的研究表明,在社会变迁背景下,祭祀圈已经游离不定,若有若无,市场圈也是更替不断,忽兴忽衰,所以,他认为,鉴于孙村的特殊状况,我们应该谨慎甚至低估市场圈和祭祀圈在构造乡土空间中的作用。孙村一带的通婚及人际互动是否还以祭祀圈和市场圈为主要领域。相反,在孙村沿海乡村,水稻种植使得水利灌溉极大影响着村民的生产生活,相比祭祀圈和市场圈,水利圈在孙村的通婚因素中有明显的影响位置。他的统计数据表明,从 1949 年至今,孙村的通婚地域呈明显的缩小趋势。基于实际物质利益的考虑影响了孙村姑娘的婚出范围:婚姻方式由多媒人合作的换婚转向买卖婚姻;生育政策产生的大量"黑婚"现象缩小了通婚地域,并导致了独子户及无子户的近距离通婚;媒人的视野与活动方式以及业余工作的特征和局限性;经济生活方式的变化导致通婚地域的萎缩。① 在孙村的研究基础上,吴重庆提出一个学术问题,他认为孙村的情况特殊,但并非偶然,他提醒在研究乡村社会的运行规则时,不应该追求某种普遍理论,中国之广,情况之复杂,任何已有的认识和理论都不是普遍的。② 新山对鲁中山区康村的调研也有典型性。他认为,改革开放后,康村的通婚距离急剧缩小,通婚区域内卷,通婚村减少,出现这一状况的原因为:改革前的普遍贫困,婚嫁区域保持平衡。改革后,城乡二元分割导致乡村发展失衡,而康村由于自然环境影响,经济落后,村落吸引力减弱;经营方式的转变和生育政策迫使

---

① 刁统菊:《亲属制度研究的另一路径》,《西北族群研究》2009 年第 2 期。
② 吴重庆:《社会变迁与通婚地域的伸缩》,《开放时代》1999 年第 4 期。

人关注近距离通婚;初级市场网络的兴起,市场内部通婚趋向增强,通婚距离缩短,这些因素严重影响了村落的发展及人口素质的提高。①

马宗保、高永久对宁夏单家集通婚圈的研究和分析也具有典型性。马宗保在详细考察单家集的婚姻现实后,利用社会学问卷和统计的方式测到单家集一般实行近距离通婚,通婚圈的直线半径距离为9.6公里。而且单家集的村内通婚比例高,原因有两方面:一方面,单家集经济水平高,村民不愿找外村对象;第二,单家集村本身具备足够的异姓家户通婚。因此,单家集无论从村内和村外的通婚现状看,都符合通婚的就近原则的通婚习惯。他们分析了影响单家集通婚圈的因素有三种:地理环境和交通、经济发展水平、亲友网络。他指出在小农经济且封闭的乡村,许多的信息多半是通过亲友传递的,人们的行为是镶嵌在许多的社会结构和人际关系网络中的。在单家集,亲友网络在通婚圈的构建过程中起到很重要的作用,求亲男女双方居住在对方村中的亲戚朋友往往是促成或拆散一对青年男女婚事的关键人物。马宗保在单家集的实地调研,也回答了施坚雅的基层市场通婚圈理论,他认为,单家集的考察发现,对通婚圈的建构产生主要影响的并不是市场体系,而是社会成员在生活、贸易等社会活动中逐渐建立起来的各种各样的社会联系,也就是社会网络。市场体系理论只部分地解释了通婚现象,集市的范围在限制通婚圈和社会圈中起到重要作用,但通婚圈有自己的中心,不一定与市场圈重合。即使通婚圈在市场

---

① 新山:《婚嫁格局变动与乡村发展》,《人口学刊》2000年第1期。

圈范围内，但集市中心并不一定就是确定婚姻关系的地方。通婚圈一般对于市场圈，二者是包含与被包含的关系。同时，他在文章中也讨论了聘礼与嫁妆的问题，他引用弗里德曼的补偿理论和孔迈隆的资助理论解释单家集的婚姻交换，认为单家集的聘礼和嫁妆，有补偿型和资助型两种形式。这篇文章非常详细深入地研究分析了单家集的婚姻圈和圈中的婚姻交换，田野资料非常扎实。

郭献辉研究了百琦的通婚圈，非常典型，其选择的田野点具有特殊性和代表性。百琦乡 1991 年的人口普查中，郭姓人口的比例占 78.7%，其他姓氏人口占 23.3%，这便是百琦乡的特点，是一个单姓"郭"姓组成的乡，周围分布着零散的杂姓。这种居住布局，导致百琦"就近而嫁，当村而娶"，同姓、同房头结婚多，尤其同姓通婚的人增多，百琦通婚圈越来越小。同姓、同村通婚比例的增加，导致人口素质下降。百琦通婚圈缩小的原因大致有：父母希望儿女在近旁，为其养老送终；百琦姑娘陪嫁多；家族通过亲上加亲来巩固家族势力；本地与外界联系不便，交际受限。

与郭献辉的研究相似，杨运鹏研究了河南南阳的通婚圈，发现南阳通婚圈在缩小。他在 4 年多的时间里调查了南阳市 13 个县区的 800 多户，发现南阳近 10 年的通婚距离不超过 30 公里，其中 85% 的通婚不出县，60% 的通婚不出乡镇，40% 的通婚不出村或本街。导致南阳本地通婚圈缩小的原因，主要有以下几点：（1）传统惯习的局限，往往喜欢就近择偶，这是南阳通婚圈缩小的主要原因。（2）"父母在，不远游"的忠孝伦理思想，一些大姓以亲上加亲的想法，加强他们在社区的实力和关系，通婚圈逐渐缩小。（3）婚嫁攀比,南阳经济较好,倾向于找本社区的姑娘,而不愿找比较贫困社区的姑娘,造成通婚圈缩小。(4)担心女儿受欺侮,导致"屋檐婚姻"。(5)文化素质低,早婚影响。多数孩子小学毕业,早早就近结婚,认识不到近亲结婚的后果。这些具体因素导致南阳通婚圈缩小,人口素质有所下降。

有关乡村社会的通婚圈相对有扩大趋势的文章,从另一种观点和视角分析了中国乡村社会的婚嫁关系的变迁,典型观点如下:王金玲分析浙江省内各县的调查数据,研究了20世纪80年代异地联姻状况。发现浙江省农村外来媳妇至1990年年底人数达到十几万,异地联姻在1986年形成高潮,异地通婚急剧扩大。史清华在2000年对浙江省3个村子的平均婚嫁距离进行调查,得出结论:随着时代变迁,浙江所调查3个乡村的平均婚嫁距离呈U型分布,通婚圈有扩大的趋势。①

雷洁琼在1987年至1988年对全国六个省的2799位农村居民进行婚嫁距离的调查,结果显示:近距离通婚是农村通婚的一种普遍现象,1/5的婚姻发生在1里之内,3/5的通婚发生在1—5里之内,各年龄组通婚圈大致相同,表明通婚范围几乎没变。②

上述学者选择了不同的调研地点,也得出了完全不同的研究结果,也正是我国地域面积广阔,文化复杂多样性的表现。相同的主题,在不同的地域,呈现的结果和其内在关系却迥然不同。正如

---

① 唐利平:《人类学和社会学视野下的通婚圈研究》,《开放时代》2005年第2期。

② 唐利平:《人类学和社会学视野下的通婚圈研究》,《开放时代》2005年第2期。

吴重庆所言,在中国复杂的文化背景下,取得普遍性的结论是不易的。从整体上讲,对宗族通婚圈的研究比较少,但这一主题的研究同样对于社会群体的生产生活及人口质量等人类社会重要的社会发展问题具有参考价值,需要学者更多的关注。

3. 关于乡村婚姻交换的研究

婚姻是一种循环性的交换,并由交换缔结成社会—族群网络,有些交换是男与女的交换,有些是家庭与家庭的交换,有些是社会与个体的交换。在个体之间、家庭之间的循环交换中,族群—社会完成它的再生。婚姻的交换既是人类男女个体间的交换,附带而来的还有文化与情感的交换,礼物和财富的交换。

国内对于婚姻交换的研究,主要透过男女个体的婚姻交换,去关注婚嫁过程中的财物的交换意义。在这方面的研究,国内学者借用了国外的两种理论框架,以弗里德曼为代表的"婚姻偿付理论"(marriage payment theory)①和以孔迈隆为代表的"婚姻资助理论"(marriage endowment theory)。② 在此框架下,分析研究了国内的乡村微观层面的婚姻交换关系。在前面学者已有的理论基础上,结合中国婚姻实践,中国学者发现在"婚姻偿付类型"和"婚姻资助类型"之外,还存在另外一种婚姻交换方式"婚姻互惠类型"③。而且中国农村的婚姻交换,正在从传统的"婚姻偿付类

---

① [美]弗里德曼著,刘晓春译:《中国东南的宗族组织》,上海人民出版社2000年版,第273—295页。

② 栗志强:《农村男方婚姻支付:性别比失衡背景下的农民婚姻策略》,博士学位论文,南京大学人类学系,2012年,第3页。

③ 熊凤水、慕良泽:《婚姻偿付—婚姻资助—姻亲互惠》,《新疆社会科学》2009年第1期。

型"转变为"婚姻资助类型"和"婚姻互惠类型"①。"婚姻偿付类型"是指婚姻交换中,男方为了补偿女方娘家养育女儿的恩情,以彩礼的形式,转移部分财物给女方娘家。在此理论中,女方被作为一种具有生育价值和劳动价值,可以带来人口和财富增长的礼物。彩礼被视为男方给女方娘家补偿的费用,用以确认女方繁衍后代和家务劳动权利的转移。新娘从一个家族到另外一个家族被用彩礼交换,在礼物交换过程中,对妇女的支配权被转让,姻亲之间的婚姻关系被建立起来了。② 这一理论主要关注了家庭与家庭之间的交换,而忽略了代际间的关系。第二种类型是"婚姻资助类型",是指婚姻交换过程中,女方索要一定额度彩礼,不能仅仅解释为是对女性父母的物质补偿。在婚姻过程中,男女家庭双方都在花钱,这更多是对这对男女新组建家庭的物质资助,也是男方对其家产的首次提取。彩礼和嫁妆在两个家庭间流动、交换,最终作为新建家庭的物质基础。③ 第三种理论为"姻亲互惠类型",指男方家庭、女方家庭和新婚家庭在一桩婚姻中,结成彼此独立又相互紧密联系的共同体,男方家庭与女方家庭不再是以单线的礼物交换关系,而是一种互惠平等的新型关系。男方家庭与女方家庭以彩礼和嫁妆的形式尽可能地资助新婚家庭建立,在日常生活中,新婚男女双方,对男方父母和女方父母都负有照顾的义务,三方形成平等互惠的有机整体。这种互惠关系,不是即时回报的交换关系,

---

①　熊风水、慕良泽:《婚姻偿付—婚姻资助—姻亲互惠》,《新疆社会科学》2009 年第 1 期。

②　阎云翔:《礼物的流动》,上海人民出版社 2000 年版,第 190—192 页。

③　阎云翔:《礼物的流动》,上海人民出版社 2000 年版,第 192—193 页。

而是一种长远、以感情为基础的交换,交换的媒介是社会关系和道德责任。① 这种关系是一种父辈与子辈之间的一种财物、感情、权利与义务的转换,对婚姻交换的视角拓展得更深更远,对现实社会中复杂关系的解释力也更强。

　　熊风水、慕良泽认真考察中国农村的婚姻交换的状况,认为农村婚姻关系的社会结构有了许多转型,他们分别从三方面分析了农村婚姻社会结构的转型:家庭保障从男子单方面养老到儿女双面养老;亲属关系由以前重家族关系到现在重姻亲关系;子辈权利意识兴起与父权的衰落等。从而认为,农村的婚姻支付的形式正在由婚姻补偿类型过渡到了婚姻资助和姻亲互惠的支付类型。② 费孝通先生在《江村经济》中对婚嫁关系的阐述也倾向于资助类型,他说如果把双方彩礼的争议视为一件经济交易完全是不对的,协商本身具有双重意义,它是母爱与父系继嗣之间的心理斗争。彩礼并不是给女孩父母的补偿,从社会学来说,这些嫁妆和聘礼都是双方父母提供给新家庭的物质基础,同时也是为每一家物质基础的定期更新。③

　　阎云翔在东北下呷村的农村婚姻社会结构中研究了婚姻交换过程中的彩礼和嫁妆,认为 20 世纪 50 年代和 60 年代早期,农村的婚姻交换是一种婚姻偿付的形式,从 60 年代中期开始,婚姻资

　　① 熊风水、慕良泽:《婚姻偿付—婚姻资助—姻亲互惠》,《新疆社会科学》2009 年第 1 期。
　　② 熊风水、慕良泽:《婚姻偿付—婚姻资助—姻亲互惠》,《新疆社会科学》2009 年第 1 期。
　　③ 费孝通:《江村经济》,商务印书馆 2001 年版,第 65 页。

助功能逐渐凸显出来，70 和 80 年代婚姻中物品的流动朝着有利于新婚夫妇利益的方向发展，定亲礼用于资助新婚夫妇而不是对交接权的偿付。① 上述学者对农村婚姻交换的研究，为我们提供了多向度视角，但多侧重与彩礼和嫁妆的交换关系研究，忽略了婚姻主题中男女个体交换中的逻辑关系研究。本书在前面学者研究的理论基础上，侧重从乡村不起眼的小人物——媒人管媒的一系列乡俗惯习中，剖析一个区域社会构建的循环机制，以及媒人在社会建构关系中的重要作用。

（二）国外研究现状

国外对婚姻的研究比较早，也出现了许多卓有成效的成果。对通婚圈的研究相对晚一些，但婚姻研究理论在发展过程中，也逐渐开始了对婚姻的通婚范围及通婚圈的关注，这为后期进行此方面的研究做了有益的理论积累。婚姻是人类社会的主要制度，对于婚姻及其由此产生的继嗣、通婚圈、宗族制度、家庭结构、社会分工等内容的认知，一直是人类学和社会学关注和研究的基本点。②

在人类学及社会学形成之前的古代，人们已经在神话、史书或一些杂记中记载了人类社会氏族、族群的家庭和婚姻习俗，为族群学及其社会学的形成和发展准备了扎实资料基础。古埃及第 19 王朝的金字塔中绘有埃及人、亚洲人或闪米特人、南方黑人、西方

①　桂华、余练：《婚姻市场要价：理解农村婚姻交换现象的一个框架》，《青年研究》2010 年第 3 期。

②　高静：《新疆生产建设兵团通婚圈的变迁及其研究——以农十三师为例》，硕士学位论文，中央民族大学人类学系，2012 年，第 2 页。

白人等不同族体的图像。公元 5 世纪,被西方称为"历史之父"的希罗多德在他的名作《历史》中,细致地记述了西亚、北非和希腊地区许多族体的体貌特征、居住环境、语言、习俗、制度和信仰。公元 1 世纪的罗马名将 G.J.恺撒所著的《高卢战记》,以及 100 多年后的罗马帝国史学家 C.塔西佗的《日耳曼尼亚志》中都记载了当时的日耳曼人各部落的经济活动、政治组织、社会生活和风土人情。中世纪的一些旅行家、探险家、学者、商人也写过一些记述世界不同地方族群及风俗的著作,如意大利旅行家马可·波罗所著的《马可波罗游记》,详尽叙述了中亚、南亚、中国各地的风土人情、文物古迹,成为以后研究这些地区和族群的主要史料参照。①对于古代婚姻的关注,在部分古希腊和古罗马的哲学思想中也可以找到资料线索。柏拉图是第一个提出在希腊社会繁荣以前远古人类社会的婚姻关系的,他认为没有一夫一妻制的社会,也没有家庭的社会是有可能存在的。古希腊罗马唯物主义原子论者把杂乱的性交认为是前婚姻阶段。他们认为,最初的人类社会群落并没有调节性交关系的规范,因为起初人类社会的发展状况不存在这样的规范,也不可能有任何的行为规则。因为最初的人类是单独生活的,只是后来才联合起来群居。根据当时流传下来的大量神话和传说,唯物主义学者们认为人类发展早期阶段不存在婚姻,婚姻是后来才出现的。关于人类早期婚姻形式的讨论 19 世纪前在理论上没有重大突破,直到巴霍芬、摩尔根、恩格斯等人相关的婚姻理论的出现。

---

① 黄淑娉、龚佩华:《文化人类学理论方法研究》,广东高等教育出版社 2004 年版,第 2 页。

1. 19 世纪婚姻进化论阶段

18、19 世纪,欧洲资产阶级革命,英、法等国的资本主义迅速发展,反映资产阶级社会的思想也逐渐形成。法国思想家孟德斯鸠《论法的精神》中对社会制度的思考,并把人类社会分为三个阶段:蒙昧、野蛮、文明。苏格兰历史学家罗伯逊的《美国史》对社会发展阶段的进一步讨论,为 1859 年英国著名科学家达尔文《物种起源》的出世做了铺垫和启示。《物种起源》一书的面世,提出了生物进化学说,在自然科学领域,乃至社会科学领域都产生巨大影响,从而迎来了 19 世纪的进化论时期。

英国人类学家马瑞特在《人类学》一书中说:"人类学是达尔文的孩子,达尔文的学说使人类学成为可能。"[1]因此说,人类学作为独立的学科产生,是以进化论为指导思想的,进化论学派是人类学的第一个学派,与人类学同时诞生。在进化论的影响下,对人类婚姻家庭的研究也逐渐系统化。1861 年,巴霍芬的《母权论》的出版,标志着婚姻和家庭史研究进入系统的理论阶段。巴霍芬在这本书中用大量的资料论证了人类社会的早期处于一种杂乱的性交状态,代替杂婚的是个体婚和母权制为基础的家庭。继巴霍芬之后,苏格兰法学家 J.麦克伦南又出版了《原始婚姻——关于婚礼中抢婚仪式的起源的研究》,进一步讨论了婚姻和家庭进化的问题,他提出人类社会最早的形态是杂交群,母权制早于父权制,抢婚起源与外婚制。[2]

---

[1] 黄淑娉、龚佩华:《文化人类学理论方法研究》,广东高等教育出版社 2004 年版,第 16 页。

[2] 唐利平:《人类学和社会学视野下的通婚圈研究》,《开放时代》2005 年第 2 期。

麦克伦南关于外婚制部落、婚姻制度部落、外婚制和抢婚来源问题
的解释是错误的，但他依然在婚姻理论上有贡献。恩格斯曾评价
指出他在婚姻理论上的两大功绩：第一，他指出了外婚制的普遍存
在及其意义。第二，他认定母权制先于父权制。麦克伦南发现了
外婚制是原始族群中广泛流行的婚姻形式，是婚姻理论研究的一
大贡献，但他把外婚制部落与婚姻制度部落对立起来的理论，使他
得出一些错误的结论。①

随着摩尔根《古代社会》和《人类家庭的血亲和姻亲》两部著
作的问世，把人类社会对婚姻家庭等的研究推向了又一个高潮。
摩尔根与其他学者不同，他的研究不是在自己的书斋里完成，而是
亲自深入田野地点，获取纪实资料并分析思考获得理论。他多次
深入美国印第安人的易洛魁土著人部落调查研究和收集资料，在
1851 年出版了《易洛魁联盟》。此书追溯了易洛魁人数百年的历
史，并记述了他们的经济活动、生产工具、家庭、服饰、习俗、宗教和
语言，特别是易洛魁联盟的组织结构。② 这本书出版后，获得许多
著名人类学家的赞誉，被誉为是世界上第一部关于印第安人科学
的著作。在书中摩尔根系统地把人类社会的历史分为三个阶段：
蒙昧时代、野蛮时代、文明时代。在这三个时代，相应的人类社会
的婚姻和家庭也是一个进化的过程。伴随人类社会的三个阶段，
与其相适应的婚姻和家庭的模式有以下几个阶段：乱婚（血缘家

---

① 黄淑娉、龚佩华：《文化人类学理论方法研究》，广东高等教育出版社 2004
年版，第 21 页。
② 宋蜀华、白振声：《族群学理论与方法》，中央民族大学出版社 1998 年版，
第 18 页。

庭）、群婚（普那路亚家庭）、对偶婚（对偶家庭）、一夫一妻制（一夫一妻制家庭）。摩尔根通过对原始社会的婚姻制度和亲属制度关系的探讨，发现了人类早期社会组织的原则及其普遍发展规律。① 在《古代社会》中，摩尔根对原始社会氏族制度进行了大量研究。经过分析，他认为，氏族的根本规则是内部不得通婚，这是氏族的本质。因此，氏族必须实行外婚制，而部落内的不同氏族之间可以通婚，因此部落的婚姻制度是婚姻制度。摩尔根用"氏族外婚"和"部落内婚"这两个词，清晰地区别了麦克伦南提出的"外婚制部落"和"婚姻制度部落"所造成的概念混淆。② 虽然摩尔根把人类社会发展阶段的一致性归因于人类心性的一致性，认为它们的发展早已被人类心智的天然逻辑所注定，这样的认识有一定错误的成分，但这些并不影响他探讨社会发展规律主要内容的正确性。③ 摩尔根对古代社会史的研究，受到许多学者赞赏，马克思、恩格斯也深受其影响，并大力赞赏。恩格斯曾这样评价摩尔根的《古代社会》："在论述社会的原始状况方面，现在有一本书像达尔文对生物学的研究有决定意义的书，这就是摩尔根的《古代社会》。他第一次阐明了希腊人和罗马人的氏族，从而为上古史奠定了基础。"总之，19 世纪的进化论学派对婚姻家庭的起源及其形式给予了很高的关注，他们的研究对人类学

---

① 宋蜀华、白振声：《族群学理论与方法》，中央民族大学出版社 1998 年版，第 18 页。

② 黄淑娉、龚佩华：《文化人类学理论方法研究》，广东高等教育出版社 2004 年版，第 21 页。

③ 宋蜀华、白振声：《族群学理论与方法》，中央民族大学出版社 1998 年版，第 22 页。

史贡献巨大,以致100年后的20世纪,他们的理论又被重新肯定,并加以发展。

2. 20世纪以来的婚姻理论的多元化阶段

进化论学派将人类的文明理解为一种单线进化,他们过于粗糙的理论在19世纪末受到了批判。他们理论中缓引的部分资料出自一些没有经过正规学科训练的传教士或旅行家的道听途说,因而部分理论也受到人们的质疑。随着欧洲工业革命的到来,社会发生了许多翻天覆地的变化,社会学家们的兴趣逐渐从进化的方向转向社会问题和社会改革,热衷于工业革命给社会和家庭带来的巨大冲击和影响。因此,从19世纪末后,关于婚姻制度的研究多出现在家庭社会学中,不同的学派因对家庭和婚姻的角度和看法不同,而出现不同的理论解释。婚姻家庭制度和结构的研究出现了多元化,生物学、族群学、社会学、心理学等各学科从不同的角度对家庭结构、族内婚、族外婚、乱伦禁忌等作了理论分析。

苏联族群学家勃罗姆列伊从自然因素和社会因素解释了人类社会的婚姻制度。从自然角度讲,人类居住环境中河流、山脉、沙漠、森林等天然的一些屏障,以及村落之间的距离等因素,限制了族群间的交往。但这些因素,随着社会的发展和交通工具的改进,其障碍的程度都会大大降低。他认为人类交往的天然屏障还应该包括语言,语言自古是族群间通婚的严重障碍。虽然在族群使用两种语言的情况下,语言的天然屏障就会降低或消失,但会流利地使用两种语言的族群并不多,因而,语言仍然是许多族群婚姻制度的天然障碍之一。从社会因素讲,勃罗姆列伊首先提到的是国界,他认为现代国家的主体意识越来越强烈,因此国界的确定越来越清晰,族群间通婚的障碍扩大。除过这些因素外,对一个族群而言,宗教和族群意识是婚姻制度的重要因素,另外还有礼仪、外貌(肤色)、审美观等。

法国著名人类学家列维-斯特劳斯从社会结构的角度去解释婚姻。他尤其关注族外婚,他认为族外婚有其结构方面的意义,这一意义与避免近亲繁殖无关,也与心理混乱无关。相反,它被构建为一种交换原则,为人类社会做出了功能性贡献。列维-斯特劳斯认为,如果在一个群体内持续存在血亲通婚,社会将分裂为孤立而微小的部分。妇女在不同群体间的交换,为家族间的谈判提供了条件,并达成一套支配这些交换的规范。没有族外婚,就没有交换规则,而没有交换的地方,就没有社会。他认为,通过联姻在两个家族之间制度性的交换妇女,是亲戚关系的中心点。所以,列维-斯特劳斯认为,横向的联姻关系是社会的核心。他指出:"女人的交换和食物的交换是保障和表现社会团体彼此交换的手段,交换,它显现为婚姻制度所有形态的根本和共同的基础。婚姻、亲属关系的表现方式就是交换妇女。"①列维-斯特劳斯的婚姻理论是建立在外婚制和交换理论基础之上,这一理论强调了婚姻在社会结构方面的本质及其重要意义。② 他的理论超越了进化论的理论基础,把人类的婚姻放置在社会的大背景中,并用结构主义理论解释了婚姻的社会结构意义,从而拓展了婚姻家庭研究的范围,把

---

① 黄淑娉、龚佩华:《文化人类理论方法研究》,广东高等教育出版社 2004 年版,第 274 页。

② 李利:《人类学的婚姻研究》,《社科纵横》2010 年第 7 期。

人类学的婚姻研究带入一个更广阔的视域。

英国人类学家 A.R. 拉德克利夫–布朗是结构—功能理论的主要代表人物,他也对人类的婚姻家庭给予了很大关注。布朗在婚姻研究中提出了较为意义深远的"单系血统理论",与列维–斯特劳斯关注婚姻制度中的横向联姻关系的研究不同。他认为,在人类社会中,纵向的父子关系和母子关系是最主要的社会关系。他指出,核心家庭是社会的最小结构,并认为核心的家庭在社会中是普遍存在的。①

人类学家阿劳德·凡·盖尼普(Arnold Van Gennap)则从仪式的角度去解释婚姻,他将人生的所有礼仪(包括出生、成年、结婚、死亡)都概括为"人的生命的转折仪式",并将这些仪式统称为"过渡仪式"。对于仪式的分析,盖尼普提出了仪式的三个阶段:隔离阶段(separation)、阈限或转换阶段(transition)、重整阶段(re-integration)。他认为,在仪式的隔离阶段,旧有的思想、身份、地位被抛弃,角色进入过渡阶段。在过渡阶段中,正在经历转变的主角不属于任何一边,处于一种模棱两可的状态。最后是重整阶段,主角在调适和整合的过程中,获得一个新的身份和新的地位,实现角色的转换。② 过渡仪式的功能主要是整合由社会状态的过渡带来的无序、不稳定。③ 盖尼普的仪式理论以新的视角解释了人类婚

---

① 李利:《人类学的婚姻研究》,《社科纵横》2010 年第 7 期。

② 张建军:《结构主义视域下的仪式解读——读〈仪式过程:结构与反结构〉》,《社会科学论坛》2009 年第 6 期。

③ 汪参、张建军:《西方人类学婚姻研究简论》,《塔里木大学学报》2010 年第 4 期。

姻的含义,其理论对后来的涂尔干和特纳等人类学家和社会学家
的研究产生了重要影响。

　　3. 婚姻研究的反思阶段

　　自 20 世纪 50 年代,人类学的婚姻研究进入反思阶段。美国
的 S.南达就主张"站在超脱具体社会的高度上观察问题",并认为
"探讨婚姻和家庭问题的最好办法不是简单地下一个适用于各个
群体的定义,而应是针对性行为、育婴、劳动分工和权利义务等这
些社会的基本要求问题,进行深入细致的考察研究,探讨其在不同
社会如何得到合理化、正统化"。① 埃德蒙·利奇认为,目前的研
究把客观世界的研究填充到一组以前预先发展好的框架里面,而
不是填充在从观察中得出的概念框架中去。尼德海姆在《重新思
考亲属制度与婚姻》的序言中提出,婚姻是一个临时性术语,而亲
属制度则完全是一个误导性术语,是一个用于比较社会事实的错
误标准,人类学研究应当直接依赖本土内在的分类,用本土术语进
行思考。也就是说,研究时应该按照个案自身的展现来理解它,而
不是应用预设的概念和分类去解释。②

　　20 世纪 70 年代后,婚姻又被纳入性别、声望、权力、地位的分
析中,将更多的变量引入婚姻研究。1976 年,基辛对婚姻研究的
契约说和伦理说进行了归类。贝克尔从微观经济学的角度探讨了
婚姻,认为婚姻的目的是从中获得利益的最大化。彼德·布劳
(Peter M.Blau)则从交换的视角把婚姻置于社会关系中,他把婚姻

---

　　①　李利:《人类学的婚姻研究》,《社科纵横》2010 年第 7 期。
　　②　汪俊、张建军:《西方人类学婚姻研究简论》,《塔里木大学学报》2010 年
第 4 期。

视为一种社会交换过程。① 在发展与反思中，人类的婚姻理论发生着很多变化，也在多角度、多层面的探讨中更加丰富多彩。

4. 国外关于通婚圈的研究

通婚圈的研究是人类婚姻研究的一部分，自古代到现代，人们对婚姻家庭的讨论和研究为通婚圈理论的研究做了大量的铺垫。

进化论学派的代表人物摩尔根在系统研究人类婚姻亲属关系中，发现"氏族内部近亲不得通婚"的重要婚姻规范。1865 年，苏格兰人类学家 J.麦克伦南创建了外婚和内婚概念。1891 年，芬兰著名的人类学家韦斯特马克在其著作《人类婚姻史》中指出，人类在择偶中有"内婚"与"外婚"两种规范，并相互没有抵触。用亨利·梅因爵士的话简单地说，在任何地方，婚配都有一个"外圈"和"内圈"，超出"外圈"，就会受到明令禁止，囿于内圈，也是不允许的。后来的播化学派在部分理论上有偏颇之嫌，但也有贡献。他们的视角关注地域概念，并创建了"在一定地区内，若干文化特质构成一定的'文化圈'"的概念，②并探讨了划分"文化圈"的标准。这些婚姻知识的发现，启发了人们日后通婚圈概念和理论的研究。

进入 20 世纪，部分学者把视角投向通婚圈的研究，法国著名人类学家列维-斯特劳斯对婚姻的研究颇有影响。在他的名著《结构人类学》中，他通过对印度尼西亚的婚姻考察研究，指出在一定

① 汪侯、张建军：《西方人类学婚姻研究简论》，《塔里木大学学报》2010 年第 4 期。
② 宋蜀华、白振声：《族群学理论与方法》，中央民族大学出版社 1998 年版，第 25—29 页。

的地域内,往往存在几个通婚团体,其中一个婚姻团体是另外一个婚姻团体固定的婚配对象的提供者,而其他婚姻团体又为该团体提供婚配对象。从而他得出结论,人类的通婚圈存在某种结构,人们在固定的结构内选择对象。①

1937 年,日本学者冈田谦针对中国台湾地区北部不同祖籍的人群祭祀不同主神的调查,提出了祭祀圈、经济交往圈、通婚圈之间存在着折叠的关系。②

美国社会学家施坚雅(G. William Skinner)于 1949 年前后对我国四川的农村进行实地考察,提出了著名的"市场体系理论"。③他认为农村的初级市场是一个内生的社会区域,人们一般是在初级市场内寻找媳妇,媒人则往往在集市上完成婚姻介绍。从而得出,农村的初级市场是通婚圈的中心,通婚圈与基层市场重合的结论。④ 施坚雅从初级市场与通婚圈之间的关系来研究婚姻的地缘关系,在学科领域拓展了婚姻理论的研究视角,在国内外也掀起了通婚圈与祭祀圈、水利灌溉系统等地缘关系的讨论,但他的理论过于草率,受到许多学者之后的反驳。

美国学者杜赞奇(Prasen Jit Duara)对满铁资料调查分析后,

---

①　武向征:《对豫北 L 村通婚圈的研究——基于社会资本理论的视角》,博士学位论文,华中师范大学人类学系,2012 年,第 5 页。

②　韦美神:《改革开放以来瑶族通婚圈的变迁研究——以广西田东县陇任屯为例》,硕士学位论文,广西民族大学人类学系,2008 年,第 2 页。

③　李敏:《武定干海子村大花苗通婚圈的研究》,博士学位论文,云南大学人类学系,2007 年,第 2 页。

④　韦美神:《改革开放以来瑶族通婚圈的变迁研究——以广西田东县陇任屯为例》,硕士学位论文,广西民族大学人类学系,2008 年,第 2 页。

对施坚雅"市场体系理论"有不同的看法。他认为,即使通婚圈包含在市场范围之内,但仍然有理由证明集市中心不一定是确定婚姻关系的地方。[①] 市场体系理论只能部分地解释婚姻现象,集市的辐射半径在限定通婚圈及其他社会圈方面有重要作用,但通婚圈有自己独立的中心,不一定与集市中心重合。[②] 之后,通婚圈的研究深受国内外学者的重视,并在视域和深度方面不断获得拓展。国内通婚圈的研究理论逐渐成熟,在婚姻研究中,通婚圈地缘关系的讨论成为必不可少的主题。

(三)国外相关理论简介

1. 社会交换理论(Social Exchange Theory)

现代社会学的交换理论是在 20 世纪 50—60 年代美国社会学家霍曼斯的著作中诞生的。交换理论是在对功能理论的反驳中发展起来的,也是在广泛吸收其他学科知识的基础上形成的,其理论主要来自古典政治经济学、人类学和行为心理学。

(1)古典政治经济学中的交换思想

以亚当·斯密为代表的古典经济学家带有明显的功能性质,社会交换理论吸收了经济学的成本、利润等概念,认为经济学中商品交换的理论也适合社会学领域。

(2)人类学中的交换思想

20 世纪上半叶,西方人类学对初民社会的研究取得很大成

---

① [美]杜赞奇:《文化、权力与国家——1900—1942 年的华北农村》,江苏人民出版社 1994 年版,第 123 页。

② 陈娜:《农村外出打工青年的通婚圈及影响因素研究》,博士学位论文,华中科技大学人类学系,2008 年,第 3 页。

就,交换被视为社会整合的一种要素,人类学中的这些交换思想为社会学的交换理论提供了基本思想。

①弗雷泽用经济动机研究关于澳大利亚土著居民交表亲联姻的模式:①认为土著居民由于没有娶亲的财力,只好用女性亲属交换妻子,因此妇女具有较高的经济价值,拥有较多姐妹和女儿的男人就富有,因而也拥有较高的威望和权力。

②马凌诺斯基的交换心理学说:在《西太平洋的航海者》②中,马林诺夫斯基发现当地居民中通行一种"库拉圈"的交换制度。这种交换不是源于经济目的,而是一种建立并维持友谊的方式,马林诺夫斯基由此区分出了物质交换与非物质交换,这对现代交换理论摆脱功利主义影响起到很大作用。

③莫斯交换理论中的结构主义:③莫斯反对从个体的经济动机解释交换,也反对从个体的心理动机解释交换,在他看来,促使人们交换的力量不是来自个体,而是来自群体或社会。

④列维-斯特劳斯的结构主义:列维-斯特劳斯对社会交换理论的影响不仅是他重申了交换关系,反映了社会组织模式,而是在于他明确提出了交换对等原则,即,任何交换必须是得到的与提供的相等。④

列维-斯特劳斯的婚姻结构理论:

---

① ［英］弗雷泽:《旧约中的民俗》,复旦大学出版社 2010 年版,第 9 页。
② ［英］马凌诺斯基:《西太平洋的航海者》,华夏出版社 2002 年版,第 1 页。
③ ［法］马歇尔·莫斯:《礼物》,上海人民出版社 2002 年版,第 6 页。
④ ［美］乔纳森·特纳:《社会学理论的结构》(上),华夏出版社 2001 年版,第 263—265 页。

莫斯在《礼物》交换的研究中已预见了交换理论中的结构主义，列维－斯特劳斯的结构主义系统解释了交换理论的结构。列维－斯特劳斯的结构主义是在索绪尔的结构语言学以及杜尔干学派的社会人类学基础上建立起来，其理论的焦点主要关注社会交换过程在传统社会中整合的力量。

从血缘婚姻制度中，列维－斯特劳斯发展出了一套关于社会交换过程的理论。在《亲属的基本结构》一书中，列维－斯特劳斯分析了交表婚姻模式。他赞同杜尔干关于弗雷泽功利主义的观点，并对他的交表婚姻结构的功能主义提出了不同的观点。列维－斯特劳斯认为，从根本上说，人类社会的建构，就是以两性关系的建构及其再生产作为基础的。① 在 1949 年他的著作《亲属关系的基本结构》一书中，他阐述人们在婚姻规则的起源之处找到的总是交换制度。交换显现为婚姻制度的所有形态的根本和共同基础。在人类社会中，男人必须从另外一个男人那里获得女人，而作为同样的交换，这个男人给予他自己的女儿或姐妹。女人的交换归因于乱伦，禁止乱伦不仅仅源自纯文化，也非仅源自纯自然，亦非自然与文化的综合，而是从自然迈向文化的基本步骤。显然，女人的交换是列维－斯特劳斯亲属和婚姻理论的核心概念，他认为女人的交换和食物的交换都是表现和保障群体间结合的手段，②因此，群体的延续必然只能通过女人才能实现。群体间女人的交换，不仅构成人类社会的交互性，而且对参与其中的每个

① 高宣扬：《当代社会理论》，中国人民大学出版社 2010 年版，第 769 页。
② ［法］列维－斯特劳斯：《野性的思维》，商务印书馆 1997 年版，第 124 页。

团体都有互利性,这种礼尚往来逐渐形成社会的生活原则。通过确立一种整体上的服从规范,群体在它认为有重要的合理价值考虑中赋予了法律的权威。① 婚姻的交换,人们在群落间建构起一种重重叠叠的相互关系,进而建起更为广泛、更为深刻的经济关系和社会关系网络。

在婚姻的交换中,列维-斯特劳斯区分了两种交换模式,一是"限定性交换"(restricted exchange),另一种是"一般性交换"(generalized exchange)。前者是在两个群体间内部的交换,如 A 群体的女人属于 B 群体,B 群体的女人将属于 A 群体间的交互婚嫁模式。第二种模式是指在两个以上的群体间的交换,如在 ABCD 四个群体间联姻,女人的流动(A-B-C-D-A)形成一个闭合回路,女人在交换过程中以固定的方向流动。② 这一交换不是一对一的交换,而是彼此履行的交换义务出现暂时的延迟,或者说在交换方向上有不可逆性。交换与立即履行相互性的义务决裂,并且在循环中又增加了理论上的数目无限的对象。于是,就从亲戚到亲戚构成一条姻亲链。随着联姻圈的不断扩大,新的对象进入这个圈子并与以前的共同体结成一体,最终在所有的参与团体之间形成一种交换循环。这两种模式的划分,虽然分析了婚姻交换中的结构,但却有不足,如法国人类学者罗朗·拉迪诺瓦以印度的婚姻情况为例更为明确地指出,强调婚姻规则不应该掩盖实际上的亲属关

---

① Claude Levi Strauss. *The Elementary Structures Of Kinship*. France：Beacon press，1969：42.

② 范国华:《列维-斯特劳斯的亲属制度理论及布迪厄的批判》,《黑龙江民族丛刊》2008 年第 6 期。

系大部分都不符合规则这一事实。①

在论证自己的观点时，列维-斯特劳斯提出了一些基本的交换原则，影响深远。他认为：所有的交换关系都包括了个体所付出的代价，这种代价归因于社会——归因于使行为付出代价的那些风俗、规则、法律和价值；社会上所有稀缺有价值的资源——不论是物质性的（比如妻子），还是符号性的（尊严和威望），——分配都受到规范和价值观的制约；所有交换关系都受到互惠规则的制约，它要求那些得到贵重资源的人给予那些提供资源的人其他有价值的东西。因此，在研究婚姻交换关系时，必须认识到：分析交换关系的主要变量是社会结构的各种形式，而不是个人动机；社会系统中的交换关系并非限制在个体间的直接互动，而是延伸到交换的复杂网络。一方面，这些交换过程是由社会整合与社会组织所引起的，另一方面，它们又促进了社会组织的各种形式。②

2. 社会结构理论

吉登斯的结构化理论：

吉登斯以他的结构理论（Theory of Structuration）与对当代社会的本体论（Holistic View）而闻名。他理论思想的来源，是在对欧美各种学术思潮的普遍关注，重点针对马克思、孔德、韦伯开创的欧洲三大理论传统，谨慎梳理其中的基本观点，在传统与现代的理论比较分析中汲取理论精华，同时在同当代流行的各种学术思潮

---

① 范国华：《列维-斯特劳斯的亲属制度理论及布迪厄的批判》，《黑龙江民族丛刊》2008 年第 6 期。

② ［美］乔纳森·特纳：《社会学理论的结构》（上），华夏出版社 2001 年版，第 264—265 页。

的对话中构建新的理论。在创建结构化理论的过程中,他注重三个理论原则:(1)关注社会理论的"本体性"。当代欧美的理解论、符号论、解构论和心理分析论等共同点是有反本体论倾向,而马克思高度重视的人类生存境况、社会再生产与社会转型等本体论问题,显得更加重要,若不从本体论出发研究社会,显然无法抓住问题的根本。对本体论的关怀,是结构化理论的主要关注点。(2)社会理论研究注重宏观与微观分析的统一。他认为社会结构本身就是具有普遍意义的一般原则和具有特殊意义的心理记忆的统一,也即宏观概括和微观分析的统一。因此在吉登斯的理论中既能看到社会结构化、社会转型、现代性等宏观理论,也有个体心理结构、自我认同和情趣体验等微观层面的分析。(3)注重客观与主观分析的统一。吉登斯不仅承认社会结构的制约性,也承认人们活动的创造性和能动性。

社会行动、社会制度、社会结构化是吉登斯社会理论的基本内容。吉登斯对本体论的关怀,不是传统哲学关于事物抽象本质的关怀,而是实践论和生存论。吉登斯提出用结构二重性取代主客二元论,这一假设正是结构化理论的基础。他认为客体主义强调的社会结构、制度、制约性,以及主体主义强调的主观性、能动性、创造性在现实生活中都是存在的,不能否认,也不能将二者对立起来。在社会实践过程中,这二者是通过人的行动而动态地相互作用相互转化的。一方面,社会本身存在社会结构,这些结构通过社会制度和社会规则制约着人们的社会行为,人们是按照原有社会关系制约自己行动。另一方面,人们以其自觉性认识原有的社会结构,调整自己行为,而且按照自己在行动中不断产生的新要求来调整行为规则和社会制度,进而使社会结构发生变化,社会结构从客观上的制约地位转入主观上的创造过程。社会结构由此具有客观制约性和主观创造性两种品格,并且这两种品格是融会而存在的。①

　　吉登斯是在社会实践或社会生产的不断展开和持续过程中动态地理解社会结构。当吉登斯在使用"社会再生产"概念时,包含了对社会实践循环性的理解:社会结构制约着人们的社会实践,而人们又在社会实践中创造着社会结构,并且二者不断地进行着双向循环。他认为结构是一种能动的过程,在这个过程中,社会实践和结构的二重性的反复循环,使结构形成并在循环中被复制。②他认为人类的社会活动,与自然界中某些再生的物种一样,都有循环往复的特性。它们虽然不是由社会行动者一手塑成,但却持续不断地让它们一再创造出来。社会行动者正是通过这种反复创造社会实践的途径,来表现作为行动者的自身。同时,行动者们还借助这些活动,在活动过程中再生产出使它们得以发生的前提条件。③

　　社会结构作为社会要素之间的联系、制度、规则,都是社会再生产的前提条件,社会行动者都是按自己头脑中的目的、计划来创造这些前提条件的。用循环论,吉登斯解释了目的、计划来自于社

　　① 刘少杰:《国外社会学理论》,高等教育出版社 2006 年版,第 407—408 页。

　　② Steven loyal. *The Sociology of Anthony Giddens.* London USA：Pluto press, 2003,75.

　　③ [英]安东尼·吉登斯:《社会的构成》,生活·读书·新知三联书店 1998 年版,第 61—62 页。

会实践,是社会实践中展开的各种关系结构的内化。吉登斯在关于结构的复杂论述中,主观性被归结为结构的最主要特征。他认为,他所说的结构是转换性关系的某种"虚构的秩序"即被再生产出来的社会系统,并不具备"结构",只是体现着结构性特征。同时,作为时空在场的结构只是以具体的方式出现在这种实践活动中,并作为记忆的痕迹,引导具有认知能力的行为者。即社会系统中的结构,实际是由人们头脑中的记忆痕迹,也就是结构观念指导人们的实践行动创造出来。①

　　吉登斯把人们头脑中的结构观念称为"记忆痕迹",主要强调:支配人们社会行为的结构观念,不是传统认识论中所说的逻辑思维,不是用语言表达出的概念、判断,而是在日常生活实践中日积月累形成的习惯性的实践意识。所谓实践意识是指行动者在社会生活的具体情境中,无须明言就知道如何进行的那些意识。这种实践意识,不是无意识,吉登斯说:(1)实践意识不是本能无意识层面上的,它是一种意识,并且是有能力行为的意识。(2)它又不是形成概念、判断和推理,可以用语言表达出来的"话语意识",而是介于无意识和话语意识之间的"只做不说的意识"。实践意识除了"只做不说"特征外,"日常性"和"惯例性"也是其主要的另外两个特征。② 吉登斯把这种循环不已的日常生活看作其他层面社会生活的根基,而这也正是他观察社会生活和解释社会生活的基点。吉登斯在谈到社会行为时,认为支配社会行为的意识不

---

　　① 刘少杰:《国外社会学理论》,高等教育出版社 2006 年版,第 408 页。
　　② 杨善华:《当代社会学理论》,北京大学出版社 2002 年版,第 224—225 页。

是简单的"自我意识"，而是一种"人类意识"。同时，他分析了人类"共同意识"（mutual knowledge）。他认为，除了目的、意图、动机等行动者可以觉察的意识因素之外，在行动者觉察不到的两个行为过程层次之间，存在着广阔的"灰色区域"即"共同知识"。这种共同意识也是实践意识，类似于日常生活中的风俗、习惯等文化背景和文化传统，并对行动起到反思性监控作用。

关于能动，他认为，能动不仅仅指人们在做事时的意图，而是首先指他做这件事的能力。① 根据这个界定，吉登斯提出要把行动者的"所欲"和"所做"分开，传统理论主要在"所欲"层面讨论行为的能动性，而吉登斯主要讨论在"所做"层面的能动性。"所欲"层面讨论的能动性是人们在清醒意识活动中的自觉性，而"所做"层面讨论的能动性，吉登斯主张在"所做"与后果联系中来分析能动性，注意到的不仅在自觉因素产生的后果，更重要的是不自觉的无意识因素产生的后果，即"意外后果"。他分析了三种意外后果：（1）由某种偶发情境而引起的意外后果，如进屋开灯，惊走小偷。（2）由一系列个体活动复合成的模式。每个个体活动是有意识的，众多个体活动汇集在一起，形成谁也想不到的结果，吉登斯称为"人人为之，可又无人为之"，这相当于"集体无意识"或"历史无意识"。（3）制度化实践再生产机制。行动的意外后果以某种非反思的因果循环的形式，构成进一步行动的条件。也就是说，大量循环往复的意外后果，不断积累地形成了人们认可并受制于其中的社会制度，即社会生活的制度化。

———————

① 刘少杰：《国外社会学理论》，高等教育出版社 2006 年版，第 413 页。

吉登斯结构化理论核心概念是结构二重性,体现出了社会实践循环反复的特征。对构成社会系统的实践来说,结构既是它的媒介,又是它不断生成的产物,社会互动每时每刻都同时体现出循环和创生的特征。

小结:

列维-斯特劳斯和吉登斯等学者的理论,虽然不能给本书提供直接的理论指导,因为他们研究的地域不在中国,也不是社区,但他们的理论思想和架构给予我许多的启发和间接的理论指导。列维-斯特劳斯对群落内部结构的分析,首先借鉴索绪尔的语言结构学,找到结构的最小单位——家庭,认为群体的延续只能通过女人才能实现,他还指出人类社会的建构,就是以两性关系的建构及其再生产作为基础的。这些理论为我们研究社区内部的结构和婚姻关系提供了重要的指导。N村社区的结构和族群的再生产,也是在女人的交换中实现的,从而找到了研究N村社会结构和族群再造的知识缺口。

吉登斯结构化理论是本书理论的主要架构,他认为社会结构以规则和制度制约人们的行为,表现出客观性的一面,同时它又受到个人行为的新需求而不断调整改变社会制度和规则,又表现出主观能动性特点。社会结构制约着人们的行动,人们又反过来在社会实践中创造着社会结构,二者不断地在双向循环,从而使得社会结构和社会制度一再地被人们在实践中再生产出来。这一理论实际上可以解释在中国乡村群落社会,宗族文化影响下的婚姻制度在社会建构中的关系互动和循环机制,在一定程度上为中国社区和族群研究做了部分补充。

以上两种理论，从不同的层面给予研究中国乡村社会结构很大启发，因而在上文做了简单评述，以吸取前辈们理论的精华。

四、课题研究问题与创新

（一）研究创新

以上梳理了有关婚姻方面的国内外研究文献，大部分的国内文献主要从婚姻圈的结构及与农村祭祀圈、市场圈的关系，这部分学者是在施坚雅市场婚姻理论下讨论的主题。还有部分学者在弗里德曼的婚姻支付理论下，讨论婚姻中礼物的流动。在经济大潮中，婚姻圈的变迁也是研究较多的视角。但这些研究视角比较单一，理论重复性较大。其实，一种社会现象，它的形成或表象是多因素、多面化的，去研究和解释它深层文化内涵也存在很多个视角。

本书在前辈研究基础上，有以下创新：

视角创新：本书从乡村媒人的管媒这一细微行动切入，由细微的事件，牵引出管媒行动背后婚姻制度与族群再造的宏大主题，是研究视角上的一次创新拓展。

理论创新：以往研究主要强调传统惯习对文化保持的作用，本书则从婚姻制度的运行机制去探索它对族群结构的形成和影响。并结合国外相关理论，获得自己在乡村管媒—婚姻制度—族群再造之间关系的一种新的解释理论。

方法创新：（1）本书在国内学者"关系—事件分析法"和"过程—事件分析法"基础上，创新"过程—关系研究法"，这也是方法上的一次尝试性创新。（2）本书把管媒—婚姻交换—族群再造的交换和循环机制,画成一个构建模型图,这样更能清晰理解研究思路,这也是本次研究一次小的创新。

(二)研究问题

本书研究以乡村管媒为线索,由管媒—婚姻制度—族群再造,这样形成的一个研究线索。媒人是一个线索或视角,主要牵引出婚姻制度对族群结构新陈代谢、形成群体的更新和再生的主要作用。表面似乎只突出了管媒与族群再造的关系,而实际本书重点要突出的是婚姻制度与族群再造的关系。问题:在一个三元变量的线性关系中,如何处理论述它们的线性关系? 这是本书在研究过程中比较难以处理的一个问题。但在此次研究中,运用媒人管媒的乡俗惯习,切入社会关系和社会建构逻辑的讨论分析,尝试处理了这样的研究难题,即从一元(媒人管媒行动)视角,牵引二元(婚姻制度与社会建构)关系讨论,以期获得清晰而有逻辑性的成果。

第 一 编

宗族村落中的媒和村里的故事

第一章　N村的历史与概况

　　无论各民族、各种群体或每个社会成员所处的社会环境、文化传统和社会经历有何特殊性，普遍价值对他们来说都是共同的。由于普遍价值超越了群体和个人的特殊性，因此它对于宏观社会的交换关系和权力结构就有了十分重要的意义。如果人们都能对普遍价值形成明晰的观念，那么它将成为把各种复杂群体和个人联系起来的最基本的纽带。

　　　　　　　　　　　　　　　　　　——布劳（Peter M.Blau）

　　N村位于宁夏永宁县境内，行政上隶属于永宁县杨和镇，北距银川市20公里，东距永宁县城1公里，南距吴忠市45公里。据2015年调研数据，N村有11个生产队，1454户，总人口4811人。

　　N村是宁夏永宁县城西郊一个人口相对较大的村落，亘古经济发达，商业繁荣，曾经是西北皮毛商贸重镇。经过几个世纪的发展，N村发展为一个宗族文化特征明显、经济发展快速的现代村镇。对于N村的关注，源于两个原因：其一，在现代都市化日新月异发展的背景下，N村保存了较为完好的传统婚姻模式，即男女婚姻的缔结需要传统媒人对接双方家庭关系。这样的婚姻组建模式引起了古典人类学婚姻制度和家庭关系兴趣在现代背景下拓展开来的研究关注,婚姻关系的缔结与社会群落结构的运行规则,形成了有意义的学术关怀。其二,N村"N姓"先祖经过数百年的发展,在明朝逐渐富裕强大,这时期的N村形成了严密有序的宗族制度,强大有力的宗族影响着村落的权力结构和村庄的血缘结构。N村N姓家族,通过婚姻关系吸N村其他姓氏住户,形成单一有序,以N姓家族为主轴,其他姓氏为依附的一种单主姓家族体系的村落结构,在西北社区比较少见,引起许多学者关注。N村是以N姓家户为主体的单主姓村,N姓占全村姓氏的60.24%(2011年数据)。还有王、吴、李、马、杨、曹、沈、赵、张、尤、唐、雷、罗、郑、吕、周、耿、郭、丁、柳、刘、郝、包、谢、许、智、胡、金等28个姓,皆通过与N姓家族结亲或过继居留在N村,与N姓家族有紧密亲缘关系。自村落形成以来,N村一直是文化传统比较浓厚的较大乡村宗族村落,这为研究宗族村落中的媒、婚姻制度与族群构建造就了天然的有利条件。

N村的地理布局,是以规则的两条纵向的商业街和数条横向的混凝土巷子构成,有着中国传统规整的结构。N村长期主要以东西扩展为主,形成狭长型的地理形状,东边是N村村口桥,西边延伸到高速公路,虽然人们的房屋以高速公路为界,土地却穿过高速路,延伸得更远,南北是土地和其他村落。N村的村头桥,与永宁县城只隔了109国道,却是村里的交通枢纽。N村通往外界的主要出口就是N村的桥头,因此从桥头至西,修建了一条宽阔平展的柏油路,来来往往的人和车辆在这条路上穿梭。N村人正是通过这条公路,去永宁县城上学、打工、买回日常生活用品,卖出自家地里的青菜和玉米。

站在桥头,一眼望去,平平直直一道公路,直通村子的腹地,公路两旁是整齐的青砖仿古店铺,整洁、开阔、美观,路的尽头修建了漂亮的广场。晚上,广场的灯、路两边店铺的装饰灯开启照亮时,N村是漂亮的、现代的,比起一般的乡村,N村的白天和夜晚都比较精致。广场的东西侧是N村拆迁补给建设的唯一小区——N家新村。广场的正北面,是漂亮的N家大院,南北走向,建成了商业步行街。里面有N村的各种特色商业店铺,非常精致,是游客必到之地。精致的现代元素与传统的乡村特色衔接,彰显了村落由远及近的历史变迁。

第一节　N村的历史

N村是西北地区一个历史悠久、文化传统古朴浓郁的美丽村落,村内60%以上的居民为N姓,历史上曾经有过完整的宗族制度,并且当时也有仅次于银川的繁华商业市场和商业贸易,因此,使得N村具有西北乡村独特的魅力,吸引了许多学者去探究它的历史和文化。

在N村的采访中,大多的记忆是模糊的,远古的祖先留下的文字记载太少,几百年的故事,村里老人的讲述,已没有清晰准确的脉络。N村的一个家族"老五门"在N村的历史和现代具有极大的影响,它是N村人口和姓氏构成的主体,也是N村生存繁衍的主体。

一、老五门的故事

时间：2014 年 8 月 23 日上午 10:00—12:00

地点：N 村村子 NCS 老人家门口

访谈人：NCS　83 岁　曾为马鸿逵骑兵旅骑兵，现在是 N 村为数不多能讲述 N 村历史的年长老人

NCS（录音）：N 村，从大明朝自云南、陕西搬迁到这个地方，一直到现在，500 多年的历史。大明朝，有五个老人，五个老人来这个地方。相传过去才五个人，现在传了五千口人。

问：以前就五个人，那他们有孩子吗？

NCS：没有。他们五个单身汉，从云南陕西来到这个地方。老大、老二、老三、老四、老五，弟兄五个，叫"老五门"。过去，老大，在这个窝窝子①安家落户以后，老大是个做生意的人，做个小买卖。老二，过去 N 村这边有个鹤泉湖么，就在那个东面子呢，那长的柴草，他打柴卖草过生活。老三，渔户张②，打着卖鱼过生活。老四呢，做个庄稼，种点田做个庄稼，是个庄稼汉。因为他们老弟兄五个，叫"老五门"，就在这个地方安家落户。

问：叔，老五是干什么的？

NCS：老五，是个武术家，打拳的。这个老二，打柴卖草，那时他在鹤泉湖，打一背子③柴或草，他力大无穷，他背一背子，背了回

---

①　窝窝子：方言，指本地。

②　NCS 老人讲到老三是"渔户张"，似乎偏离较大，应该是"渔湖 N"或"渔湖长"，老人的口耳相传有误，历史久远，总会有些偏差。

③　一背子：指一大捆。

来,改成小捆捆子,他的一背子,驴要驮两垛子呢。他背一背子,驴要拖两顿(两次)。他打了回来,改成小捆,搁驴驮上,要驮两驴。驮到N村,N村有街呢,街上卖柴卖草过生活。

　　有一天,他从湖上背回来一背子草上来,路过永宁县那个杨和街。有个庙①,那个庙台上那时住着县衙,住的县老爷,贡生。县老爷,在那个庙台上住着呢,县老爷庙门上挂了个牌,挂了个牌,有半个月了。说是这个内蒙古要来人与俺这个地方比武打擂,谁要有这个比武的本事,你可以来参加。你若是打赢了,给我们这地方装了人②,增了光,给你要钱给钱,要官给官,要田给田,要啥给啥。挂了牌,人都在那里看着呢,这个老二呀,"二囊爷",叫"二囊爷",老二的名字叫"二囊爷",二囊爷就说:"这个庙门前都干啥着呢?"才是看牌子着呢,又问:"你看那牌子啥意思?"有人回答说:"现在这个牌啊,是比武打擂的个牌。谁要有本事,比武,你把这个牌子摘下来,到里面报告,比武。"二囊爷看周围民众没人摘这个牌,他就摘了。摘了以后,门上的门卫问:"老汉,你摘这个牌,你能比武打擂吗?"二囊爷答道:"我能行!"他就进去了,老县衙就说呢:"你能比武吗?"他说:"我能行!"县衙看了看他,说:"要望你这个人,身体这么胖,这么笨,恐怕不行吧?"二囊爷说:"我能行呢!"县衙听他这样自信,就答应:"你能行就把你收下,收下后,你在俺们这个府里休息几天。休息五天,一天吃好喝好,休息五天,到第六天就开始比武,你参加。"老爷爷就在府里住着休息了几天,到了第

---

　　①　庙:在这里应该是县衙大门楼,老人误解,讲成"神庙"。
　　②　装了人:当地方言,指给大家赢得脸面和荣誉。

六天就开始比武。比武开始，内蒙古的两个：大蠢牛，二蠢牛，这是名字，就和他俩比武。在这个庙台上比武，结果比武，三台两胜，老爷爷身子胖，笨得很，拳打脚踢，就把老爷爷胳膊也打烂了，脸也打伤了，腿子都给踢肿了。庙台子下面看热闹的人，叹息："哎呀，这个老爷爷你看今天怕被活活打死在台上，你嘛，笨得很，身子胖得很，拳打脚踢，你的手打不到别人跟前，哎呀！"都就这么嚷着呢。内蒙古的这个大蠢牛就高兴了，说道："你这个人啊，怎么能跟我比呢，跟我比能行吗？我打上十拳，你连一拳都打不上。"大蠢牛高兴了。大蠢牛这么高兴地一发呆，老爷爷力气大得很，让老爷爷跳到他面前，朝他的头一巴掌，一巴掌把大蠢牛的头给打昏了。二囊爷跳过去一只手把他胳膊提起来，一只手把他腿子提起了，众人在下面喊："朝台下撂啊，朝下撂！撂下来绊死，你看他把老爷爷怎么打着呢。"这时候，台子上头县老爷就说了："不要撂！不要撂！"县老爷过去官名叫抚台道堂，是贡生。"今天就算比武你赢了，你撂下去绊死，把他绊死，将来别人还会找咱们的麻烦，你不要撂了，就算你赢了。"二囊爷听到县老爷这样劝阻后就没有撂，县老爷说："你不要撂，保护了人的生命，也是善举嘛！这次比武你赢了。现在看你要官呢吗，若要官，我们府里大小给你个官，你当上；若你要钱，我们就给你给钱你过生活去；你要田，就给你田，你种田去；看你要啥呢。"二囊爷说："当官，我不识字，当不了官，我也不要钱，N村里面有个大洼湖、小洼湖，你把那个湖给我就行，湖给我，我种田。"县老爷就说："好！"便把N村的那个小洼湖就许给他了。县老爷许给他小洼湖后，他就回来。回来就开始种田，在小洼湖周围能淌上水的地方他开始种田，湖里长的全是柴草。后来

N村的小洼湖平成了田,现在N村村后西北面那个地方就是当年的小洼湖,就是当年老爷爷要的小洼湖田。

由村里年长老人世代相传的口头故事依稀能追溯N村早年的繁衍历史,这也是少有的能够追溯N村历史和繁衍过程的资料。N村最早的祖先自明朝定居N村以来,有700年的历史,由一个同姓的家族"老五门"的繁衍,经过几百年的漫长时间沉淀,形成如今状态的村落样貌。对于远古历史的记忆,村里流传着多个版本。尽管时代久远,人们对祖先移居宁夏形成N村村落的历史细节模模糊糊,但都非常肯定,N村最初是由一个有共同祖先的家族老五门繁衍生息,形成现在有5000口人,并多数都为N姓的古老村落——N村。NCS老人,是村内少数几个可以讲述N村历史的老人,思路清晰,多数采访的人都会找他讲述以前的故事。村内另有一位60多岁的老人,据说,他是明朝N村祖先的嫡传子孙,他叫NSQ,有小学四年级的文化教育。在闲余时间,他仔细整理了一些资料,画出了自己40代祖先的族谱以及N村的局部地图。在整理家谱的过程中,他梳理了N村村落的形成历史。

NSQ老人多年对N村历史探究梳理,颇有心得。对于N村的历史和老五门的故事,他有自己的讲述脉络。他热衷探究N村的历史和祖先的踪迹,并花费多年精心描绘了N村地图,整理了家族族谱。他家里存有部分记载祖先踪迹的文本资料,经过他多年整理、考证,逐渐有了较为清晰的脉络。相比村里其他老人们的口传史,他的讲述因加进去很多文献资料而具有某种史学考证的味道,可信度也更高一些。2014年9月,在他家里,他拿出许多资料,给我讲述N村的历史和老五门的渊源。

时间:2014 年 9 月 14 日上午 10:00—11:30　　天阴　　地点:N 村 NSQ 家里

访谈人:NSQ

明朝时,蒙古人侵犯中原,发生了土木堡之变,而宁夏这边,阿左旗的瓦剌兵也来侵犯,扬言要割占贺兰山东坡广大地区,即宁夏银川军马场一带、夏口到高闸这片地。明朝政府不同意,瓦剌兵便进行攻城,用水攻银川城,N 村人祖先的坟地被水淹没。最后,明朝政府与瓦剌兵协商,以设擂比武决胜负来决定割地的争议。设擂七日,没有人能够胜蒙古人。有一天,N 村的大囊爷去比武,对方的蒙古摔跤手叫大牤牛,身高力大。比武的回合中,大囊爷根本走不到近前,大囊爷的腿腕被蒙古人左右扫腿,早踢得青肿。蒙古武士看到眼前的大囊爷,认为根本不是他的对手,连靠近他的能力都没有,于是大意,得意忘形。在忽视的一瞬,大囊爷找到攻击空隙,一把抓起蒙古武士,摔下台,当场毙命。这镇住了蒙古人,也从此赢得了贺兰山东坡的地区,阻止了蒙古人南下侵犯。

N 村的祖先原本从陕西搬到宁夏,住在 N 家巷(现在银川工会大厦附近),赢得蒙古人后,政府奖赏,N 村先人要了 N 村村后西北面附近的洼滩湖,政府过意不去,又分给他们湖周围百十来亩地,东至汉延渠,北至国子渠,西至江子渠,N 村祖先家人便在 N 村居住下来。很早 N 村的那块地方住着孙家、汤家、朱家、吴家,官方迁移了这些人家,安顿 N 村人居住在此,直到解放后,还有周围村庄的人清明节提着米饭、水果到 N 村里上坟,村民经常能见到。1450 年 6 月,天热时,N 村祖先家人搬到了 N 村,大约住在现在的坟地附近。

2014年4月,N村迁坟建地,NCQ看到老五门祖辈的遗骸,发现祖辈人骨长骨胖,个子较为高大。

无论从老人记忆中讲述的故事,还是从族谱求证的线索,N村村落的形成,最初是由老五门这个有共同祖先的家族繁衍形成的。

据N村人NZC讲述,目前老五门的五门分得依旧很清。NHF那门人在西门外头,是第五门;N村七队,叫"西半朝",属于第四门;过了八队,叫"车门里头",属于第一门;N村四队,是第三门;NZC家族这门,是第二门。

据村里一位高龄老人回忆说,以前的老五门,宗族大,势力也强大,占土地多,是这里富裕的地主,家里雇有很多长工。他家是在他爷爷辈时,他奶奶是老五门的人,他们是老五门的女婿,与有势力的老五门攀亲后,才定居在N村。他们是小户,又是外姓,遵守着N村的族规,相安无事几百年。这里的外姓,几乎都与老五门攀亲,才能获得土地和房屋在此定居,否则,外姓人在N村没有可能落户,只能是老五门雇佣的长工,替老五门种田干活。

采访的报告人说,他们家三代与老五门攀亲。那个时候,老五门族大,出门见了面,相互不知道称呼时,就问姓名,因为N姓家人的姓名有排字辈的规律。N姓家族能记得排辈次序为:万、玉、长、佃、洪。见面的人是"佃字辈""宏字辈"还是"长字辈",根据名字论长幼。孩子出门打架,老人们出去一问孩子名字,就会说:"别打了,哪有孙子打爷爷的道理!"孩子们听了大人话才住手。现在人不重视起名规律,三代以外也开始通婚。老人说,其实到现在,N村的宗族势力也还是比较大,比如选村委会主任等,若老五门中有比较合适的人选,其他外姓的人就轮不上。村委会里的干部，老五门的人占多数，村上其他小队的干部也多为老五门的人。由于老五门是 N 村的主族，也为 N 村做出了许多贡献，铺路修渠等大多都是老五门人领头干的。旧时候的族长也多出在老五门，对外有胆有识有担当，对内管理有序、村庄繁荣，是 N 村一直向前发展的主要发展推动力量。

二、外姓融入的经历

无论是 N 村老人对村庄历史的传奇故事，还是学者们对 N 村历史的专门考证，抑或是村里绝大多数村民认同的观点，都十分肯定 N 村最初是而且长期是以 N 姓为主的同宗族村落。最早定居于此的住户，是一个 N 姓的家族，并由这一家族，经过数代的繁衍，才形成了有一定规模的村落。在从仅有的几个住户到一个大的村落转变过程中，通婚是村落不断再生产、人口逐渐增加的最关键的环节。许多老人的讲述和经历，也还原了 N 村在婚姻关系中形成的过程。

中国人一般讲究四合院式的居住格局，N 村人也同样喜欢传统的独门独院。N 村是一个由 N 姓单个家族发展而成的村子，从古到今，N 村人善于经商，曾经有富甲一方的 N 村古街，商业发达，人民富足。如今的 N 村依旧富足安康，且有旅游业带动经济，因此 N 村仍然是周围村落中较为富裕的村落。时时有外乡住户欲迁移到 N 村，但 N 村土地有限，人口基数较大，因此，自古 N 村就设置了比较严格的落户限制。据老人讲，古代的 N 村如同一个坚硬的山核桃，外层和内核都极其坚固。外层的 N 村有坚固高大的城墙和护城河，而内层则严格限制外姓住户的迁移，以保持本村资源和防止土地人均利用率降低的风险。

除非与N村人联姻,成为姑舅关系,才能逐渐成为N村的村里人,获得土地和永久居住权。因此,N村N姓之外的外姓人家,大都是N姓家族族人的姑舅亲,几百年来,几乎多多少少都是或近或远的亲戚。N村的外姓通过婚姻成为N村住户的过程中,经过联姻,最终获得N村居民的资格。因此,N村姓氏是多元化的,比如,N村的雷姓,祖上是湖南人,但现在雷姓家族繁衍扩大,都已成为地地道道的N村人。

访谈时间:2014年7月23日下午5:00　访谈地点:N村N家大院北门凉亭

访谈人:雷保安(录音)　50岁左右

问:你好! 听说N村部分人家是从云南搬过来的,对吗?

雷:是,从云南N家营搬过来的。

问:搬过来大约500多年了吗?

雷:嗯,480多年,将近500年了。

问:你们老家也是云南那边的吗?

雷:我们家是……我姓雷,不姓N,雷锋的雷。

问:那你们老家是哪的?

雷:我们老家是湖南的。

问:你们祖上在湖南,怎么会搬到这边来了呢?

雷:过去湖南那个地方遭了水灾,我们祖上老人过去是医生,过去的土医生,看病看得好。过来这个地方(指N村),看到这个地方没有医生,在这个地方行医,看病看来看去,觉得这个地方条件好,挣了钱,买了地,居住下来。入乡随俗嘛,搬过来好几百年了。祖上来这个地方，找这个地方的女子通婚，最后就定居在 N 村，现在就成为村里人了。

雷姓家族的祖先，是来自湖南的一位医生，在 N 村行医，后来通过与 N 村老五门家族的联姻，遂获得在 N 村的居住资格，成为 N 村人。他的户籍，也落在 N 村本地。他的后代，现在也都成为地地道道的 N 村人，这也为本地的姓氏增添了新的元素。N 村的姓氏中，也增添了一个"雷"姓。在宋志斌、张同基主编的一本书里，记载了采访过雷姓的历史，雷家人已经在 N 村有 100 多年居住历史，到采访 LJF，他已经是雷氏家族的第五代人，当时的雷氏家族在 N 村发展到 23 户。雷氏家族在 N 村定居的历史，是 N 村部分外姓家族融入本地的发展过程的典型案例，也折射出 N 村在漫长历史发展过程中人口的多元化转变。N 村的姓氏，也以同样的方式，由最初单一的 N 姓村落，经过几百年的时间，成为以 N 姓为主、多姓混合的 N 村姓氏状态。姓氏由单一 N 姓，转变成多姓村落，一方面是来自女人娘家姓的加入，另外一个原因，就是部分其他姓氏，通过联姻成为 N 村姓氏之一。

除了雷姓，N 村还有其他一些古老的姓氏，也经过历史上一系列过程的转变，成为现在 N 村姓氏中的一种。比如王姓，王姓加入 N 村姓氏大致有 100 多年的历史，是 N 村的一个老姓。部分的王姓，后来与 N 村老五门女子联姻，成为本村住户。另外还有张姓等其他姓氏，前前后后都是与 N 姓家族联姻后定居于此。

时间：2014 年 8 月 25 日下午 2:30　地点：N 村 N 家新村小区
访谈人：Z 先生（录音）　50 岁　N 村小学校长
我的祖上以前家住在 N 村西面的北全村，现在我们那个家族很大,大半个北全村都是我们这个 Z 姓家族。我的父亲,在他刚刚 8 岁的时候,他的家里特别困难,几乎难以糊口了。父亲就在门前马路上边耍边找个野菜啊什么吃的,饿得骨瘦如柴。以前,从北全村到 N 村之间有一条大路,是一条主干道,向西通往内蒙古、临河、吴忠、青铜峡等地,人来人往,人们叫它"西大路"。有一天,有一吴忠的商人,姓孙,当时他做生意,是地主,很富有。从外面做买卖回来,经过北全村。我父亲的家正好在公路边上,那个商人路过,看到路边玩耍的孩子衣服破烂、饥饿的样子,感到非常可怜,就给这个孩子些吃的东西。家里人看到这种情况后,便对商人说:"既然您看着他可怜,那您就救救他,把他收养了吧。我们不图啥,只要能让他活命。"商人说:"那咋行呢?"家人哀求:"您心好,行行好,发发善心,把他收下吧!我们家穷,养不活他。"家里面人很诚恳地乞求商人,正好这个孙姓地主家没有儿子,只有三个女儿,都年龄不大。商人想了想,说:"既然这样,那我就把这孩子收下,常言道,救人一命,也是善功。"

孙姓商人便把这个孩子带回了吴忠,这个孩子也比较乖巧,只要吃饱,叫干啥就干啥。家里有牛、羊等牲畜,吃饱了,就让他赶出去放一放。孩子就在孙姓家里放羊、放驴,或割草喂牛,只要吃饱,家里啥活都干。孙姓家里人看这个孩子比较实在、干活勤快,于是,在父亲 12 岁孙家便接收他为义子。孙家人许诺,"等你长大后,我家三个丫头,你看上哪个,我便把她许配给你"。父亲 25 岁时,孙家的三个女儿全部出嫁给别人了。我父亲觉得孙家人做事失约,不愿再在孙家待下去了,便离开了孙家。当时国民党在乡里抓兵,有钱人家里若有一个儿子,不愿去参军,可以出兵赋免役。

没钱的人，交不起兵赋，就只能眼睁睁看着儿子被抓走。国民党来孙家抓兵，孙家人想："既然你不想在我家待，那抓兵就抓去，我不交钱。"所以，若原来愿为孙家义子时，孙家人也愿意出钱遮护他，国民党兵或许抓不了他，但现在他决定离开孙家，孙家人也就不再关顾他，因此，国民党兵就抓他做兵役。我父亲便逃到永宁，当时马鸿逵统治宁夏，马鸿逵的四姨太就住在永宁的马家公馆。他逃到永宁，永宁马鸿逵四姨太公馆里后勤部的一个管家收下了他，他便帮管家在后厨打杂做饭。后来，抓兵的人知道他在马公馆，抓人不好抓，他便躲过这一劫。后来，那位管家介绍我的父亲与 N 村老五门结亲，定居在了 N 村，成为一个地地道道的 N 村人，但祖上的姓氏保留下来，成为新的 N 村姓氏。

在吴忠孙家，父亲在 16 岁就随着一支驼队，19—20 岁他就开始担任着一支 700 只骆驼的驼队队长，从宁夏去内蒙古的吉兰泰装上盐，沿着山边和沙漠到达天津，把盐卖掉，在天津装上小百货，运到西安，再从西安回到宁夏，常年就这样往返做生意。有时遇到大风，骆驼跑散，还要去很远的地方一个个找到。遇到狼虫虎豹，骆驼惊疯的也特别多。父亲的经历就这样的曲折，最后在 N 村，与老五门攀亲，最终成为 N 村的一员。

N 村过去很富足，寨子里住着很多大地主，家里骡马成群，土地较多，常常雇有长工。长工中人品厚道老实、干活踏实、聪慧的人，往往被招为女婿，在 N 村定居下来。个别长工在招婿后，还迫于主家的权势，甚至改换名姓。NZC 曾讲过这么一个例子，说一个长工，本来姓张，叫张某某，在招婿时被主家强迫改为 N××。他若不改姓，主家就不嫁给女儿，也就不让他在这里落户。后来，解放后,那家人被评为地主成分,这家招来的女婿便又改回原姓,与地主丈人划清界限,因为他自己是贫农,丈人是地主。

从 N 村村民的采访笔录中看到,N 村姓氏的构成是多元的,联姻是其人口和村落规模扩展的主要方式。因此,婚姻制度是一个群落构建的基本渠道,婚姻制度构建过程中的关系网络和关系结构是透析社会发展和族群繁衍机制的脉络。

三、N 村的土寨子

据 N 村的老人们讲述,解放前的 N 村非常繁华,是一个富足的小镇。方圆百里,除银川和吴忠,就只有 N 村有一条繁华的商业街,街上店铺林立,生意兴隆。山西、陕西、兰州的商人来宁夏,必来 N 村商业街。N 村内有富足的商人,骡马成群,也有显赫做官的,如县长、局长、旅长,读书人也非常多,是一个有文化底蕴且经济富足的村镇。

老人们说,过去的 N 村是个大土寨子,村子的外围有很高的城墙,非常坚固,高约 9 米,宽约 4 米,城墙外有护城河,护城河宽约 10 多米。城墙有四个门,供村民们出入。城墙上每 100 米有一个炮台,枪眼数个,都安设有土枪和土炮,N 村内设有自卫兵日夜换岗护卫。过去社会动乱,加之 N 村的富足在方圆百里有名,因此常有土匪进犯。先后来 N 村的土匪有杨后小子、孙殿英,马中英也来宁夏霸占过地方。

过去的 N 村小买卖人多,三天一集,有开饭馆的、卖馍馍的、卖米卖面的、卖柴火的、卖羊肉的、卖羊杂碎的、卖油卖醋的、跑车的、卖羊卖牛的、卖驴的、开商店的、卖布卖绸缎的,有客栈,还有当铺。N 村的皮货,二毛皮、老羊皮等,也是远近闻名,大部分销往外地,如山西、陕西等地。陕西等地的人非常喜欢 N 村的二毛皮,有"二毛皮子九道弯"的美誉。"二毛皮子九道弯"是指长了三四十天大的小羊羔的皮子,毛色最好,雪白的毛丝,有九道弯弯,像女人们烫的小卷卷头发,这时的羔皮最值钱最昂贵。羔皮大衣在那时特别受欢迎,是比较昂贵的奢侈品,一般人穿不起。女子结婚时可以作为彩礼中的陪嫁,向男方提要,普通的庄户人自己是穿不起漂亮、价格不菲的二毛皮子大衣的,只有有身份的当官人和富户人家才穿得起这种上等皮衣。由于善于经商,几百年的经营,使得 N 村的繁华富足百里有名,因此,N 村出现了许多的地主和富户。这些富户,骡马成群,每家都有二三十头骡马,十一二头牛,二三百只羊。N 村的富户们,既种地,又养成群的牛羊骡马,还在街上开着店铺,做着大大小小的生意。他们住着古式"上堂屋下对厅,有南北厢房",屋后有花园,占地几百平方米的四合院。四合院虽只是"土坯房子,白石灰墙",但在当时已经非常豪华时尚,讲述故事的老人依旧由衷地赞赏。家里有事,常常在堂屋商讨。当时的房子都是木质的,也不是多层的楼房,都是普通平房,屋上盖瓦。富户的四合院,在当时的经济技术条件下,院落修建得还是很精致、很阔气的。偌大的庭院用青方砖铺就,院子有大门。N 村富户的大门和门头,高大、气派,都用木板精心雕刻了各种花纹,非常富华。大门进去还有二重的小门,进了小门,便是堂屋。堂屋两侧是厢房,下院有伙房等其他的房子。墙外是一遛排的门面店铺,用来做生意。据访谈人说,N 村的地主都很富有,但当时的社会经济不发达,没有太多漂亮的东西可买可用。炕上也就比穷人多铺了一张羊毛毡或一张毛毯，穷人多半炕上没席子或就半张席子。地主的男人穿白棉布、蓝棉布、青棉布衫子，女人多穿绸缎。

　　N村富户娶亲场面非常气派，往往娶亲用一匹马或两匹马拉的轿子车，红色车篷，马头也用红布绾的花装饰，车夫系上红腰带，一行人有二三十辆轿车，甚至有时会有五十多辆轿车，把新娘的嫁妆和亲朋好友接来N村吃席。这种轿车可坐一人，也可坐两人，娶的新媳妇，与她带的陪嫁丫头一起坐着马车嫁了过来。新媳妇通常坐着大马车，其他随行人员坐一人或两人的小马车。过去的N村由于富裕，常常与银川通婚，银川的姑娘坐着马车嫁到N村，N村的姑娘坐马车嫁到银川。那时候走银川没有平直的公路，常要绕着走，离N村五六十里，嫁娶的车队，从五更起来赶路，几十辆马车浩浩荡荡，下午才能到达银川。小户人家娶亲也都用马车，只是马车数量不多，穷人家娶亲没有马车，相比村里的那些富户，穷人娶亲显然阵势小了很多。穷人家的新娘通常会用打扮好的毛驴送来，彩礼和接送人群队伍也小些。过去N村的有钱人行走坐轿，有两人抬的，也有四人抬的轿，充分显示了当时N村的富足与繁华。

　　到马鸿逵统治宁夏的时候，N村繁华依旧，土寨子里的富户和繁华的商业贸易，依旧是N村让人赞誉、羡慕和垂青的地方。由于N村在解放前的繁华富足，仅次于首府银川，因此，在儿女婚嫁方面依旧遵循门当户对的观念，与银川形成了繁密的婚嫁关系。这种关系，与N村的经济和社会地位紧密相关，是一种完全平衡对等的婚姻交往关系。但随着社会制度变革，N村的富足衰退，如今与首府银川在经济和社会地位等方面落差增大，婚嫁关系随之出现变迁。现在的 N 村与银川在婚嫁关系中,明显处于下位,出现嫁娶关系不对等现象。如今的 N 村与银川婚娶关系逐渐稀薄,不再繁密,而与此相反,在社会变迁中,N 村与周围杨和、东全等村子的通婚关系却逐渐变得紧密。

解放后,N 村寨子里的地主和富户被打倒削弱,N 村的土寨子被拆除,寨子墙被挖倒,墙土打碎后送到地里做了肥料。N 村昔日的繁华与辉煌,也随着土寨子的倒掉,一去不复返。

四、N 村管家的老爷们

古老的 N 村血缘关系结构在中国乡村宗族结构中比较显著,N 村由一个单一的 N 姓家族构成,即最初的 N 村,由一个祖先繁衍拆分的血缘家庭组成。后来增添进 N 村姓氏的家户都通过与 N 姓联姻定居于此,与 N 村原初的家族老五门形成姑舅关系。整个村庄的关系单一,要么是血缘亲族,要么是姑舅关系,几乎没有其他复杂关系。因此,N 村的村落,由纵向亲族的血缘继嗣关系和横向的联姻关系纵横交错共同密织成 N 村村落的关系结构,简单而又清晰。

这种简单清晰的村落关系结构,显示出规整的次序和脉络,主要归因于 N 村有严密、有序的管理机构和管理条规。与中国所有的乡村一样,村落的宗族形成严密有序的宗族制度,以使得松散的村落秩序适应社会的发展。N 村在社会发展中,也形成了系统的家族体系,在村落的管理和文化的传承方面也起到重要作用。

关于 N 村的家族,有些碎片化的录音片段,从这些零碎的片段中,我们多少能看到 N 村昔日的繁盛,以及中国乡村家族制度的一些脉络。

访谈时间:2014年8月23日上午10:00—12:00　访谈地点:
N村村子NCS老人家门口

访谈人:NCS(录音)　83岁

2014年8月23日,在别人推荐下,我去找NCS老人。老人今
年83岁,身体有点虚弱,跟我聊天,每说一两句话都要长长出一
口气。

问:叔,N村家族的事情如何管理?

N:家族的事有家老爷管。N村那会有寨子墙,家老爷就在里
面住着,住在一个四合院。谁家发生什么事情,都要经过他处理。
公家的官司、私人的事情,发生啥问题,都要经过他处理。家老爷
叫N长啸(老爷爷记得的家老爷名字),谁家发生了事情,给家老
爷一说,家老爷有家丁呢,就给你传来,处理看啥事情。

问:家老爷还有家丁呢?

N:嗯,家老爷就使的是家丁,家丁是传唤人的。就跟现在的
勤务兵一样,家丁传来,好处理问题。

问:叔,家老爷是人选出来的吗?

N:是选出来的,是家族中年龄最大,在群众中实力最大,威望
最高,受人尊敬的人。

问:叔,家老爷平常在哪里处理公务,村里有专门的办公地
点吗?

N:家老爷在他住的地方处理公务,他的家也在那里。上面县
政府、乡政府找他,他就可以办理。

问:叔,家老爷的家丁是些什么样的人员呀?

N:家丁是他要的,就跟现在那些传信兵一样。

问:家丁也是由老五门的人组成吗?

N:不,家丁是随便要的人。

问:是雇的人?

N:嗯,雇的人。有什么事,家老爷给家丁一说,家丁就下去传话去了。

问:大致有多少名家丁呀,叔?

N:也有两三个呢。

问:家老爷是不是当一段时间会换任?

N:不换。家老爷不换。

问:一直到去世吗?

N:嗯。

问:假如去世了就另选一个吗?

N:对。还有一个先生,先生叫先生太爷,先生太爷是有学识、有文化的人。一个家老爷,一个先生太爷,两个人主持家事。先生太爷能写能算,文武双全。

问:家族每年是不是还要召开家族会议?

N:有大事情,先生太爷就召集开会商议。召集家族中的老人就给尔说呢。

问:下面的人是不是特别尊服家老爷和先生太爷呀?

N:当然。

问:这两位老人是家族最大的头头?

N:对。下面都尊重,谁不敢尊重?! 都听两个老太爷话呢。

家族制度是中国农村在血缘关系和小农经济模式上建立起来

的社会体系,家族不仅是社会最稳定的基层单位,同时,家族制度也是中国传统文化的重要组成部分,在组织、协调、稳定社会和传承文化方面都起到重要作用,①也对中国传统乡村社会有多方面的影响。

通过另外一位报告人对 N 村家族管理体系的描述,可以了解 N 村村落宗族制度的基本结构及其运行机制,为我们理解 N 村历史及村落结构提供了资料。

访谈人:NZC(谈话录音)　访谈时间:2014 年 8 月 18 日

访谈地点:N 村 3 队

问:旧时候 N 村是不是有族长?

N:有呢。

问:那家族的族长是怎么选的?

N:辈分高的人,这个人在人们当中思想意识好,能团结人,能说服人,能把人拿住。这个人要把 N 村坏点儿的人拿住,人们尊重这个人。他在 N 村有几十年的管理经验,你说随便把俺们 N 村的头人拿掉,那不可能,他管得非常好。

问:你们称呼这些家族的族长什么?

N:那时候称"先生",到民国马鸿逵时候称为"祖爷爷"。在 N 村,跟他辈分一样平的人,也要尊重他,因此,族长管着 N 村很多人的思想和行为。

问:村里的族长平常如何管教家族的人?

---

① 王天意:《宗族的功能及其历史变迁》,《上饶师范学院学报》2005 年第 2 期。

N:那时候俺们 N 村,有管 N 村的,还有给家庭调和的。比如家庭闹了纠纷,不团结呀。我记事时有一个,现在俺们 N 村 8 队 MHH,她的老父亲姓 M,叫 MZH。哪一家子打架骂仗,老爷爷就去这个家里断官司,撮合,叫大家和和喜喜。

问:家族有多个老人,各司其职地管理家族事务,那是不是还有一个头头?

N:有头头,他们还到一起开个会,比如把这个门的老祖先请出来,把那个门的老祖先请出来,请到一起,N 村有大事了,还要商量。

问:会议多久开一次?

N:俺们老五门一般的有什么大事,老长辈就出来了,出来看,比方今儿个这个老人做了好事了,大家都起来要捧场。大家要给这个人披红挂绿呀,都到家里举行庆祝仪式呀,老五门的老长辈就都到了,老长辈都来这个人家里给恭喜。再比如一门的老人与四门的老人闹了意见了,这两个老人闹了意见了,辈分都是一样的平,家族的老人出来都要缓和呢。比如俺们 N 村过去也有那种矛盾闹得很深的这种事情,最后也是被老人们缓和下去了。

问:若小辈人与老辈人起矛盾了,该怎么办?

N:小辈与长辈闹矛盾,就是你这个家庭的长辈的问题了。肯定是家庭长辈与哪个长辈有矛盾,他不闹,他操纵着自己的儿子与这个老人闹意见。闹意见吧,可别①有人出来插手管呢。别有那

---

① "别":在这儿是 N 村的方言,口语中常带,意思是"别人"或"人家",或类似的意思,指该话中的第三者,不是我们常用的"不要"的意思。

种辈分高的人还出来打小辈呢,他的父亲站到跟前,别也打呢,管教呢。别管事的人管呢,他做得不对,别就有人出来管他呢。

问:就是家族里面那些有名望的老人出来管呢?

N:嗯,别老爷们看他做得不对,出来管教他呢。他的老人躲在后面,把儿子凑①起来闹事,别老辈收拾他的儿子呢,一切事家族那些老人都要做主。那个时候,社会封建,还是尊重老一辈的人。尤其有威望的人,人人可给尊重着呢。人家就要管俺们N村,就比如过去俺们N村,过去都叫"大洪爷爷""二洪爷爷",朝人前一站,谁敢给咧个嘴呢,谁敢动弹呢。

问:"大洪爷爷""二洪爷爷"是什么人?是家族里面有名望的长辈?

N:哎哎,若村里有人不按照规矩走,他撵着打呢。那真打呢!不管你是什么人,你不尊重这个窝窝子,哪管呢。

问:那村子里所有的事情他们都管着?

N:嗯。他们都管着,家族的老人都管呢。村里有大事了,有威望的老人被请了来,老人们坐在一块商量。"俺们村上的事情应该怎么办呢,怎么处理呢,怎么解决呢。"商量好,就按照好的方向走。那会掌握村里大权的是老五门人,老五门那会儿势力大得很,老五门人有好多有钱的人啊,在官场上的人啊,就是军队上也好,官场上也好,老五门都有人呢。

从以上访谈人的纪实录音材料中看到,曾经的N村具有规整有序的家族制度。家族制度一度曾是中国乡村社会重要的统治秩

---

① N村方言,意思是"撺掇"。

序,与中央政府密切配合,以宗族和家族为基本的制度单元,为社会的稳定和有序起到重要作用。现代的 N 村,已经没有了家族制度的体系,但中国乡村几百年的家族制度所熏陶的意识,多少还留存在生活的一些角落。比如在 N 村,有威望的老人依旧在群众中很有影响力,也颇受人尊重。这些德高望重的人,组成了 N 村新时代的社会精英,规导着村子向大家期望的方向发展。

第二节　N 村的现状

过去的 N 村富甲一方,昔日的辉煌在历史的滚滚黄尘中消散,而如今的 N 村在新的时期,呈现出另一种风采。由于 N 村悠久的历史和便利的地理位置,永宁县独具慧眼地把 N 村建成了美丽的旅游胜地。沙湖、沙坡头、N 家大院,一体化的游览观光景区,使得 N 村别有韵味。

一、N 村商业风情街

旅游带动乡村经济发展的规划实施以来,宁夏在部分有旅游资源的村镇也积极拓展乡村旅游,带动区域经济发展。在国家发展形势的推动下,N 村进行乡村旅游景区规划建设,兴建了商业街及古色建筑群,天然的大自然景致与人工创设的景致浑然天成,错落有致,至此 N 村变得越来越美观,越来越精致,也开启了现代乡村旅游发展,带动农村经济朝向现代产业转化的新趋势。百亩农田,郁郁葱葱,环村湖泊,水波粼粼,村内公路宽阔干净,店铺古朴典雅。夜幕降临,店铺边沿镶嵌的彩灯,华美闪亮,古典与现代相得益彰,熠熠生辉,衬托出一方乡村现代气息里的雅致,雅致文化里的现代繁华。

从109国道乘公交在利民广场站点下车后,左边为永宁县城,右边即为N村。步行50米,便站在了N村汉延渠的大桥上。这时,顺着眼前一条平直的公路,展眼望去,N村大部分的村貌已收在眼底。这条宽阔的公路,把N村的村子分为南北两半,是N村进出的主干道,直通村子中心地带。这条路延伸到村子腹地,与村内的中心广场相接,北边与N家大院的步行街相接,形成旅游二道,公路两边是一排排整齐精致的古式青砖楼阁式店铺。面朝南面200米,与这条公路并列,自东向西,是N村商业风情街东街。街两边依旧是整齐漂亮的青砖古式店铺,平整的水泥街面,自东向西,伸向广场。站在风情东街的中间,放眼望去,一排排造型古朴精致的店铺与广场直直地、规整地在一条准线上,整个的设计规划非常美观敞亮。

在广场的北面,另有一条南北走向的商业民俗街,N村人惯叫"步行街"。与民俗东街相配,属于民俗北街。这条商业街是乡村风情与地方特色商贸的旅游通道,经常有陆陆续续的游客来回穿过,增添了村子的现代时尚气息。街内有曲曲折折的石径,有人工雕塑和水池,有小型表演舞台,有排列整齐的特色产业商铺,也有农家小院。青砖楼阁的店铺屋檐下,挂着一串串红红的灯笼,店铺前有休憩的木凳木桌及阳伞,可以吃饭赏景,也可以喝饮料聊天。N村的民俗街沿线的旅游路线上,整个的建筑设计借用古代建筑青砖、飞檐、琉璃瓦的风格,使得每个人走进N村,走进商业民俗街,都有一种怀古、素雅的感觉,顿觉这里的确称得上是乡村风情

街。民俗街沿途的凉亭,飞檐画柱,非常精致。信步乡间,凉风习
习,恬淡自然,感觉心与蓝天白云一同在畅游。

N村商业民俗街为N村增添了现代时尚色彩,与古朴的建筑
风格相得益彰,衬托出N村在现代社会背景中呈现出的传统古村
深厚韵味以及乡村所散发的无穷魅力。

二、N家大院

N家大院是位于N村商业民俗北街上的一处庭院式宾馆,总
建筑面积为18440平方米,主要营业项目有商务接待中心、会议中
心、餐饮中心、商业网点及可同时容纳377人入住的客房。

N家大院仿古农家青砖四合院的风格,有庭院,也有现代别致
的小楼,是N村旅游线路必要的一环。远方的游客疲惫的身体在
此可好好吃饭歇息,有N村特色的羊肉泡馍、羊杂碎、手抓肉、油
饼、其他美食可供品尝,也可以沿商业民俗街去感受北方小镇的风
土民情。夏天是旅游的旺季,也常有来自台湾等地区的百人旅游
团来N村游览,入住N家大院歇息。围绕大院,是雕梁画栋、精致
古朴的店铺,可以满足游客餐饮、购物等不同的旅游需求。未来乡
村振兴的发展,就要挖掘农村隐藏于山水间和田地间的风土人情,
让每一个中国的乡村展现出自己的魅力,从而带动当地旅游和经
济腾飞。

三、N家新村

N家新村位于N村民俗东街的南面,在N村中心广场的东南
面,占地95.6亩,是N村唯一的一个现代化住宅楼小区,项目主

要是安置在风情园和商业街规划建设中的拆迁居民。该小区有32栋居民楼,每栋3—5单元不等,建筑楼层为6层,每单元可住12户,每栋可住36—60户居民。每套建筑面积最小为75平方米,室内有壁挂炉和天然气,取暖方式为地暖,每户楼下有地下室,可放置工具、杂物、腌制咸菜。

N家新村的住户,在党的政策照顾下,住上了新楼,这是N村的一大喜事。楼房干净而温暖,感觉和城里人的差距小了很多。但老年人有些不适,楼房的铁门紧紧关住了邻里间亲密的交往,所以,年轻人忙碌生计出门后,老年人拿了小板凳,依旧坐在单元门口晒太阳、张望行人,把以前四合院里的生活习惯继续延伸到现代楼房住宅。N村的老年人习惯在门口放个小板凳,三五个人聊天、晒太阳,保持着乡村邻里间的亲密和信息交流。在N村,每家门口几乎都会有小板凳或石头,老人们闲来无事时便喜欢出来坐在家门口,晒晒太阳,瞅瞅风景。住上新楼房后,小区里的老年人还是喜欢这种延续几辈子的老习惯。N家新村有漂亮的楼房和干净宽敞的路面,但由于配套还不完善,院内的绿化带胡乱地长满杂草,也有个别月季开在半人高的乱草中。一些门前的绿化带,由于物业怠惰,绿植干枯,住户们干脆垦荒种上了菜。一位50多岁的农妇说,昨天在菜店买菜,一元钱才买了小小的四棵香菜,还不如自己种点,吃个烩肉,随便可拔几根,不用出去买,省钱还新鲜。

解放前的N村有富庶的大户,有贫苦的农民,如今的N村,也有富豪,如YXP,伊品有限公司董事长;NHF,紫荆花纸业有限公司董事长,资产都接近亿,也都是出自N村的商业精英。但绝大多数的老百姓也和中国其他农村的农民一样,过着简朴的日子。

图1-1　N家新村单元门口老人们乘凉的小凳

近些年,国家对老年人的养老和医疗问题集中进行大力度解决,N村60岁以上的老年人,日子过得悠哉闲适,每天逛街、打扑克、聊天。N村大部分的中年人日子紧凑,尤其搬迁到N家新村的住户,楼房里的花费相比以前居住的平房增加了许多,水费、电费、天然气费、物业费,都得花钱。像一位大妈调侃说:"N家新村的人说的笑话,说'尿个水(卫生间冲水),也要钱'。"交过社保的人,每月领700—800元生活费,日子过得无忧无虑,没有交社保的人,生活比较艰难。以前他们有地,收了玉米还能种各种菜卖钱,现在地占用后,他们必须出去打工。这两年农民工找活比较艰难,N村桥头每天早晨有大群的人在桥头找活干,有些人一连四天找不到活,甚至有人一个月就干了四天,其他的日子都找不到合适的工作。年龄超过40岁的人,找工作不太容易,中年女人找活更难。永宁县附近的农村人,喜欢每天打零工。干一天活,晚上收工时就能拿到工资。这样一方面可以避免包工头拖欠工资,农民辛苦干完活后一无所获;另一方面,当天干活当天结账的形式,老百姓每天手头有零花钱贴补家用。因此,N村的老百姓都会聚集在村口桥头,每天找零工维持生活。村口的桥头逐渐形成了N村的临时劳动力市场,找活的人一大早都会聚集在桥头等包工头来选人。中午过后,聚集找活的人会陆陆续续回家。因为晌午过后,很少再有工头找人干活。

有天下过雨的傍晚,与小区单元门口的几位阿姨聊天。一位阿姨说,早晨再不能赶早市了,几个早晨就花去了几十元钱。她说早晨她出去买了洗衣粉、买菜、买抹脸油,一下花了几十元。阿姨的老伴60多岁了,在外面打工。这位阿姨由于找不到活儿,年纪轻轻闲置在家,日常开支较多。现在的她就靠国家的养老金度日,每月在家里她都要小心计算,省着花钱,以缩减开支,不敢生病,也不敢出什么意外。阿姨说她今天早市买的抹脸油10多块钱,比较贵,平日里她用的抹脸油都是7—8元钱。另一位阿姨说,她经常用的是2元钱的蛇油膏。她们就这样生活节俭过日子,国家的养老政策在一定程度上给她们提供了较为安心舒适的环境,保障了老人们的基本生活开销,同时保障了社会的稳定和谐。

如今的N家新村,人们安居乐业,孩子们在小区的过道上嬉戏玩耍,老人们依旧三五一群地闲聊着村里村外的事情,年轻人和中年人每天忙里忙外地为生计奔波,穿梭在村子和县城的公路上。在小区西侧的一个小广场上,建成了一个硬化的小型水泥篮球场,人们闲暇的时候可以娱乐玩耍。小广场的周围,布置了一批体育器材，妇女和老人们休闲娱乐、锻炼身体，孩子们到处围着大人追逐玩耍。小区南面新修的幼儿园，每天在孩子们活动的时间，小区里的人们总会听到校园里播放的欢乐的音乐，孩子们也终于可以在村子里就近上到高质量的幼儿园，这是国家农村教育提升的一个方面。现在大部分的村子都配置了村内幼儿园，年龄小的孩子们不用走太多距离的路程，便可入学，大大便利了农村孩子接受教育。N家新村俨然呈现出现代化农村的样貌，村内宽阔的柏油路和硬化水泥路交横，人们上班购物在平坦的交通要道上穿梭，或电动车，或小汽车，都呈现出现代文明的中国乡村风貌。村内配置了高质量幼儿园和小学，县城的中学也仅离村子二三公里。村内逐渐盖起了小高层，年轻人大多已经搬进楼房，享受着和城里人一样的现代生活。村内的基础设施整体布置越来越完善，N村的人们也逐渐在现代化的道路上抬头迈进。

第二章　大传统小社会中的 N 村人

　　人类是一种双重性生物,无论是作为群体或是个人,生命内部都具有各种对张的二元力量向外发展。作为个人,这种双重性表现在身体和精神都同时需要动感与宁静,作为群体,社会历史是在社会群体与个性提升之间的冲突、妥协和调和之中发展。人们同时面对个体性与普遍性的原则,必须在冲突的两者之间努力取得平衡,以达成基本人性中的对立统一运作,这种运作要透过不断地调节比例从而重获不断失去的平衡。

　　　　　　　　　　　　——[德]齐美尔《社会是如何可能旳》

　　N 村地处永宁县的城郊,109 国道以地标的姿态分隔确定了地缘关系的等级区划,县城与乡村在两里内的咫尺距离,呈现出不同的张合程度。N 村与繁华的永宁县城只是一路之隔,但城市与乡村对现代文化的选择,显示出不同的形态。N 村以一种半开放半合闭的姿态,在城市和乡村的文化存在中调适。传统文化的传承,村民们早已融会在日常生活的惯习中,因而,N 村的交往相对更加遵从传统文化模式,尤其对于适龄婚嫁的少男少女,在社会行为方面有许多约束。相对现代社会的自由恋爱,N 村的婚姻更多是以媒人的辅助形成婚前简短而又节制的交往,因而,在 N 村的婚姻中,媒人的中介牵线显得格外必要,成为婚姻缔结链条上一个重要的螺丝钉。

第一节　村里的少男少女们

　　每一个群体是一个小的社会,群体里的个体根据自己的观念、文化、思想、规则来寻找合适的方式活动和生计。正如美国著名人类学家玛格丽特·米德说过的话,人格是可以塑造的,其中对人格塑造影响最大的是社会文化。N 村人相守着这片丰饶的土地,感受着千百年传承的宗族文化带来的安静和祥和,在熙熙攘攘的现代人流中,忙碌在这个小社会中。家庭是一个社会的细胞,一个个的家庭如同蜂窝样搭建起了社会结构,人们的交往密织起了社会的关联和情感。结构和情感是社会的骨架和血肉,把个体的人们紧密的滋养塑造成一个共存共生的体系。N 村的社会结构也是由一对对男女缔结家庭,形成群落体系的基层单位。在 N 村婚姻关系的缔结中,媒人起到关键的链接作用,从而弥合了婚姻链里的环节,搭建起一个资源循环和关系的循环生产过程。N 村婚姻的管媒程序里,并不盛行现代的自由恋爱,而是依旧秉承传统的媒人牵线结成婚姻的习俗,因而 N 村媒人的管媒文化成为 N 村文化中的另外一种色彩。

　　在研究 N 村的婚姻制度与社会结构运行机制的过程中,N 村的少男少女是本书最关注的群体。他们的恋爱模式,以及婚姻模式都对 N 村社会文化的研究有重要作用。村落是一个由个体共同行为组成的体系,任何的体系都在运行过程中形成了能够确保本系统正常运行的规则和文化。生活于其中的个体的成长全程接受了环境熏陶,形成稳定而具有重复能力的习惯。习惯是一种重复性的反应方式,重复性对道德观念和道德行为的形成具有重要意义,能增加观念和行为的稳定性。作为道德反应基础心理的品格,是人格结构中最稳定的部分,而实际的道德反应不能够脱离现实情境,它只有在特定的情景中才能显示出环境对个体的影响力。作为惯习的道德,是道德品质落实到个体行动上和实践的表现,良好的道德习惯因其实践性和稳定性而有利于个体形成稳定的人格。习惯具有稳定、强制、自动、高效的特征,可以以一种默识意识规导个体遵从群体意识和道德规范。道德习惯的稳定性才使得个体的道德观念和行为变得稳固而持久。

　　同样,惯习是一种文化心理结构,形成于长期的社会文化认知。社会文化的表层结构和深层结构对惯习深植机理和内容安排具有决定性。"表层"结构,指源自于社会的典章制度、伦理纲常、生活秩序、意识形态等,它表现为社会文化现象,基本上是一种理性形态的价值结构或知识—权力系统。所谓"深层"结构,则是"百姓日用而不知"的生活态度、思维定式、情感取向,基本上是以情—理为主干的感性形态的个体心理结构,也即文化和社会规则映射在个体内心深处的默识意识,默识意识表现着道德和品格。

　　N 村的人们生活在这片土地,从小适应了小社会的成长环境,形成了自己对周围事物的认知判断。这些认知判断以惯习或默识意识融载于个体,表现出个体的一种品质和道德。事实上,个体的惯习是一种文化心理结构,形成于长期的社会文化认知,社会文化认知源自于社会的典章制度、伦理纲常、生活秩序、意识形态等,它表现为社会文化现象,基本上是一种理性形态的价值结构或知识—权力系统。人们在这样的理性的价值结构和知识—权力系统长期形塑里完成自己日常行为的规则,在某种程度上,个体甚至未察觉自己是按照社会的某种规范来行动,是因为社会的文化认知以一种形式,潜化在个体的习惯和品格里。N 村是一个小社会,也有普通社会运行的规范和方式,生活于此的人们所形成的文化心理结构,在生活层面就是他们行动的社会习惯。这种默识习惯,是当地社会文化认知和价值—权力系统的映射。

对于 N 村的少男少女们,他们正处于即将婚恋的阶段,因而在许多方面,都会有一些与其他人群不同的要求。这种特别要求主要体现在以下两个方面,第一,外貌行为,主要是衣着;第二,是社会行为,社会行为方面主要包括一些日常外出活动以及与男性的交往行为。

一、外貌行为

外貌行为,不但包括服饰,也包括服饰之外的其他关乎外貌的项目,如女性的化妆、发式等,但主要指服饰。人类的服饰是以物质为载体,如布料和衣饰,来承载一个时代的文明。服饰文化不但承载一定时期的文明,它也可以表现一定时期人们的心理情感、主观意愿、道德风尚和审美情趣,是文化长期积淀所形成的着装观念。① 服饰是一种物质,但它却承载着文化,承载着理念,也承载

---

① 刘舒舒:《服饰演变的可视化研究》,《科学之友》2013 年第 5 期。

着一个群体价值观,古代的服饰还承载着等级和权力。现代服饰在服饰的基础用途之上,也表现为区域文化的某种规定性,是社会文化的一部分。

在人类社会发展的历史中,衣服的最初功能是御寒和蔽体,后来,随着人类的进化,服饰被赋予更多的含义,包括权力、情感、审美和思想等多种因素。在漫漫的历史长河中,每一个地方都有自己特有的区域文化和规范,这种元素也会表现在服饰表征上。N村亘古有严格的宗族传统和族风,居住在这里的人们世代秉承着这样的风俗,把它融在日常的行为规范里。群体共同认可的规则和习惯,是一个社群深层的文化和心理结构,最终付诸个体品质和群体的道德而具有权威性和约束力。

N 村的年轻人不会模仿城市前卫的时尚,穿奇装异服,或头发染得五颜六色,造型怪异。大部分的年轻人衣着朴素、稳重,在色彩与款式上追求简洁大方。女性的日常衣着同样大方、庄重、雅致,很少会偏离本地服饰的普遍审美。随着社会发展,人们的服饰有了一些变迁,布料和样式更加丰富,但基本的一些遵守依然是他们服饰的主要方面。现代的 N 村少女,夏天在家会穿半袖、九分裤、七分裤、裙子,出门大都比较注意衣着的分寸,因为在一个群体中,人们总会有一个普遍认同的标准,个体的行为在一定程度上默守着这样的规定,并上升为具有潜在权威的群体文化或惯习法规(即群体的习惯法)。年轻的少女在日常的行为与穿着上更加简洁大方,发式也以朴素稳重为主。在炎热的夏季,N 村的女孩普遍穿着庄重,很少穿现在都市流行的超短裙和超短裤,头发也多半扎成马尾或绾起来,整体的装束非常符合普通民众的朴实风格,不会显现出另类或怪诞。已婚妇女衣着相对比较时尚,有时可以在街上看到穿中裙、丝袜的媳妇。

2014 年在 N 村的调研中,对少女衣着的审美要求,在部分的采访案例中可以看到部分细节。

2014 年 7 月　访谈人:MWL　地点:N 村

访谈 1. MWL 阿姨,今年 60 岁,N 村 7 队,孙女今年 15 岁,在永宁县中学上学。她告诉我平日家里人给孙女买的衣服,领口大或太夸张的衣服,她一般不让孩子穿,毕竟孩子还是学生,衣着打扮要有分寸。有一次,女孩的姑妈给孩子买了一件半袖,领口有点大,她便没让孩子穿。她说女孩子穿着要讲究,简洁大方即可,不能太随便。

2014 年 7 月　访谈人:NXT　地点:N 家新村

访谈 2. 在 N 家新村小区碰到一位在外面上技校的女孩,今年 16 岁,与她聊起了 N 村的女孩子。她说,她有一次穿了条齐膝盖的短裤出门,她在前面走,小区的老太太们在后面议论,她听到后很不自在,觉得自己衣着不合适,以后再没穿过短裤。毕竟在银川或家里可以这样穿,但出门或村里,一般要穿牛仔长裤,以免引起别人议论。

每一个群体都有自己独特的审美观念,N 村年轻人在服饰上的内敛、含蓄特征,是在服饰中赋予了群体文化的恪守和道德的属性。人们在服饰上的审美观念,是出于维护道德伦理的考虑,并把这种观念严格置于世俗生活之中,从而形成服饰独特的群体特征。①

①　刘舒舒:《服饰演变的可视化研究》,《科学之友》2013 年第 5 期。

二、社会行为

(一)日常的社会活动

N 村的年轻人,尤其未婚少女,大人们一般都有自己的想法,在孩子的社交和社会活动中有较高的要求。N 村人眼里最理想的女孩子,是那种性格温和、勤劳聪慧、举止端庄内敛、朴素大方的女孩子。大人们普遍不喜欢在外面或街上乱逛,穿着随便、举止不雅的女孩子。N 村的大人们希望自己的闺女一天能多待在家里,学习或做一些有益于家庭生计的事情。上学的孩子,从学校回家后,有许多作业要做,不上学的女孩子,主要的时间在家里学习操持家庭的手艺,以备结婚后能在婆家家务上得心应手,获得婆家称赞。80 多岁的 N 村老奶奶,想起她们旧时的岁月,说她们一辈子很少出门,绝大多数时间都是在家里忙碌家庭活计,从早到晚,从日出到日落。对于孩子的严格管教,这也是大人们出于道德遵守和保护孩子的一种考虑,每一个族群或群落都有他们自己认为合理的规范和传统,在一定时期,这种规范是适合群落生存环境的一种文化选择。

(二)与男性的社会交往行为

对于年轻人的社会交往,N 村的大人们也有他们自己的诸多考虑。走在 N 村的大街上,未婚年轻男女单独出门闲逛,或男孩与女孩子站在一起随便说笑聊天或玩闹的场面几乎见不到。大人们对年轻人社会交往的态度保持在最低限度,他们普遍认为应该做得慎重一些,更确切地说要采取更持重的引导措施,以免对孩子的未来家庭生活造成矛盾。村里上学的孩子,放学后在家做作业,不上学的孩子们，适当要忙于家务，帮父亲、母亲操持家庭，学会一些生存技能。未婚少女在成婚之前，与年轻男子交往相对较少，大部分时间都喜欢待在家里。女孩子出门通常会结伴行走，或与家里女性亲戚一同上街、逛超市，行为比较节制。N村女孩很少晚上出去乱逛，或去一些娱乐场合喝饮料、吃东西，她们在行为上比较注意，较有节制的社会行为也是生活于社会区域的个体对群体道德准则的遵守。

在中国的乡村，处于大传统下的小社会，都有自己的一套社会管理体系，保持日常社会正常有序运转。在某种程度上，这些规则较好地维持了乡村小社会的公序良俗和文化传统。乡村社会因其地域范围狭窄，消息传播直距短，因而社会舆论的力量显得非常之大。村子规模越小，消息传播速度越快，舆论的力量则越是强大。在某些时候，社会舆论会很好地维持社会秩序，使得一个区域内的个体在一定的基准线范围内活动，而不能超越或游离于外。在此情况下，社会舆论有了一种无形的约束力，阻止了社会群体规范受到冲击破坏，凝聚社会向心力朝良好的趋势发展。与城市的社会结构不同，乡村邻里间关系更加密切，交往频繁，消息通透。城市人居住在彼此封闭的水泥单元格里，邻里间关系淡漠，迁徙频繁，各自独立生活，强烈依赖城市公共服务体系。乡村远离城市，在公共服务设施触及不到的地方，则强烈依赖村落邻里群体共生体系，构成一种彼此紧密依赖的生存状态。社会发展过程中，人们凭借社会舆论的力量维持着一种文化和社会的生存平衡，约束群体内个体的偏离行为。N村是社会中的一个小的生态环境，村内居民繁衍于此几百年，逐渐形成了村落群体的一种良好生存体系。如同宇宙内的一个小磁场,排斥或吸引,保持一种相对的稳定状态。村落的舆论磁场,隐没在日常生活的浮华背后,规导着村内的每一个个体,防止或制约他们的行为偏离群体的基本生存轨迹。N 村的人们在悠悠的历史积淀下逐渐稳定的文化生态系统中,社会舆论对社会秩序的维持起到了很大作用。

N 村的少男少女,从小生活成长在村子,群体的规则以一种文化氛围,塑造成个体的性格和道德品质,并在日常的活动中以默识意识践行,构成了 N 村的社会文化图式。

第二节　村里的女人们

N 村的女人们内敛、柔和,土地和家是女人的主要天地。她们像一朵朵朴素无华的雏菊静静盛放在社会的角落,默默地把自己的芬芳洒落在这片热情的土地上。社会是变迁的,N 村也同样是一个在文化变迁中存在的乡村社会。N 村的女人们,尤其是 70、80 多岁的老年人,从 N 村的旧时代走到 N 村的新时代。

一、旧时代的 N 村女人们

一个群体的思想意识形塑着每一个个体的行为习惯,N 村女人们的日常行为规范,主要来自于从生活中习得的惯常经验。顺从、忍耐、柔和是 N 村妇女的基本性格特点,尤其体现在老年妇女身上。女人们天生如水般的性格,在生活的艰辛和岁月的蹉跎中,她们用忍耐磨平了性格中的棱角和个性,用忍耐化解了家庭中的各种矛盾。家是女人的大半个世界,她们一生最主要的工作就是生育子女和料理好家务。

旧时的 N 村妇女从小就开始学做家务,不经常出门,尤其是待嫁的青春期的少女及结了婚的年轻小媳妇,更多的是围绕家庭忙碌,日出到日落,获得足以维持家庭生存的物资。解放前的女孩子不上学,即便是大户人家的小姐,也只是在家里由父亲教授认识几个字,普通人家的女孩子都不出去上学,七八岁时就开始在家学做家务。女孩子在家主要扫屋子、做饭、洗衣服。整天待在家里,习惯了祖祖辈辈如此的轮回,遵从着传统文化"大家闺秀"深居简出、含蓄内敛的美好道德风尚。采访 N 村六七十岁的阿姨们,她们都会这么讲述自己小时候所经历的这些事情。我曾问一位阿姨:"成天待在家里,阿姨觉不觉得心慌?"阿姨扬起脸,慢慢答道:"从小就不出门,习惯了。"

中国的旧社会,是封建体制解体后不彻底的一些思想意识影响的社会,无论 N 村,还是 N 村之外的中国其他地方,妇女的行为多多少少相似。男性与女性根据生理的特征,社会分工明显,男人经历风雨,在外打拼,女人心思细腻,料理家务,照看孩子。旧社会的 N 村妇女与男人们一起,撑起了家庭,让孩子和老人们安享日子中的快乐。

二、新时代的 N 村女人们

社会变迁日新月异,N 村是中国社会的一角。在时代的变迁中,N 村的社会也在很多方面与旧有的社会体制有了很多改变。以前妇女多半的时间花费在家务和抚养孩子上面,现在的 N 村,土地征用或流转,人们不再忙于田间常年不息,而是脱离土地,进城务工。N 村离永宁县城只有一路之隔,算是县城的近郊,因而交通等设施非常方便。为了生计,许多 N 村妇女进城打工,或跟随丈夫做生意。天天来回穿梭于家庭、单位与学校之间,早晨早早起床,为丈夫、孩子做好早点,在上班的路上顺便送孩子上学,接着自己再去单位上班。N 村的桥头,早晚上下班时间,学生上学的车辆与家长上下班的车辆川流不息。

对于 N 村的年轻女孩,大人们依旧喜欢一种较为传统、内敛的交往方式。与年轻同龄男孩子的接触,N 村的女孩们始终保持着适当距离。村子内部不盛行自由恋爱,婚前的年轻女孩,多半并不因婚姻与同龄男孩接触,她们偶尔的交往都非常节制。在学校上学的学生,表现为同学之间的正常交际。回到村里的女孩们,平日与同龄男性的交际,主要是礼仪性的问候、应答之类的交往。

每一个群体,文化传统的综合因素不同,都会有一些适合自己群体发展的文化习惯和观念。N 村的人们,对于年轻的女孩们,也有一套保护她们的方式。大人们希望自己的女儿们思想纯洁、行为内敛,有良好的品德遵守。一个行为正洁的女孩,应该有较为节制的交往方式,不能过分随便。因而,N 村的女孩们与同龄男孩的婚姻一般需要媒人在两者之间沟通,以弥补年轻男女比较少的接触。然而,婚姻选择的规则恰恰需要觅求者有尽可能大的选择范围,这是一个与闭合相反的开放需求。接触的人越多,寻找到合适对象的概率越高,反之,择偶范围越小,越闭合,则寻找到合适对象的概率越低。这样的择偶规则,潜在地需要有一个人际交往频繁、交际面比较广的开放环境,尤其是有婚恋倾向的青年男女应该多交往、有多的接触机会,这样相互理解更深,感情进展也更快。N

村女孩内敛、含蓄的交往方式,在婚恋中一定程度上减少了接触对方的机会,这样媒人便应运而生,成为 N 村婚嫁关系中的关键人物。N 村的婚嫁过程中,男女两家的交往、传递信息主要靠媒人,因而 N 村有较为专业的媒人,专门为适龄的青年男女牵合婚姻。他们成为 N 村社会关系中一种重要的社会角色,为 N 村婚姻和新家庭的构建起到重要作用。

媒人在乡村社会可称得上是信息灵通的"百事通",他们多半交际广泛、人脉广、信息多,东家西家的事情他们都清清楚楚。这样的交际能力,如同一个"接力棒",正好可以弥补女孩较为狭窄的交际范围,能够很好地替她们在更广泛的区域内找到合适的婚姻对象。女孩们狭小的交际范围,嫁接在媒人的交际范围之上,无形中触伸到了更远更大的范围。媒人丰富的信息源嫁接到这些缺少交际的年轻男女之上,是一种资源的互补,也是一种结构的弥合。把一个有裂缝的社会关系,用媒人这样的角色,重新链接起来,完成社会资源循环的顺利运转。这样就等于有交际缺失的女孩子们的婚姻选择基本能够达到组建和谐美满家庭的客观要求,而不会出现因资源短缺而产生婚姻困境的问题。在某种程度上,女孩子们的交际范围与媒人们的交际范围完美结合,是社会资源的一项合理搭配,也是社会结构在调整修复过程中的一次完美构建。这样,N 村的女孩们用另外一种形式,完成了重大的婚姻家庭的组建责任,也很好地践行了一个社会个体该有的道德传统。媒人成功地帮助她们完成这一系列的重要事情,在 N 村的小社会中,每一个社会角色都彼此紧密联系,都在社会关系网络中起着重要作用,小小的角色,也有着大的行为构想。

第三节　村里的媒人们

社会是由生物与环境形成的关系总和。在特定社会环境下共同生活的生物,能够长久维持着、彼此不能够离开的相依为命的一种不容易改变的结构,社会正是在这样一种结构中共同生活的个体通过各种各样关系联合起来的集合。

人们在相互关系中结成的一种无形的网络,这种网络具有某种结构特征,并具有独立的运行机制。家庭是社会的组成单位,新家庭的生成,与年老家庭的消亡,是社会机体的一种自我代谢。新的家庭以继嗣关系,延续了年老家庭因消亡而对社会或群体的绵延造成的危机,因此,婚姻关系中新家庭的生成,是社会结构建构的一部分,也是社会或群体存在的主要单元构成。每一个社会和群体的绵延,都需要一定数量的家庭之间的接替循环,而每一次社会机体人口的循环再生产,都是社会和群体的自我再造过程。在社会和群体的自我再造过程当中,人类的婚姻制度是社会建构链接中的关键环节,它如同一个制造的工厂,通过一系列的程序运作,完成社会和群体的人口再生产——群体的再造,与此同时,也制造出了社会结构的基本构成单位——人类社会的家庭。

人类社会是一个大的社会系统,大系统中有无数个不同规模、不同类别、不同地域的亚系统,亚系统都是大系统内的一个功能单位,在大系统中起着一定的作用。处在大系统内的亚系统不是毫无关联的一盘散沙,而是在开放和互动中保持一种或近或远联系的单元。每一个小系统又有自己的系统,并有独立的运行机制。大的系统与亚系统，以及亚系统内的子系统或单元，彼此关联，彼此交织，在不同的区域具有不同的功能。系统与系统之间的交互关联，构成社会的结构。N村是社会大系统内的一个村落，是一个有自己运行机制和文化传统的小社会。N村婚恋中的女孩与男孩之间的交往较为节制，因而接触相对较少，婚姻的缔结主要由家长和媒人牵合。媒人是两个家庭之间信息交流和传递的中间人，男孩与女孩缔结婚姻前的了解，大部分也由媒人间接传递的信息中得以沟通和熟悉。

　　N村村落历史悠久，在长久的社会发展中，形成了系统的文化传统和价值理念。N村的男孩与女孩在日常生活中接触较少，因而在婚姻的缔结中具有某些局限性。婚姻和家庭的缔结，在某种程度上需要一个人际交往开阔的环境，而媒人恰好能够弥补N村少男少女们在婚姻中出现的困境。媒人是活跃的，人脉广泛、信息灵通，他出现在管媒的过程中，把自己的信息量和人脉圈嫁接在婚恋的青年男女的资源之上，形成资源的拓展，从而把婚姻的选择视域开拓到一个更大的范围，能够保障婚姻缔结的适选质量。事实上，媒人的出现是特定社会环境中的产物，社会具有自我调节和修复的功能，当某一个环节不能够及时地适应机制运行的需要时，它会自动调适系统单元。N村婚恋男女交往机会较少，显现出在社会结构制造家庭过程中的某种功能乏力。社会的调适功能制造了媒人这一特殊角色，其拥有的资源所展现的社会能量，能够很好弥补功能不足和弥合社会结构的运行机制系统，也能够解除障碍，保证运行机制通道的畅通。在一定程度上，与婚姻个体一起完成婚姻机制的社会建构。所以，文化环境是媒人存在的必要条件，造就了N村一批促成婚姻的特殊角色。

　　社会结构的构建需要媒人角色的存在,这是媒人存在的重要社会条件。在 N 村的 5000 多口人的村庄里,分布着许多善于说合关系的媒人们,他们信息灵通,人脉广泛,把一个个相互交往走动较少的男性和女性家庭牵连在一起,组成一个新的家庭。新家庭的生成,完成了社会群体结构细胞新生的过程。一个群体,一个村落,是一个小的社会,社会内部密织着各种关系网络,每一种网络都各司其职,在小的群体社会中承担一种角色功能,这些不同功能的关系网络构成了村落群体的运行。媒人穿梭在社会区域中,担负着重要使命,并以他们活动的方式和活动规律,为群体做着必不可少的事情,以完成整个社会的正常运转。人类的社会群体由单个的独立家庭组成,单个的家庭如同一个生命机体中的细胞,一个个鲜活的细胞,构成机体,一个个独立的家庭,构建成社会群体。社会如同生命有机体一样,有新陈代谢循环,旧家庭的消亡,新家庭的诞生,存续着社会的再生和活力。没有新家庭的生成,社会群体没有新的构建单元,必将逐渐消亡。在一个社会群体,男性与女性的婚姻结合生成新的家庭,是社会组织结构再造的关键过程,媒人的牵连组合作用,促成了新家庭的生成。

　　N 村的媒人分为职业媒人和业余媒人,职业媒人主要是一生以管媒为职业,凭借完成婚姻后当事人给媒人的谢礼维持生计,其目的明确,侧重于获得物质和金钱回报。业余媒人不经常管媒,也不以管媒后的谢礼为主要目的,他有自己的生计方式,管媒只是偶尔顺便的行为。职业媒人经常游走在各个家庭之间,常年为别人说媒管媒,并十分在意男女双方家庭的谢媒酬劳。业余媒人偶尔经人嘱托,说合家庭促成婚姻,并不经常说媒,有些业余媒人一生仅管过一次媒,有些业余媒人前些年管媒,近些年不再管媒。业余媒人不太在乎管媒的谢礼,在传统观念中,管媒促成一对新人喜结良缘,是一种善行。因此,业余媒人比较随意,管媒的目的不在于物质回报,更多是注重精神回馈。或因亲戚之托,为亲戚关系完成管媒;或为促成一对善缘,完成善举,而管成一桩婚事;也有部分业余媒人的目的与职业媒人的目的完全相同。职业媒人与业余媒人共同承担组建新家庭的重大任务,从而完成社会群体的生命循环。

媒人如何促成一桩婚姻呢? 事实上,在一个相对独立的社区,人们日常的交际都依赖着一个重要的熟人圈。在 N 村,交往的熟人圈分为四种类型:距离最近的是邻里圈;人脉触伸最远最广的是亲戚圈;接触频繁,人头攒动的市场圈;还有平日在凉亭下、市场上闲聊的闲散圈。这些圈子密切了人们的互动和信息传递,把缺失的一些信息和人脉,通过另外的途径、另外的交往对象弥补起来。活动于每个家庭间的媒人把独立、平常较少走动、信息不通的一些家庭重新链接成一个信息丰富的互动网络。在一个以农业为主导的乡村,许多的信息是通过人口的流动和交往来传递的,村庄的亲友关系是乡村信息传递的有效方式。亲友网络是人们在婚姻、认干亲、结拜、共同学习、共同工作、商业交易等各种关系中逐渐结成的一种盘根错节、互动频繁的社会关系,在乡村婚姻缔结中起到十分重要的作用。因此,亲友网络在当地通婚圈的构建过程中起到非常重要的作用,求亲男女双方居于对方村落中的亲友,往往是促成或拆散一桩婚姻的关键人物。①

---

① 马宗保、高永久:《乡村中的聘礼与通婚圈》,《民族研究》2005 年第 2 期。

　　邻里关系在地缘关系中居于优势地位,在社区中,乡村里农闲时节的串门、农作中的互助等各种日常活动与邻里保持着非常紧密频繁的接触和依赖关系,因此,邻里是乡村社会关系中非常重要的关系类型。日常许多琐碎细微信息,都是邻里间最先知道,信息的传播也最先在邻里间扩散开去。乡村社会生活,很多事情需要依赖邻里互助才能完成,所以,邻里是家庭交往密切、以地缘关系为基础建立起来的一个社交圈层。此外,市场圈是乡村社会交际和信息传播主场地,乡村是个熟人社会,方圆半径内的市场都是一个个熟悉的面孔。熟人见面后的闲聊传递着大量信息,农事、红白事以及搭建婚姻关系等,都是市场圈层内的人们谈论的主题,甚至农村小伙姑娘们的约会都往往设在农贸市场。N 村的职业媒人 N 叔就喜欢去附近的农贸市场闲逛,在市场的一个固定角落,一帮经常闲聊的人聚在一起,东家长、西家短地扯扯家常,一方面打发无聊的日子,一方面能获得村子的各种信息,为他管媒搜集资源。因此,周边的市场圈是乡村社会信息传递的主要场所,为相对封闭的乡村社会信息和资源的拓展开辟了新的空间。除了以上所描述的人际交往圈,媒人的交往圈子还有其他的类型,比如老年人常聚在一起的闲谈圈、劳动时的工作圈等一些不固定的闲散圈子,这些圈子里人们的言谈中也能获取大量信息,并在这些不同的交际圈内实行婚姻缔结行为。

　　媒人是一群非常活跃的群体,活跃是他们获取信息的一种手段,并在他们所生活的各个圈层中,依赖熟人圈里的人脉关系,进行说媒管媒并最终撮合男女两性家庭的青年组建成新家庭。人脉是链条传递发展的关系,每个个体都有无数个自己的人脉圈层,因此,人脉的发展如同滚雪球,有无限发展的拓展空间。熟人圈里的人脉关系是媒人成功管媒的最重要的资源,职业媒人在日常交往中,不断积累人脉,达到信息最大化,也实现利益最大化。

媒人是社会生活中的一个普通群体,镶嵌在社会大的系统内,并遵循社会规则。社会中因拥有不同能力和资源形成社会分层,使得媒人也有不同的层级。人们在社会发展中自然分层,在各自所属的层级上按一定的轨迹运行,组成社区常规社会生态的一部分。N 村的婚姻遵循着传统的"门当户对"婚嫁规律,对于管媒的执行者——媒人,在管媒的行动上同样遵循"门当户对"的原则。这种规矩从古至今一直延续,贵族给贵族管媒,中产阶级给中产阶级管媒,穷人给穷人管媒。对于家庭而言,孩子的成婚是人生中的大事,家里的大人都期望请到有名望、体面、能力好的媒人来完成婚事。因此,N 村的富户常常请有威望、体面的一些头面人物给自己子女管媒,有威望的媒人在村民面前的话语,大家也更愿意接纳。同时,请体面的人管媒本身是双方家庭极为长面子的事情,因此,双方家庭皆大欢喜。普通家庭不太容易请到头面人物,通常请的媒人也与自己家庭和身份比较匹配。社会的分层是一种自然规律,不同的人选择不同的媒人,也是社会运作中人际关系的一种自然分流。

管媒需要上门专门请媒,提上糖和茶、水果之类的礼物,去媒人家里正式邀请,以示对媒人的尊重和诚意。通过登门拜请的媒人,都会为当事人竭力办事,诚心且又勤快,也会在婚事中为当事人多多美言。也有一些人想省去糖茶破费和礼节的烦琐,只在街上或市场碰见媒人顺便嘱托一句,媒人反而讨厌此类圆滑、缺乏诚意之人。通常把他的嘱托当作过耳秋风,不予理睬,即便替他管媒,也极不乐意。请媒是一种传统礼仪,也同时是对媒人的尊重,因此,媒人在管媒过程中很重视对方对自己职业和人格的尊重。

　　媒人是有特殊才能的一个群体,不是所有人都可以胜任做媒,媒人有他特殊的角色资历:1. 聪明灵活的头脑。在农村,能当媒人的人都是村里出类拔萃的聪明人,头脑灵活,会把控事态,能拿捏住双方家庭的七姑姑八姨姨的搅和,做事干练,决策果断,用乡村常说的一句话形容就是"能在人前面站着说话的一些人"。做事不果断的人管媒,男方女方家族一大群的亲戚就可以让他措手不及、难以招架。况且,婚姻中如彩礼等复杂事情的打理,没有特别的能耐,决不能胜任。2. 善变圆润的口才。管媒实际是媒人在男女两个家庭之间说合,拉近他们的心理距离,产生好感,从而达成婚姻约定。这其中,媒人的口才和说话方式是促成婚姻的关键。媒人语言圆润、平滑,让双方当事人都容易接受,并能听得进去,从而接纳对方,显得非常重要。人常说,媒人在管媒中使用着一条"三寸不烂之舌""巧若弹簧,伸缩自如,谈吐有度","能在杂草中说出花儿来"。媒人必须有出众的口才,能言善辩,平息矛盾,化解误会,平平顺顺疏导婚约顺利进行。相同的想法,有不同的表达,媒人的口才,能让整个事情更加顺畅达到需要的目的。3. 拥有丰富的信息资本和人脉资本。媒人掌控着丰富的信息资本和人脉资本,在婚姻中占据信息优势,才可以在大量的信息源中筛选出与之匹配的合适人选,获得高质量、高效率的管媒缔结。4. 办事公道,合乎规矩。人类学的前辈在研究婚姻时,借用市场经济学的原理,认为婚姻是一种女人在男人间的交换,这种交换遵循着市场价值的公平原则,相互在平等的基础上交换到自己需要的东西,维持了一种社会交往的持续关系,从而构成社会结构的一部分。①媒人表面是在个人之间做着各种撮合、牵线搭桥婚嫁方面的事情,实质上,他们在数次撮合婚姻的过程中,是在为很多人或者说是为公众做事,这在整体上是一种非私人的事务。媒人,尤其职业媒人,在为社区管媒的行动中,已转变为一种公共角色。媒人经常因管媒、主持婚礼而变为需要在大众面前发言的公众人物,公众人物处理公共事务必须公道合理,合乎当下的行为规矩,没有一个相对公正的公允之心和做事态度,绝对不可能被对方接受,也绝不可能被人邀请管媒做婚姻的见证人。我的采访对象 N 叔是职业媒人,他曾经说:"媒人不能说话偏袒任何一方,也不能任意改变对方的要求,白的就是白的,黑的就是黑的,否则,你什么事都办不成。"这就是媒人的操守,必须有公平合理的办事心态和素养。5. 媒人要有柔韧的性格,在处理事情的过程中能屈能伸。媒人在一定程度上也是婚姻仲裁者,在男女双方家庭产生矛盾的时候,凭借雄辩的口才,平息冲突。有时,媒人也会受到别人的误解和责怪,这时候,媒人需要柔韧的性格,耐心去解决争端。N 叔说:"脾气火暴的人不能胜任媒人,对方的冲突没有解决,可能他已经火冒三丈。"加入纠纷战争中的媒人,无法回旋解决问题,只能使事态更糟。媒人柔韧的性格对婚约的成功与否十分重要,一个优秀的媒人,必须在处理婚姻问题中富有弹性,张弛有度,掌控整个局势,才能顺利完成婚姻的缔结。在 N 村,媒人管媒最主要的形式是亲友

---

① [法]列维-斯特劳斯:《野性的思维》,商务印书馆 1997 年版,第 124 页。

间的说亲,乡村较为封闭的社会环境,最广泛、延伸最远的是亲友圈。每个个体都有自己各种各样的亲友圈,一个个链条串起来,人脉资源就像滚雪球一样越滚越大,有无限的伸展空间。农村管媒主要依赖亲友之间的人脉关系,一个串一个,四通八达地伸向远处。N 村的管媒,最主要的形式也是亲友圈间的连接搭建。职业媒人有丰富的信息资本,业余媒人难以企及,这也是职业媒人的看家本领。业余媒人没有太多的信息资本,主要方式便是凭借亲友关系网络,把有限的婚嫁空间拓展开来。职业媒人与业余媒人互补,成为 N 村婚嫁过程中的重要角色。

　　N 村村子,有很多媒人,既有职业媒人,也有业余媒人。他们虽然分工不同,却是以不同的方式做着相同的事情。据民间传言,媒人为了促合成一桩婚事,在双方家庭间不停跑路,要跑破很多双鞋,因此,当一对新人终于完婚,都要谢媒人一双鞋子。N 村的媒人,多数为业余媒人,经过亲友多次嘱托而被迫临时做媒,牵线一对年轻人成婚。N 村多数的婚姻促合,都是由大量的业余媒人完成,能一生坚持做职业媒人的人很少。因此,能成为职业媒人的人,本身必定有特别的本领,能够胜任这种特殊职业。管媒中的琐事非常棘手,而且彩礼纷争,往往需要高超的化解矛盾技巧。媒人的管媒是一种能力,只有他们的特殊资源和能力,才使得社会婚姻家庭能够顺利形成,并在管媒的行动中,完成社会结构的构建程序。

第 二 编

宗族村落中管媒的礼俗与规程

第三章　N村管媒的礼俗

古人云:"谋合两姓为媒,斟酌两性为妁。""男女无媒不交""天上无云不下雨,地上无媒不成亲",讲的就是古代婚约必有媒人之事。中国是礼仪之邦,婚约的缔结既隆重,又庄严,非常讲究仪式感。从请媒、说媒再到成婚,中国的婚礼有一整套的婚姻礼俗,包含着丰富而深刻的文化底蕴。

古代社会,男女双方一般都要经人从中说合,才能"结丝罗","谐秦晋""结连理","通二姓之好"。这种说合,就叫"说媒"。新中国成立之后,"说媒"曾改称为"做介绍",做这种说合工作的人,被人们雅称为"月老",俗称为"媒人",后来改称为"介绍人"。"月老"即"月下老人"的简称。月下老人是我国神话传说中专管婚姻的神,又称"月老"。据沈复《浮生六记》说:"一手挽红丝,一手携杖悬婚姻簿,童颜鹤发,奔驰于非烟非雾中。"我国不少地方都有月老祠。唐·李复言《续幽怪录·定婚店》记载:唐朝有个叫韦固的人夜行经过宋城,碰上一位老人靠着一个大口袋坐在路边,在月光下翻阅一本大书。韦固好奇地问他翻检的是什么书。老人回答说,这是天下人的婚姻簿。韦固又问老人那大口袋里装着什么东西。老人回答说:"装着红绳,用它去系男女的脚,只要把一男一女的脚系在一根红绳上，即使他们是不共戴天的仇家，或者是相隔万里的异乡人，也一定会结成夫妇。"所以，人们便说"千里姻缘一线牵"。"若是月下老人不用红线拴的，再不能到一处。"可见人们对媒人的敬畏。媒人还被称为"红娘"。唐代的才子元稹写过一篇《莺莺传》，其中塑造了一个聪明活泼的婢女红娘的形象。她一再巧设计谋，终于撮合成了张生与莺莺小姐的婚事。元代王实甫根据这个故事写成了《西厢记》，其中红娘的形象更加聪明可爱。人们以"红娘"代称媒人，显出了对媒人的重视和友好。

说媒不是一件轻松事，这从媒人被人雅称为"冰人""冰斧"就可以知道。据《晋书》记载，有一个当孝廉的官员，他的名字叫令狐策。有一天梦见自己站在冰面上，与冰下面的人谈话，感到奇怪，不知吉凶，来找索书彻圆梦。索书彻说："冰上为阳，冰下为阴，这一定是阴阳（男女）之事了。你在冰上与冰下人谈话，为阴阳语，这个梦预示你将要为人说媒，但这媒不容易做，要用你的热情把冰融化了，男女双方才能成婚。"看来，做媒是需要热情和毅力的。不久，太守田豹果然来求他做媒。

旧式婚礼中，媒人还称为"伐柯人"，说媒则是"执柯"，这就肯定了媒人是必不可少的角色。《诗经》咏叹道："伐柯如何？匪（非）斧不克。取妻如何？匪（非）媒不得。"它的意思是："怎样才能砍下大的树枝？不用斧头砍不断它；怎样才能娶到妻子？没有媒人成不了婚。"可见媒人在婚约中有多么重要的作用。正因为人们重视婚姻，因而重视媒人，也同样重视婚约中的仪式和礼俗，因此自古代以来，婚约伴随着时代衍生出一整套琐碎、隆重的礼俗文化，蕴含着生动而丰富的中国媒妁文化。

第一节　管媒的程序和彩礼

一、媒妁的程序

N村管媒的程序,大致可以分为七个程序,但因人因事有所变动。主要步骤有:①初次见面;②二次见面;③上门;④订婚;⑤眊(看)家;⑥道喜;⑦嫁人。这个程序通常持续一个星期到半月,最长的婚事不能拖过半月。男女双方互不认识,部分的婚约中,男女互相认识,但没有太多交往,在媒人说合过程中,见面、结婚,半月之内便把新娘娶回家。有时只需几天,越快越好,这是N村一直传承下来的婚嫁习惯。媒人的职责,始于男女见面的初识,终于新人娶回家时。也许是由于婚姻耗损了大量人力物力的缘故,因而N村人不喜欢拖拖拉拉的婚事,大部分的婚事崇尚"短—快"风格,即"见面短","办婚事快"。半月之内,一对新人成婚结为夫妻。媒人一直口头提到的一句至理名言就是,媒人"管一时,不管一世"。媒人把新娘顺利迎娶到男方家里,其职责就算完成,以后的事情,新娘新郎自己照顾好自己的生活。在谢媒的程序后,婚姻当事人与媒人的联系逐渐解除。

（一）初次见面

N村人的观念,对少女的社会行为要求比较重视,女孩子与男孩子平日的交往有限。维持这样的社会道德秩序,是N村邻里间的一种舆论力量。舆论的力量在N村的日常生活中,显示着一种较强的约束力量,类似于人们熟知的习惯法,是一种隐而无形的社会制约系统，维持着这个社区的秩序，并保持着文化不偏不倚地完好传承。因此，基于村内传统的文化环境和社会环境，N村的姑娘与小伙子间的婚姻缔结，需要媒人说合，方能结为正式夫妻。一方面源于尊重家庭和老人权威，另一方面源于男女之间较为有限的交往。一个重视民约村俗的社会文化环境，促成了一批婚姻中的特殊群体——媒人，他们成为社会组织体系新陈代谢必不可少的关键角色。

在N村婚姻当事人接触较少的交往环境下，男女双方的对接事宜，主要由媒人来安排和把控。媒人，眼快脑灵，擅长社交，见多识广，通晓村里的各种事情。平常他们特别留意村里婚嫁信息，哪家有适龄好姑娘，哪家有适龄好小伙子，他们都比较了解。当媒人眼睛的余光扫描到合适年龄、合适家庭的男孩女孩，他们便开始忙碌奔波，密集联络，牵线搭桥撮合组建家庭。通常媒人看准哪家丫头或儿子，首先会去问家长，家长说："行呢，你来吧。"算是初步答应下来。以前的人们，关于婚姻大事都非常隆重，一般会选择在一个吉日进行各种婚姻事宜。N村的人们也非常注重吉日，在行事之前，会去一些经验丰富或德高望重之人面前，询问相关的忌讳和有利的条件，把孩子的婚姻镶嵌在一个天时地利人和的祥和之中。现代的人们都忙于生计，因此重要事情的裁夺通常放在节假日或惯常的周末进行，久而久之，成为人们的一种习惯。事实上，这些常规的选择，通常与人们的日常观念有关，N村人长期传承下来的村规乡俗形成了人们的一种默识意识，规范着社会交往的规则。

经媒人向家长取得见面的允诺，男女双方的家庭便开始婚姻的第一步——初次见面。互不相识，或相识但没有太多交往的男女双方的第一次见面，比较简单。由媒人带领男方家人，去女方家见面。N村人不喜欢亏欠对方人情，这也是避免麻烦的一种策略，因此，婚约的初次见面，男方可以不给女方家提上门礼物。男方也可不吃女方家待客的东西，如饭菜、瓜子、茶水、水果之类，以免双方没有相中对方时，能够干干净净，好离好散，不牵绊。男女见面后，媒人和见面的大人们时刻关注着相亲的年轻人，一旦双方眼神、神态各方面比较满意时，这时候男方可以吃女方家的东西，双方不再拘谨，放松神情自由交谈。这种氛围表示见面初见满意或果，有了继续关系的机遇。第一次见面，陪同男方的家人可以是男方的父亲，也可以是母亲或姐姐，主要是为彼此相亲的家庭多一双参考的眼睛，也为害羞的小伙子壮壮胆子。初次见面，男方家人坐在炕上与女方家人聊天谈话，媒人提议女方姑娘为客人敬茶，男女双方相互看看对方，不用过多搭话。大家只是远远地看看相貌、身高，整体的个人形象。依据N村资深媒人——N叔的话说："俺们这边，一辈子不认识的人，陌生人，一提亲，两个人就可以见个面，娃娃都互相瞪一瞪（看一看），还不搭话。头一天见面，都不搭话，只瞪一瞪，看对方是否看得上。"看完，媒人就问小伙子："你对这个女娃娃看上了吗？有感觉吗？"男方答："还行呢。"或者"也看上了。"临走的时候，媒人再顺便问女孩子，或回家打电话问女孩子："看上男方了吗？"女孩子答道："也行呢。"婚姻便初步达成，媒人开始约定日子双方将进行第二次见面。

　　男女双方相亲的第一次见面，是婚姻的开始环节，相中了的双方会继续见面，直至成亲结婚；初次见面没相中的男女，便一拍两散，一段关系终止，另外觅求合适的伴侣。这样的考验往往在女方给客人敬茶过程中,可窥测到满意抑或不满意的迹象。若男女双方在敬茶的时候,有一方没有相中对方,若这时是男方没相中女方,女孩敬到男方手里的茶,男方接上后放在茶几上不喝,或不吃女方家东西,甚至细心观察的媒人和家长,从男女双方的神态和眼神中就能觉察到这次见面的结果。有些小伙子会故意释放自己的意见信息给家长和媒人,比如脸色难看、不高兴等。但一心想促成婚约的媒人,不会轻易相信表面觉察到的信息,而是要亲自询问双方确实的婚约信息。男女双方见面后,媒人会先问男方:"看上丫头了吗?"男方如实回答:"唉,不太合适。"这样,初次见面失败,彼此再重新寻找合适的人选,这桩婚约见面后便相互散开。若是女方没相中男方,媒人问女方时,女方答道:"我们不太合适。"媒人便坦白告诉男方女方的意见后,见面结束,婚约随之散开,这便是N村相亲程序的初次见面。

(二)第二次见面

有了第一次印象不错的见面基础后,媒人约定日期,男女双方将进行第二次见面。第二次见面依旧是男方去女方家里,这次见面不同于第一次见面,男方可以给女方家提一定的上门礼品求亲。礼品该买些什么,媒人知晓这其中的礼数,会细心叮嘱男方家长选择买的礼品数目和种类。第二次的见面,双方家庭和男女双方当事人都需要进一步了解彼此,因此,相对第一次的见面,两家的重视程度、来访人数规模、待客的规格等都有提升,显得真诚而隆重。这次见面,男方的陪同家人可以是父亲,也可以是母亲,或者甚至可以是爷爷奶奶。N村的爷爷奶奶由于婚育年龄小,一般都比较年轻,而且家庭中的爷爷奶奶在孩子的婚姻决策中有较高的权威,许多事情的决策,都需要征得爷爷奶奶的同意。

　　第二次见面,男方家人通常买茶叶、糖,也可以拿点羊肉或牛肉作为礼品去女方家相亲。按照N村一般的传统乡俗,男方第二次去女方家会买几斤糖、茶和水果。N村的人喜欢喝茶,糖、茶是婚礼婚宴中的必备之物,婚嫁之中的特定礼品,最常见、最受欢迎的也是糖和茶。请媒时给媒人提的礼物是糖、茶,这已经是定数;谢媒时,给媒人提的礼品依旧主要是糖和茶;男方去女方家提亲时,最常见的礼物依旧是糖、茶;男方给女方送彩礼时随带的礼品中,必不可少的仍然是生活中传承了几百年的糖、茶;家里待客的是糖、茶;生活中天天离不开的饮品也是一盅糖、茶。一盅糖、茶足以拉近彼此的心灵,暖化人们彼此间的冷漠。因此,N村的人特别喜爱糖、茶,生活中的糖、茶随处可见,在不同的场合,糖、茶散发着乡村地域浓厚的文化情怀。

　　提上礼物,在家人的陪同下,男方再次来到女方家里,双方做进一步的深入了解。这个时候,男女双方可以搭话交谈。吃完饭后,双方的家长聊天、喝茶,以便加强沟通和深入交流。媒人指示男方可与女方单独交谈,彼此了解各自想知道的信息。女方通常去嫂子屋里或自己的房间,家人留出时间,让男女双方单独交谈。交谈的时间一般限制在半小时之内,不能聊得太久,因为大人们还有更多事情需要磋商。双方在半小时的谈话时间里,女方问男方在干什么工作,个人收入如何,家庭收入如何,家里几口人,家庭状况,或个人喜好、性格等,男方也可问女方的家庭、工作、喜好等。在相互间的谈话中,主要观察对方的口齿是否清晰,谈话的条理是否清楚,头脑是否灵活,反应快慢,进而感觉彼此性格爱好是否匹配相投，有没有进一步发展的可能。谈话大约半小时，小伙子回到客人中间，媒人便问："你俩谈得咋样？"小伙子答："哎，也没啥。"说明男方对女方的第二次见面和交谈比较满意，已经答应婚约。这时，男方需给女方端1000元的见面礼，表示诚意和确定婚约。若男方答道："我们还没谈好。"说明男方还没有确定婚约，需要进一步地了解对方。这时候，男方可以与女方的家长商议，请求再谈。这种再谈，通常是允许一些时间，双方用电话再加深了解，而不是立马闪婚。也有比较时尚的小伙子，可以请求女方家长允诺，答应他约女方出去散步、吃饭、去省城银川等大地方逛街，在多方面的交往过程中，加深双方的了解。约女方出门与男方单独交谈，媒人必须向女方家长打招呼："老L，小马今天想约你们丫头出去吃个饭。"这样单独交往，媒人必须要给女方的家长响当当地打清楚招呼，家长同意时，才可以约女方出去单独交谈。有时候，家里的长辈们，比如爷爷或奶奶不同意女孩子出门，这样的约会便失败。N村人历来尊重长辈，长辈们在婚姻中有很高的权威。有一些家长不喜欢孩子出去闲逛，对于男方约女方单独出门谈话的建议，通常会一口拒绝："不行！谈话就在家里谈，出去逛街就不去了！"这种情况下，男方只能再次来女方家里，争取更多机会与女方再多谈一些时间。据一位资深的媒人说，以前传统社会，旧文化的熏陶之下，女孩子见到对象，羞得不敢抬头，更不敢搭话，都是你躲我，我躲你，从不说话。随着社会变迁，慢慢地，婚嫁过程当中，男女可以面对面交谈了解。在交谈中，观察对方的语言，即口齿，说话慢，说话结巴，是不是卡顿等，是第二次见面交谈中主要需要观察的主题。

由于男女双方慢慢意识到闪婚的不妥帖之处，现在逐渐把相处的时间尽量做了延长。M 阿姨管了几十年媒,她管的媒最多是半月就娶回新人。但现在有部分的青年人会要求谈话时间加长,因而,婚事也随之延长,通常二十天或一个月才结婚。虽然婚期有所延长,但不能拖得太长,以免发生许多变故。N 村现在的婚嫁、从双方认识、交谈、订婚、嫁娶,最长的婚期约二十天,一般都在一个礼拜或两个礼拜之内便将新人娶到家里。男女双方的第二次见面,若见面满意,确定婚约,男方必须给女方端 1000 元见面礼,再准备下一个订婚程序。

N 村姑娘结婚婚期短,不拖泥带水,半月便结婚。关于这种风俗,我采访了 N 村的部分资深媒人。

时间:2014 年 8 月　访谈人:MWL　地点:N 村

访谈 1. 问:"阿姨,咱们 N 村的姑娘为什么要这么快嫁过去呢?"

答:"担心今儿出去了,明儿出去了,主要是名声。别人会说:'那个谁谁家的丫头,找对象,男方来,今儿出去了,明儿也约出去了。'俺们爹妈都怕这个,怕名声。至于婚前同居,俺们 N 村都没有,哪一家也没听说过谁家的丫头在哪里同居了,那就不得了,这种事就会闹得天翻地覆,一辈子出现这么一个都了不得。从电视上面看,你在一起同居,你养个姑娘干啥呢? 在俺们 N 村、照是没有①。听老人们讲起过,N 村曾有这么一个丫头,在结婚前一天,离家出走了,踪迹都找不着。你说丫头出去一天,晚上不回来,干啥去了? 哪个家里的家长都知道这些规矩,就担心这个。"

_____
①　照是没有:意思是仍旧是没有。

问:"快速置办婚礼,是不是怕拖时间长,浪费宴席中的肉和其他东西呢?因为上门、订婚、道喜每次都要置办宴席的。"

答:"也没有。N村9队有一个丫头,她妈妈和俺们都一样,忙完了地里头的活,闲了打工。生了三个女儿,女儿长大后,家长给看了一个对象。今儿个把宴席菜点准备了,三天后嫁人,第二天丫头跑掉了。N村从古至今就出现过这么一例,再没有此类的事情。丫头跑出去后,在外面转了一段时间后回家了,自己通过互联网找了个对象。丫头跑掉后,丫头的家长给别男方就退了婚,拿啥退啥,拿了别人啥都给别人一概退掉。再说,丫头这么一跑,别男方家也不要了。比方你明天结婚,今儿个晚上你走掉,后天回来,男方就不要你了,也不娶你了。别男方也就知道,你心里有人。现在9队的那个丫头,嫁到了别的地方。那丫头你说你找人,你给妈说啥!她妈现在到这会儿,人前头都没面子,说话都自己觉得低三下四,就是女儿不好。这么几年,她妈在人多处都不聊天。现在,若提起姑娘,她心里马上就不对了。"

像中国所有的农村社会一样,村内的社会舆论维持着传统的社会秩序,N村的婚姻规范,也是在民众的舆论中保持着其中的文化传统。

(三)订婚

男女双方第二次见面后,对交谈和见面的结果没有异议,就开始进入婚约的第三个程序"订婚"或叫做"举东西①"。媒人就会

---

① 举东西:N村方言,意思是订婚时给女方买结婚必备的东西,如新娘的黄金首饰、衣服和新房的家具等。

说："你们两家同意了，今儿咱们正式上门，把礼行①买上。"第三次的目的，主要是确定女方所要的彩礼和黄金首饰、衣服等物品，这次程序非常关键，关涉到两家高额经济交往。其实在订婚之前，还有一道程序是"上门"，是订婚前的一次预热，双方商讨订婚时的经济问题及其他事情，稍稍做一个过渡，为第四道程序的订婚做些铺垫。有时为了节省开支，"上门"通常和"订婚"合并到了一起。有钱人若不怕烦琐花钱，也可一道道程序逐一地走完，以显示隆重或体现出婚礼的仪式感。现在的N村婚姻乡俗，一般"上门"和"订婚"作为一个程序，统称为"订婚"。订婚时，家长必须陪同，男女双方的父母再次见面，商议订婚事宜。有些家庭的家长做事性子慢，难以在关键时刻进行决断，陪同的亲戚就要去很多，五六个或九、十个人，帮助男方商议定夺重大的婚姻问题，特别是高额的彩礼和黄金首饰。

订婚算是婚约程序中最关键的一环，仪式感也更为隆重。男方在媒人的叮嘱下，采购更为隆重的礼品。通常称十斤左右的干果，都是大家一般喜欢喝茶的佐料，如枸杞、大枣、芝麻、葡萄干、花生、核桃等，家庭富裕的人也可以每样干果各称十斤。除干果外，男方还需买一个羊前胛，或拿半只羊。在N村的乡俗中，婚事中作为礼品的羊胛，必须是羊前胛，而不能是羊后胛。糖、茶、羊前胛一直是N村婚礼中必不可少的物品，也是N村社会婚礼中的地域文化表征。这些订婚必备的东西，都要媒人在来女方家门订婚之前，早早叮嘱安排好，男方根据媒人的叮嘱，准备好合适的礼品，第二天去女方家里定亲。订婚这天，女方家里要设宴待客，男方家陪

---

① 礼行：N村方言，指去别人家做客时提的礼品。

同的人通常会来一桌人,一桌有 10、8 人不等。

订婚主要内容是女方要黄金首饰、衣服和彩礼,媒人在中间协调,最后双方达成一致的、确定的经济合约。N 村的女孩喜欢黄金首饰,不喜欢白银和铂金。平常买不起黄金首饰,女人们只有在婚礼中才能买到大量自己喜欢的金首饰。婚礼中的黄金首饰通常价值好几万,农村家庭好几年的积蓄才能支付得起儿子婚礼中的黄金首饰。因此,女方要金首饰时,男方需要媒人在中间尽力协调,以减轻自己家庭的经济负担。这时候的媒人,是双方家庭最关键的调解人,往往媒人核心的几句话,会给双方家庭或减少或增加一大宗的花费,因而,媒人在婚事形成过程中至关重要。订婚时,女方一般要 70 克、80 克或 100 克黄金首饰,根据男方家庭经济状况而定,最多不能超过 100 克。当地通常的习惯是:女方婚嫁的衣服,需买"里三身外三身",再加三件大衣。(一身衣服指,里:内衣、内裤、袜子;外:上衣、裤子、皮鞋,里外加起来,才算一身。)而且,棉衣与单衣都得有,三件或两件羊毛衫,三双鞋,三双袜子或四双袜子,凑个双数也可以。

N 村以前的婚嫁彩礼,通常是准备几十个封包①,拉一只活羊或两只活羊,两只趴羊②。现在不拉活羊,把这些东西折合成钱,一般彩礼端 12000、15000、16000 元。彩礼有两种形式:第一种,彩礼要很高的金额,通常是 3 万、5 万、6 万元,这些彩礼中包含女方

---

① 封包:N 村方言,意思是婚礼中用干果封包起来的礼品包。传统封包是用牛皮纸把分成半斤或一斤的干果和茶叶等包起来,以备婚礼之用,主要有芝麻、花生、核桃、大枣、枸杞、冰糖或白砂糖、桂圆等,皆为喝茶的佐料。

② 趴羊:指宰杀干净,掏空内脏的全羊。

的金首饰以及衣服的费用,男方不再另外支付。彩礼除用于给女方买黄金首饰和衣服外,还要给女方买陪嫁的家电,如电脑、洗衣机、电冰箱、摩托车等,各种家庭用品,甚至茶盅、围裙、针头线脑之类全要购买齐备,嫁娶那天,全部东西都陪嫁给男方。女方还要给男方家里的亲人每人买一件衣服。给男方买一枚 10—25 克的黄金戒指,另外给男方买两套衣服。上述一系列东西,都出自彩礼,如若不够,女方家往往要倒贴好几千做陪嫁。第二种,也是 N 村现行最普遍的形式。彩礼端现金 12000—16000 元,女方的黄金首饰和衣服另外由男方支付。现金用于购买陪嫁用品和给男方及家人买衣服等礼物,女方的黄金首饰和衣服则另选吉日由男方陪同,与女方共同购买。这种形式近年来较受女性喜欢,因为婚姻是人生大事,一辈子就经历一次,因而女性很重视这样的人生礼仪。当然,在这样重要场合佩戴的首饰和衣服必须自己亲自挑选好看的款式才会满意,年轻人通常会选择去银川、青铜峡、吴忠等较大的城市去购买婚礼物品。婚约中,男女双方在买衣服买黄金首饰过程中,容易起矛盾纠纷,甚至会大打出手,婚约在此期间也易崩散。这期间媒人作用非常大,协调男女方因买衣服时价格的高低所起的争执,平息矛盾,拉和关系,维持婚姻双方和解。媒人在婚约中不但协调彩礼价格,也解决争执和纠纷引起的解约风险,通过从中协调、说合,把男女双方两家的矛盾润化,最终把一对新人促成一个家庭,完成社会基础单元的构建。

（四）眊家

男女订婚后,第四道程序是眊家①,女方去男方家里做客,顺

---

① 眊家:指看家庭和生活状况。

便查看男方家庭真实情况，尤其是经济状况，以及亲戚朋友是否与自己家庭相配。订婚结束，媒人根据两家意见，协商昈家的日期。喜事一般要选择阳光明媚、大吉大利的日子，预示着事情和和美美，顺顺利利。昈家这天，男方家里待客，通常客人坐两桌（20—22人），或者十几个人，至少双方客人加起来要十五六个人，以显示仪式的隆重。陪同女方去男方家做客昈家的人可以是父母、姐姐、兄弟、姑妈等，因为不是商议重大事情，仅仅是陪女方看男方家庭，因此任何亲戚都可以作陪。男方家里陪客的亲戚，也不特别限定，姑妈、舅舅、舅妈、姐姐、哥哥、大爹、婶婶，只要是亲戚，都可以参加昈家的宴席。昈家结束时，男方给女方再端1000至2000元现金，通常为1000元。有钱的人家，这天给女方端2000元现金，再端一部手机。有些家庭还会给女方既端现金，又端一个手镯，这个手镯一般是白银的，不是黄金手镯。用托盘给女方端钱的人，可以是女方的婆婆，也可以是女方的公公，端礼钱的人只要是男方家人都可以，没有定数。

昈家后的第二天、第三天，男女双方约定去买衣服和黄金首饰。双方通过与媒人协商后，确定日期，开始买东西，主要给女方买约定彩礼中的黄金首饰和衣服，这些东西在一天到两天就可以买齐备。在给女方准备彩礼衣服和首饰的同时，作为礼尚往来，女方也要给男方买衣服和戒指。按照当地的习俗，女方给男方买1—2套衣服，1—2双皮鞋，包括内衣、内裤、衬衣、领带之类俱全，另外还要给男方买一枚金戒指。男女双方买东西时，有家长陪同，一方面主要源于孩子们结婚的彩礼花费是由家长支付，都是大人管钱；另一方面是由于婚礼中牵扯到大宗的财物交涉，在买东西时容易产生纠纷,因而大人随时陪同,以备能够裁夺置办彩礼中的经济纠纷等这类意外问题,保障年轻人的婚姻最终有好的结果。陪同买衣服的家人或亲戚,长辈和晚辈都可以,但双方的父母一般不去。陪同的亲友较多时,各有分工,有专门拿钱结账的,有专门帮助讨价还价的,也有专门帮女方看衣服、选衣服的。双方在买衣服的时候,两家都有很多亲友陪同。买完衣服后,还需买一些新人家庭家用零碎小件,这个时候,亲友不再陪同,男女青年可自己单独购物。

买完婚礼的衣服和黄金首饰后,家长安排办理结婚证、体检等一系列法律手续。在拍结婚照和办理结婚证时,依旧有家长陪同协助他们处理这些事情。婚礼的黄金首饰和衣服买齐,法律手续办理完毕以后,媒人便再去男方家里,在男女两家之间协商,确定婚嫁娶亲的日子。有时,娶亲的日子直接在订婚的时候商议确定,有时,为了不那么仓促,也可另择日期商定。一个星期、半个月或二十天之内,新娘便被娶回男方家里,一对新人完婚,建立起一个新家庭。

管媒多年的 M 阿姨说:"这些情况都是现在的世态,俺们 70年代的婚事,太可怜。一身条绒衣服,平常的那种丝布布子衣服一身,的确良都没有,都是花丝布,还凭票买,彩礼才 300 元。"

有一次,在一家娶亲人家搭建的临时灶房里,遇见了四位做饭的厨师,其中两位厨师曾经管过媒。在灶房做工休息间隙采访一位阿姨时,N 村的名媒 N 叔听到谈话,忍不住停下手中的活,插话道:"我管媒,国家手续不全或东西买不齐,我不给你定日子。国家手续拿来我看了,东西买全了才定娶亲的日子。可现在这个社会,家一旵就把日子定了。旵家定日子?!"N 叔摇了摇头,表示自已管媒不会在眊家的时候就定娶亲的日子。N 叔继续说："你给别女方羊腿子拿上，礼行买上，吃了喝了，你给我回家，至于定日子俺们再说。哪天手续和东西买齐全了，能成婚的时候，才确定日子呢，哪里会这么早定？定日子，最少八斤糖，一个羊前胛，不能打后腿。走的时候就给别女方家打电话，哪天哪天我们定日子。可现在她们这些女人管媒，你甭多心，一眊家，早早定日子，随到日子，别女娃娃不能发亲，再挪日子，这个事我都经过，我说这，你们女人都知道。"N 叔是 N 村的专业媒人，管媒很有经验，在复杂烦琐的婚姻事务中，他有独到的处理事情的方法，使得管媒一路平平顺顺。N 叔的话语中，对女人管媒和处理问题的能力，有点微词，这可能是男人们炫耀的做法。在男人眼里，女人管媒或做事都稀里糊涂，不能考虑周全。在 N 村管媒的习惯中，有这么一种说法：管一桩媒，积一世的德。N 叔的老伴 N 婶一直说，管媒是一种善举，能够积德积善，因为撮合了需要婚嫁的年轻人成婚，做了一件好事。

关于 N 村以前婚俗与现在婚俗的对比，我采访了一位管媒的阿姨，她的讲述让我们对 N 村的管媒礼仪有更深的理解。

时间：2014 年 8 月　访谈人：MWL　地点：N 村

访谈 2. 在 N 村后公路上，碰见了清扫大街的 M 阿姨，我便随即问了问她关于 N 村管媒的一些事情。M 阿姨讲道："我们那个时候找对象，一个人管媒也好，两个人管媒也好，都相互没有谈过，见面的时候连话都没说过。我和老伴自小在一个队上长大，从没在一起扯过磨①，有点包办，光说人老实就行。那个时候，都是穷

───────────────

①　扯磨：N 村方言，指闲聊。

家对穷家。我老头子当时说话还行，劳动干啥都不错，一天能挣10个工分，老实着呢，不日鬼①，就算是老实人，就行，这就是我们当时那个社会最好的人。俺们那会儿结婚不像现在这么急，头一年，谁谁家里有个好丫头，长大以后，已经是十七、十八了，就要嫁掉，遂请上媒人上门说亲。俺们从小没有爹，妈干啥慢些子，妈把俺们领大，一群姑娘，一个个长大，姐姐早先嫁了，俺们说了一年以后才结婚（从管媒到结婚延续一年）。我们那会儿，在一个队上，平时见面都不搭话，一起劳动，都老实得很。你干你的，我干我的，不说话，见面头一低。虽然订了婚吧，还羞得不说话，你躲着我，我躲着你。不过俺们那会儿，逢到节日，男方给我们家称喝的（糖、茶），打点羊肉。有时炸的馍馍，羊盘肠等各种吃的，都是对对子②，来'追节'。端阳节，就拿点包粽子的米、枣子，称点喝的。男方追节拿来的馍馍、粽子，还要给街坊邻居送去品尝。这是俺们那代人的讲究，现在没有这种风俗习惯了。"

我问阿姨："娶亲的那天，媒人要做哪些事？"

阿姨答道："媒人已经把这门儿亲事管成了，娶亲时媒人就来回跑个腿，协商一些事情。给别把娶亲的日子定好，体检，领结婚证来后，开始看着男方家买东西，彩电要多大的，陪摩托车也好，陪冰箱、洗衣机也可以。有的人家，比如男方端了三万元彩礼，买家电不够，女方家还要贴钱陪嫁。一年后，生了小孩，孩子满月时，女方娘家还要给男方家回端一万、一万二、一万三、一

---

① 日鬼：N村方言，指不老实。
② 对对子：指双数。

万五等的返还礼金。"

（五）道喜

N村婚嫁的第五道程序是"道喜"，一般是头一天道喜，第二天娶新人。订婚，主要内容是确定女方要的东西，道喜，则是男方把女方所要的彩礼等全部兑现，拿给女方，女方家人验收，并请媒人及双方的长辈做最后的定局仪式——"道喜"。"道喜"从字面意思看，是一个很讲礼仪、很有文化意蕴的词。男女双方经媒人牵合，一对新人组建成一个家庭，双方家人日后成为亲戚，和和美美完成了天人合一的好事。两家人便以仪式的形式隆重地相互"道喜"，共祝新人花好月圆、天长地久，共祝两家亲戚福寿同乐、美满幸福！

一经正式道喜仪式后，男女婚事成为定局，谁也不许再反悔。道喜，男方带礼物去女方家做客，女方家设宴待客，这天的客人一般有20人。男方给女方端彩礼15000或16000元，另外给女方个人端1000元现金，提40—60个封包。封包是用干果等，如葡萄、红枣、枸杞、白糖或冰糖、芝麻、花生米、核桃（带皮），一斤封一个包，作为贺礼拿给女方。两个羊前胛，一只或两只趴羊，有时还赶两只活羊，因家庭状况而异。道喜过程中，女方家庭给男方家庭回端2000—5000元礼金，这份礼金主要用于给男方的家人买衣服。以往村里的风俗，女方即将嫁入男方家庭时，给男方家里的每一位亲人都要买一件衣服。现在风俗简化，为了方便，根据男方家庭人数，女方把要送的衣服折合成现金，在道喜的时候，返还给男方，让他们自行买合适的东西。男方道喜时拿给女方的两只趴羊，给男方返回一只羊胛子。男方拿给女方的40—60个包，女方给男方返回20个包,这其中包含着浓浓的礼仪和人情的味道。

彩礼中的15000元由男方端给女方后,再由女方的家人为女儿买各种陪嫁的嫁妆,主要是家电,电脑、洗衣机、空调、电冰箱、摩托车等,现代家庭有的电器一应俱全。有些家庭还会给女儿买车,若女方的家长在订婚的时候说:"我女儿要上班呢,你给6万块钱彩礼,我们给赔个车。"这时,男方给6万元彩礼,女方家再添2万—6万元,便给女儿陪嫁一辆小车。女方家陪嫁一辆小车后,新房里的一切家电需要男方家购买。陪嫁的东西,在不同的时代和不同的家庭之间都不一样,至少基本的家用电器等东西都得购买。出嫁时,毛毯、被子、褥子、脸盆、床单、被套、剪刀、针线等,家里实用的东西都由女方家里陪嫁,彩礼中的15000元中就包含这些费用。

N村婚约程序中,最关键的两步是订婚和道喜。订婚,女方向男方要彩礼、黄金首饰、衣服;道喜时,男方准备齐全了女方所要的彩礼、黄金首饰、衣服,在这天当着两家亲戚的面,检验、接收,表明男方给女方的礼品齐备,一件不差。媒人和众亲戚都亲眼见证后,就该到女方家人应诺嫁娶姑娘的时候了。第二天,新娘出嫁。

(六)嫁人

娶亲这天,媒人叮嘱男方给女方家拿两个羊前胛,封"催妆包"40个。女方家则在男方娶到新娘准备返程出门时,再回返男方一个羊前胛,6个、8个或12个包,都为双数,作为回礼。在婚约程序的过程中,有一些送礼是礼仪性的,比如男方送女方家两个羊前胛,40个包,男方返程回家时,女方家再回返男方一个羊前胛,6个到12个包。在这样的礼仪中我们看到,无论是羊前胛还是封包,都是男方家里准备的礼物。这些礼物在男女两家之间,不断变换着场地，但却承载着不同的情义。最后，部分礼物又原封不动返回到男方家里，闭环式地完成了一种礼仪使命。没有变的是礼物，变化的是礼物承载的情感。同样的礼物在不同的时间，放置在不同的地域，便有了不同的含义和文化表征。因而，婚礼中的礼品，在送、返中代表着不同的文化含义，是一种传递着双方的情感，代表了情感交流礼仪的互动载体。

但随着现代社会快节奏的发展，N 村的人们也注意到礼仪程序中的烦琐，并开始简化。娶亲时给女方家拿的两个羊前胛，简化为一个，这样就不用再给男方返还。40 个封包，简化为 20 个，也再无须返还。这是近几年 N 村婚约程序的变迁，烦琐的程序进行了简化，但简化后的程序，少了一些文化的韵味。

娶新人的这天，媒人最忙碌，一切大大小小的事情都要操心备至。在娶亲的前一天，媒人根据女方家的要求，安排车辆，12、16 或 20 辆婚车，必须有一辆货车，拉姑娘陪嫁的东西。由于婚礼是喜庆的，因而男方给女方带来的衣服，袜子、鞋、衬衣、衬裤，都是红色的，还有红盖头。冬天结婚，衣服都需是棉的。

新娘子娶进来后，进入新房，铺开一个褥子，把核桃、枣子抓一些撒在褥子上，再在床边等处撒一些。核桃和枣都是多产的果树，每年核桃树和枣树结着成百上千的果实，硕果累累。新娘床上撒枣子和核桃，寓意新娘新郎多子多孙。枣，与"早"同音，枣子有"早生贵子"之义。撒床的人，也必须是多子多孙之人。撒完床，撒床人告诉新娘，睡觉的时候，把撒在床上的枣子、核桃用盘子收起来，等有亲戚进新房的时候，需分给他们享用。在新房内，男方还需给女方端 1000—2000 元。男方给女方端钱时，女方不能伸手去接,而是男方把端给女方的钱放在床上,女方才能拾起来收下。这种讲究,大致源于女性需要保持端庄、矜持的姿态,以免婆家人笑话。端完钱,男方把女方的盖头掀掉,掀掉盖头后,女方需另换一身衣服。新时代的姑娘盛行婚纱,从婚车下来时,穿婚纱,掀掉盖头后,新娘换掉婚纱,穿一身婚宴礼服准备给亲朋好友敬酒。以前的乡村娶亲,新娘上车之间都穿着红色棉衣和棉裤,盖头掀掉后,换掉棉衣棉裤,穿一身便装。据经验丰富的媒人说,新娘子娶到婆家后,一定得换一套衣服,这是 N 村婚事中的讲究。

　　新娘娶进门的第二天早晨,便开始在婆家"认大小①",与婆家的长辈小辈和亲戚朋友见面,算是正式的"认亲"仪式。男方家的大爹、婶婶、舅舅、舅妈、姑父、姑妈、姐姐妹子等都聚在炕上,等待这个仪式的开始。一大清早,新娘起床,下厨房做长面②、泡茶。茶盅和茶叶都是女方早早陪嫁过来的东西,这时候,茶盅洗干净,泡上香甜可口的八宝茶,开始给婆家所有的亲戚敬茶,"认大小"。新郎提茶壶,新娘端茶盅,倒满一盅,新娘双手敬给上席的长辈,称呼:"爸,请喝茶;妈,请喝茶;大爹,请喝茶。"喝完新娘的茶后,亲属及亲戚要给新娘端礼。爹妈端 500 元,亲戚姑姑等端 50、100、200、300 元不等,根据情况,数额不同,最少端 50 元。喝完茶,吃完饭,女方娘家人来请新娘新郎回门。新人回门,需男方家人中的小辈陪同,如姐姐、妹妹等陪同新郎新娘去新娘的母家,不

---

① 认大小:意思是新娘在别人介绍中,认识婆家亲戚的长幼尊卑顺序。
② 长面:北方人喜欢吃的一种酸汤面,面条需是较长的长条细面。

能由男方长辈陪同。两个新人回门，照例给娘家爸妈称点糖、茶、水果等一般礼仪性的礼物，不再拿较贵重的东西。N 村新人在第二天回门，吴忠等地的新人在第三天回门，"百里不同风，千里不同俗。"

N 村的人讲究礼仪，新娘子结婚的第二天早晨，必须早早起床洗漱，为婆家人泡茶做饭。新娘第二天做饭，必须安排送亲的人操心指引。被安排送亲的人，也一定得是婚姻幸福、多生儿子的女人，如姐姐、姨妈、姑妈都能担任送亲。N 村人在新娘的陪嫁里，就已经陪嫁好了一切东西。泡茶的茶盅，通常陪嫁一席，10 个。针线、剪刀、围裙等，一应俱全。送亲的人，取出茶杯茶壶，清洗干净，摆在桌上放好，把陪嫁的茶叶，取来放在茶杯旁边，新娘起床洗漱后，就要给公婆敬茶。送亲人通常要住在婆家，以便早晨早起服侍新娘。在 N 村的婚嫁习俗中送亲人和婆亲人照样在现代婚礼中不可或缺。送亲的人，女性，一位；婆亲的人，男女两人，必须五官端正，生育男孩较多，婚姻幸福。

婚约的六个程序，在新娘与新郎举行完婚礼，成为夫妻后，媒人的管媒程序结束。在这段婚约中，媒人事无巨细，事必躬亲，在婚姻的顺利成功中，起到非常重要的作用。可以说，男女双方结为夫妻，全由媒人一手串起这个婚姻链条。从男女刚见面认识到组建成家庭，媒人一直在双方家庭之间不停张罗，直到婚车把新娘子娶进婆家的家门口，招待完宾客，婚礼结束，媒人的责任基本结束，只等男女两家来谢媒了。但有时候，有些家庭过日子一段时间后起了矛盾，又会找媒人来解决婚后纠纷，说："姑娘是你给管的媒，你了解，给再劝劝。"媒人只能再说和规劝，让小夫妻息事宁人，和睦相处。有些家庭一起矛盾便埋怨媒人,说媒人没给他管个好媒,找的对象不合意。严格地讲,媒人牵引男女年轻人成为夫妻,媒事算结束,媒人的任务完成,以后的事情都该由双方的家庭自己处理。依 N 叔的老伴 N 婶常说的一句话:"媒人只管一时,不能管一世。"但一些人家,夫妻吵架后,有人便回头找媒人的麻烦。媒人也很难!

二、彩礼

(一)彩礼的程序

N 村的女孩子在订立婚约时,也必须向男方家庭要一定数额的彩礼,这些彩礼女方娘家一般不会留作己用,而是悉数买来各种现代家电作为陪嫁再赠送给新人家庭。现代家电种类多样,价格不菲,娘家的陪嫁礼品几乎要把新人家庭所用的东西买全,电脑、电视、电动车、冰箱、空调、茶具、围裙、针头线脑、床上用品、脸盆、香皂等,所花费的数额基本与彩礼相当,甚至有时超出彩礼的额度。这时,娘家人大多都是给女儿多陪嫁礼品,不惜倒贴进去几千块钱,只要女儿过得幸福。

关于婚姻中彩礼的研究,国内外学者已经有比较成熟的理论,其中以弗里德曼为代表的"婚姻偿付理论"(marriage payment theory)和以孔迈隆为代表的"婚姻资助理论"(marriage endowment theory)比较受学术界的关注。[①] 国内学者在前面学者的理论基础

---

① 栗志强:《农村男方婚姻支付:性别比失衡背景下的农民婚姻策略》,博士学位论文,南京大学人类学系,2012 年,第 3 页。

上，结合中国婚姻实践，发现存在另外一种婚姻交换方式——"婚姻互惠类型"①。而且中国农村的婚姻交换，正在从传统的"婚姻偿付类型"转变为"婚姻资助类型"和"婚姻互惠类型"②。"婚姻偿付类型"是指婚姻交换中，男方为了补偿女方娘家养育女儿的恩情，以彩礼的形式，转移部分财物给女方娘家。在此理论中，女方被作为一种具有生育价值和劳动价值，可以带来人口和财富增长的礼物。彩礼被视为男方给女方娘家补偿的费用，用以确认女方繁衍后代和家务劳动权利的转移。新娘从一个家族到另外一个家族被用彩礼交换，在礼物交换过程中，妇女的支配权被转让，姻亲之间的婚姻关系被建立起来了。③ 这一理论主要关注了家庭与家庭之间的交换，而忽略了代际间的关系。第二种类型是"婚姻资助类型"，是指婚姻交换过程中，女方索要一定额度彩礼，不能仅仅解释为是对女性父母的物质补偿。在婚姻过程中，男女家庭双方都在花钱，更多是对这对男女新组建家庭的物质资助，也是男方对其家产的首次提取。彩礼和嫁妆在两个家庭间流动、交换，最终作为新建家庭的物质基础。④ 第三种理论为"姻亲互惠类型"，指男方家庭、女方家庭和新婚家庭在一桩婚姻中，结成彼此独立又相互紧密联系的共同体，男方家庭与女方家庭不再是以单线的礼物交换关系，而是一种互惠平等的新型关系。男方家庭与女方家

---

① 熊凤水、慕良泽：《婚姻偿付—婚姻资助—姻亲互惠》，《新疆社会科学》2009年第1期。

② 熊凤水、慕良泽：《婚姻偿付—婚姻资助—姻亲互惠》，《新疆社会科学》2009年第1期。

③ 阎云翔：《礼物的流动》，上海人民出版社2000年版，第190—192页。

④ 阎云翔：《礼物的流动》，上海人民出版社2000年版，第192—193页。

庭以彩礼和嫁妆的形式尽可能地资助新婚家庭建立,在日常生活中,新婚男女双方,对男方父母和女方父母都尽有照顾的义务,三方形成平等互惠的有机整体。这种互惠关系,不是即时回报的交换关系,而是一种长远、以感情为基础的交换,交换的媒介是社会关系和道德责任。① 这种关系是一种父辈与子辈之间的一种财物、感情、权利与义务的转换,超脱了世俗利益的交换关系,在婚姻当中掺进更多的亲属情分。这种理论对婚姻交换的视角拓展得更深更远,对现实社会中复杂关系的解释力更强,也较为适合中国现代的婚姻彩礼状况。

N村的彩礼流动,是"婚姻偿付类型""姻亲互惠类型"和"婚姻资助类型"理论三者的糅合,彩礼是新郎新娘两人的双方父母对新家庭的支助,最终作为新建家庭的物质基础,也是新郎对其家产的首次提取。彩礼在女方家庭向男方讨要的过程,由男方家庭拿出部分的现金作为彩礼赠送给女方家庭,女方家庭接受这部分现金,并作为陪嫁资金又返赠于新家庭,作为新建家庭的物质基础。然而,陪嫁的绝大多数资金来自男方家庭,在陪嫁金额不足时,女方娘家可从自己的财产中提取一部分加入彩礼中,一起陪嫁给新人家庭。总体上讲,陪嫁费用大部分来自男方家庭,而不是来自女方娘家,这种形式实际上是婚嫁过程中,男方家庭对娶到对方女儿后,对女方娘家人的一种偿还。N村的彩礼形式,糅合了上述对彩礼程序的三种理论解释。

---

① 熊凤水、慕良泽:《婚姻偿付—婚姻资助—姻亲互惠》,《新疆社会科学》2009年第1期。

N 村的彩礼程序一般有两种形式:第一种,彩礼 6 万—7 万元(包括衣服+黄金首饰+部分陪嫁现金);第二种,彩礼陪嫁现金15000 元,黄金首饰和衣服另外单独支付。若是第一种,女方会直接向男方要 6 万—7 万元现金,这些钱包括礼金,以及给女方买黄金首饰和衣服的费用。若为第二种,男方给女方端 15000 元现金用来陪嫁电器,女方的黄金首饰和女方的衣服,则男方要另外出钱,不包括在 15000 元里面。N 村的彩礼形式,多数情况下主要为第二种。

关于彩礼的程序,采访 N 村管媒的一位阿姨,她细致地讲述了具体的形式。

时间:2014 年 9 月　访谈人:MWL　地点:N 村广场

访谈 3. M 阿姨管媒多年,熟知管媒的每一个程序和细节。我就问阿姨:"N 村有一种彩礼,女方直接要 6 万或 5 万彩礼,这 6 万的彩礼,包括婚礼中的哪些费用呢?"

阿姨说:"这样的彩礼主要用于买女方的陪嫁物品,比如新人新房里的各种家电,一个彩电就 7000 元,还有冰箱、空调、洗衣机、风扇、电脑等。还包括给男方家每一位亲人的衣服,通常以现金形式返还给男方,2000 元、3000 元、5000 元、6000 元等,根据男方家庭人数及女方的家庭状况而有所不同。这些彩礼中,还包括第二次见面 1000 元、眊家 1000 元、道喜 1000 元等,这些给女方的见面礼。女方与男方制作结婚照的费用,婆家需另外支付,不在彩礼之中。娶亲时,压轿钱 100—200 元,婆家支付,也不在彩礼之中。另外,新娘娶到婆家后,新郎从花车上把新娘抱进洞房,新郎向新娘端 1000 元装新车的费用(根据家庭条件,有些家庭端 2000 元,但至少端 1000 元）。这个费用,也不包括在彩礼中。

"一年以后或两年,男方家里生了小孩,孩子过满月时,女方的娘家还要给男方端礼金 10000—15000 元（现在也有家庭端20000 元现金）。"

阿姨说:"现在姑娘有要 6 万元彩礼的,要 6 万元彩礼后,娘家就给女儿陪 8 万块钱的小轿车,或陪 11 万元的小车。比方,女方向男方要了 6 万元的彩礼,女方的娘家再添 6 万元,买一个 12 万元的小轿车陪给姑娘。这时候,新房里的家电等要婆家来买。婆家就要给买沙发、彩电、冰箱等,新娘子房间里的东西,都得婆家添设。这样的情况,双方不再提彩礼问题,只在娶人时封 40 个包,一个趴羊。活羊现在有时拉,有时不拉,但两个羊前胛必须要拿。我要管媒,订婚时拿羊前胛了,道喜时也拿了,娶人的那天就不拿了。只封 12 个包,两个羊前胛,给男方回一个,再给男方回 6 个包.包必须是双数。"

我继续问阿姨:"现在女方盛行要楼房,要了楼房,彩礼是不是会少一些?"

阿姨答道:"这个是这样。从第一次见面的时候,比方今儿去女方家,别女方就问:'你有楼房吗?'男的回答:'有呢。'现在的丫头,没有楼房不找。这是近几年的风气,大致是去年到今年,N 村的丫头开口就问楼房,没有楼房不找。若有些家庭没有楼房.别丫头就要求租楼房,一直到分到楼房。N 村这几年正规划,几乎恰逢规划占了地的住户,都能分到楼房。分到的楼房,粉刷好,别丫头才把租的房子退掉。不然,别丫头哪里住呢? 必须要有楼房。有楼房这是婆家的事情,别丫头不管。你有楼房,我嫁丫头就行,也不说我彩礼要得少一些、简单一些,也不简单,彩礼照样要。陪小车的,该要6万还是6万,不陪小车的彩礼就是3万、4万。彩礼不讲究单双数,也有4万、5万的彩礼。俺们去年孙女的彩礼就3万,光一个冰箱一万多,洗衣机、电脑等,买完嫁妆,他们爸爸又贴了好几千。贴了就贴了去呗,陪掉,明儿生了小孩,请亲戚姑姑,娘家再给男方端一万礼金。"

(二)彩礼中的纠纷

订婚程序后,男方就要陪女方买衣服和黄金首饰。买衣服的时候,男女双方最容易在价格方面起冲突,这期间,媒人非常关键。媒人调解有方,则婚事中的矛盾随之平息,化干戈为玉帛,婚事继续推进。若媒人无法掌控事态,不能妥善处理男女双方的纠纷,往往一段好的姻缘就此两散,从此天涯陌路。因此,男女的婚事,整个势态都要媒人事无巨细地操心,才能保证一路顺利娶新娘进门,组建起一个家庭。

时间:2014年9月　访谈人:MWL　地点:N村

访谈4. M阿姨告诉我,买衣服时,男女双方最容易在价位上起冲突,这主要由媒人来调解。阿姨说,她管过一个媒,是他们家门的一个小叔子的女儿。小叔子的家庭条件普通,女儿在和男方买衣服时,阿姨特地叮嘱了丫头,最后,买衣服顺顺利利,没起太大冲突。

阿姨说:"前十五六年前的衣服,一件衣服有价值2000元的,那会儿听见过2000元的皮夹克。我们队上的一个丫头,买了一件衣服2000多块,人都羡慕得不得了。说:'谁谁家的丫头长得好,买了一件皮大衣2000多块。'人都吓开了,那会儿的条件,两件衣服就 4000 多块钱呢,人都觉得不得了(80 年代)。从那开始,我管媒时就给他们规定死,大衣最贵要 600 元的,其他两件必须不能超过 600 元,三件大衣呢。这三件大衣,媒人要给说好。市场上的大衣有 2000 多块的大衣,但男方家庭一般,你若要两件大衣就多少钱呢,人就都害怕了。我们那会儿,黄金才要 50 克、60 克、20 克,就是 80 年代,70 年代才要 20 克、15 克,50 克是最多的。我再还没听说过,也没管过这样的媒。现在的丫头都要 100 克黄金,年代不一样。"

阿姨继续说,给家门小叔子的丫头管的媒,在前前后后过程中,双方也没起什么冲突。当时她小叔子在订婚要东西的时候,就对亲家说:"我也不要你 2 万、3 万的彩礼给丫头买东西,东西你自己去买,你们尽心就行。两个活羊,你也别给我拉,一个趴羊你也别往来拿。你给我端多少钱,第二年生了孩子,我照给你端回去。"N 村的风俗,女方嫁过去,生了小孩,做满月时,娘家爹妈要给男方端 1 万、1.2 万、1.3 万或 1.5 万元的礼金,根据家庭,数额不等。后来,阿姨说,小叔子的女儿生了小孩,娘家给端了 1.3 万元礼金。

阿姨说:"我给家门小叔子丫头管的媒,第二次见面看对方说话口齿,男方端 1000 礼金,眊家 1000 礼金,道喜 1000 礼金,总共 3000 元。两个趴羊,两个活羊,60 个包,彩礼 8000,合计 1.1 万元。女方家长给媒人说,不给丫头再买陪嫁东西,让男方自己买,也没什么矛盾。一般男女两家就在彩礼上闹矛盾,意思拿了彩礼,女方娘家没给好好陪嫁。你生下娃娃,别又把 8000 元给你端了回来,这是养女儿的家人的想法。丫头在家也没给我挣什么钱,我要你的，照给你陪过去。端了 8000 元彩礼，生了娃，又给端了回去，就行了。"

阿姨继续讲述她的管媒经验，在协调处理男女双方家庭矛盾中媒人的重要作用，以及他们当时如何处理和化解这些棘手问题。

访谈 5."我们村上的一个姑娘叫芳芳，当时我给管媒，从 5 队管到 8 队。买了一件 600 多块钱的大衣，后来买了一件 200 多块的。买了 600 多块的大衣后，我都回来把那姑娘说了一顿。别姑娘就对我说：'也行呢，大妈，我也不买那么贵。'买上一件贵的，再买上两件差不多的，这就合适。那会儿盛行那种革制衣服，一件衣服就 600 多块，过来那丫头就买了件 100 多块、200 多块的两件大衣，没再管过丫头买衣服超过 400 或 600 块的媒。还管了一个媒，现在别娃娃都 4 岁多了，快上幼儿园了。那个丫头当即买了一件羊绒衫，电视上广告的那种，400 多块，买的衣服中最贵的就是这件 400 多块的羊绒衫。在其他我管的好多媒，丫头买衣服都是 100 多块，200 多块，300 多块，没有买过 500、600 元的衣服。这主要媒人在买衣服的时候，给女方家说清楚，不能太过。我平常管媒，就给女方说，三件大衣，买一件贵点儿的，两件普通的，不能太贵。买鞋也是，三双鞋，买一双贵的鞋，其他两双必须买普通的。管媒你要在两个家庭之间协调，不能出现冲突，出现冲突，你这管媒就是失败的。"

时间：2014 年 9 月　访谈人：MWL　地点：N 村

访谈 6. 阿姨说，她在管媒的过程中，碰见过男女双方因买东西价格问题起争执，最后婚约散开的事例。

那是发生在十几年前的事情，大致在 2003—2004 年，丫头家在N村7队,当时管的对象家在11队,阿姨是媒人。上门确定了女方所要的东西后,两家选定好日子去买黄金首饰。买东西时,男方家里没有母亲,只有两个姐姐,男方的老爸拿的钱,一家三人陪小伙子去给姑娘买黄金首饰。到了金店,一行人便仔细挑选。这位姑娘看上了其中的一枚戒指,结果男方家人不同意,没有给买。男方的两个姐姐选了一枚戒指,示意让女方买,女方不喜欢。应该是女方选了枚克数大一点的戒指,而男方的姐姐选了克数小的戒指,强迫女方买小戒指。三下两下,丫头的舅舅和小伙子的两个姐姐吵起来,几乎在当场直接打起来,店里的保安拢过去劝说,整个场面乱成一团。这场闹剧使得这桩婚约难以弥合,最后,没有再选购任何东西,两家人憋了闷气回来,回到家里后,双方便散了婚约。

阿姨说:"你说,遇到这样的事,婚事还能成呢不? 在我管的媒中,别娃娃没嫁到你们家,买黄金的时候,你看啥买啥。我看上的,你不给我买,能行不? 你说你今天看不上这件衣服,姑子①强迫买给你,你穿呢不? 别娃娃不买手链,买个手镯,或看上个大一点的戒指,买60克黄金,就这么一样样子,不能多。为这个,三下两下吵起来,差点打起来,回来就散掉了。你说俺们农村的婚姻是不是有点包办了,姑娘小伙子两个人还没怎么扯过磨呢,随便过去搭个话,双方婚约就定了下来。你说刚才那个姑娘,家也眊了,所有婚约程序几乎都走了。从那个事件以后,我再不听男方家里的意见,姑娘要啥你给人家买啥,因为我管了几十个媒,没碰见过这

---

① 姑子:N村方言,指男方的姐妹。

种事情。当时，我就把男方拿的啥东西都给退了，糖、茶等一概退掉，就散了。当时女方买东西的时候是舅舅和舅妈陪同，男方是小伙子的两个姐姐，老公公装的钱。俺们这里人，啰唆得很，买东西时，有专门拿钱的，如老公公、姐夫、舅舅、姑父等男性长辈，有专门瞪衣服的，如姐姐、兄弟、姑妈等。俺们管媒的人也还得随上，俺这几年，不去看着买衣服。"

M阿姨讲述了她曾经管过媒的几个案例，关于男女在婚约中买东西时的矛盾纠纷。彩礼涉及两个家庭的经济财富，因而在商议彩礼的额度和给女方买衣服首饰的过程，是两个家庭较有争议的地方，这时媒人作为中间的仲裁人，在平息争端和矛盾中有重要作用。有经验、处理事情有技巧的媒人，会有效化解矛盾纠纷，继续推进婚事进程，最终撮合成一桩婚姻。就像M阿姨，在女方买衣服之前，就叮嘱姑娘不能不考虑男方的经济实力，漫天要价，无限制地选择高价位衣服，从而引起双方矛盾。因而，媒人在婚姻家庭构建过程中有很重要的作用，他们利用既有的智慧和经验一步一步地推动新人缓缓步入婚姻礼堂，组建起一个新的家庭。

（三）彩礼中的温情

尽管N村的彩礼商议过程也充满矛盾和纠纷，但彩礼和礼品的流动方式也充满温暖的情意。

时间：2014年9月　访谈人：MWL　地点：N村

访谈7. 有一天，再次访谈了M阿姨，她给我继续讲述她管媒的故事，以故事的形式给我呈现N村婚姻婚事的程序和细节。

"俺给俺们侄儿子管的媒，我们侄儿子（阿姨陈述事件中女方的家长）说：'婶婶，你给我管媒，我不希望要多少钱。不论是5万彩礼呢,还是6万呢,还有给丫头买衣服的1万或2万。这些彩礼我都不要,也别给我端钱。彩礼端给我,回头还得我去买家电陪嫁。干脆让男方自己去买自己称心如意的家具,岂不省好多矛盾,也省得我这边操心。'我说:'行呢。'我过去就给别男方家说了。我给别男方说:'那家亲戚说了,别不给你拉上车买东西(家电)去了,你们自己买去,你们称心就行。这样你们就不用给女方端彩礼,就封60个包。既然女方家里不要端彩礼,那就把封包和趴羊等礼品全折合成钱。'若要是不折合成钱,男方还非得拉两个活羊,两个趴羊,砍两个羊胛子给女方做大礼。"男方家人一听媒人传递出女方如此通情达理的要求,非常高兴!之后,新人的家具都是男方自己购买,少却了很多彩礼纠纷。

另外,N村里有规矩,嫁人那天,男方给女方要拿两个羊胛子,封40个包作为礼品。男方送到女方家的羊胛子和封包,当男方娶亲返回时,女方家还要返回给男方一个羊胛子,6个包。道喜时,男方给女方家拿两个羊胛子,或者趴羊,在男方回家时女方仍旧得回返男方一个羊胛子,6—8个封包,这已是村里的老乡俗了。

从上述材料看到,N村嫁娶姑娘中,女方的娘家往往贴钱陪嫁。但大部分的家庭都不太在意给女儿倒贴多少彩礼,他们考虑的多是儿女日后的幸福。访谈过嫁娶女儿的家庭,也都说:"唉,贴了也就贴了呗,毕竟是自己的女儿!"即使女方向男方要了2万—3万元的彩礼,但婚礼中陪嫁的各种家电数量多,价格高,彩礼的数额往往还是不够。另外,女方出嫁时,给男方家的每一位家庭成员买衣服的费用,也价值好几千。出嫁当天的待客宴席,同样花费不会少,这些费用早就超过男方彩礼的补偿。M阿姨说:"光说要几个钱,你给我装人,我给你装人,来来回回,啰唆不?"其实,N 村的婚嫁风俗习惯,不是商品交换或经济交易,而是一种礼仪或情感互动。正如在《西太平洋的航海者》一书中马凌诺斯基研究当地居民中通行的一种"库拉圈"的交换风俗。这种交换不都是源于经济目的,而有时是一种建立并维持友谊的方式。① N 村的婚约程序中,女方通常礼仪性地要几千、几万彩礼,但在出嫁的当天,女方家长又会以陪嫁的形式把彩礼返还给男方。陪嫁东西的价值,与彩礼的数额基本相抵。彩礼从男方家以货币和财物的形式流动到女方,女方的娘家并不会把男方的彩礼自行消费,而是以等价的陪嫁,重新返还到男方家庭。彩礼经过一系列繁杂的程序,做了一个闭合循环,如同行使某种使命一样。为什么彩礼以基本不变的数量能够在一道道程序中流通循环,这样有什么样的文化含义呢? 每一种社会行为都会有其运行的规律及行为后蕴含的文化意义,N 村的彩礼同样有深刻的社会关联及文化含义。事实上,N 村的彩礼不是源于经济目的,一样的东西,在不同的对象间传递,是在传递着 N 村的礼数和亲家之间的情感,并维持着一种礼仪和社会关系。包括男方给女方贺礼中的封包、趴羊、羊前胛,男方送至女方家,女方家保留其中一部分,之后这些礼物又以回礼的形式重新返还给男方。比如,当天拿给女方的趴羊,在女方家礼仪性地放置一晚,第二天,趴羊又返还给男方。这让许多媒人颇嫌麻烦,与其这样来来回回送来送去,还不如送的时候就说好把返还给男方的那份礼品不送了,免得拿来返去麻烦。殊不知,同样的礼物

---

① [英]马凌诺斯基:《西太平洋的航海者》,华夏出版社 2002 年版,第 1 页。

由不同的对象赠送,就有不同的含义。N村的婚嫁彩礼传递过程中,不只是经济性或物质性的交换,而是一些无形的、隐性的礼仪和情感的流动和交换,这种礼仪维持着一种稳定和谐的人际关系,也是稳定婚姻的精神力量。

N村彩礼在男女双方家庭之间流转循环,传递着N村人的社会礼仪和人文关怀,他们不是不喜欢巨额的彩礼和贵重的礼品,而是他们觉得物质和金钱背后有更重要的东西,他们在乎的不是看似贵重的金钱,而是金钱后面隐含的人情和尊严。这些隐性的东西,对于N村人来讲,比金钱更珍贵,因而会形成这样一种早已被N村人默认的彩礼模式。

三、初婚管媒的年龄和季节

关于N村初婚管媒的季节和年龄,我采访了N村一位老人,他的妻子是一位资深的媒婆,采访录音如下:

时间:2014年7月　访谈人:NCS　地点:N村7队

访谈8.

问:"叔,阿姨(指访谈人的老伴)每年闲了就给人管媒吗?"

答:"嗯,一个冬天都在管媒。冬天人都闲,一过三月份,女的也就嫁不出去了,男的也就找不上了,就完了。主要在冬天,十月到第二年的二月,就在这几个月。冬天一闲,东西能搁住嘛,天一热,东西搁不成,也不找对象。一般像你们学生,在餐厅包桌呢。"

问:"冬天结婚是因为东西能搁得住吗,叔?"

答:"嗯,冬天剩下的馍馍呀,剩下的菜呀,拿回来都可以吃嘛。"

问:"叔,管媒主要集中在冬天吗?"

答:"嗯,10、11、12、1、2月这几个月,一过三月,女的也就嫁不出去,男的也就找不成了,这个也有个时间呢。"

问:"叔,这边孩子大致在什么年龄找对象?"

答:"男的最大也就是23、24岁,女的也就17、18、19,女娃娃二十多岁,二十出头,是大丫头了,也就找对象难了。"

叔叔继续说:"吴忠那边的丫头,15、16岁就可以找对象结婚,一过20岁就难。过了20岁,找对象难,基本上是老姑娘了,男方嫌弃呢。N村现在的丫头,顶多也就20岁,男的顶多23岁,就已经算很大了。男的年龄大了没人笑话,女的年龄大了有人笑话呢。

"有的书没念成,在家里。年龄小,她就在家里干活,就不出外。现在找对象,比方打工的,歌舞厅呀、餐厅呀、端盘子呀,干啥,人杂。男的还可以,女孩子就不敢放出去。别有的人找对象打听好,就不敢找她们。"

问:"叔,咱这村子里丫头结婚年龄最小多大呀?"

答:"也就17、18岁。"

我还采访了N村商业街的一位园林工人,他是N村人,60岁。他对N村管媒的风俗也非常了解,关于初婚管媒的年龄,他给我谈了较多细节:

访谈9."婚嫁的娃娃年龄小,但也不能放得太大了,一般情况就在18到19岁就要结婚呢。一过20岁,好主儿(好小伙子)就上你们家门少了(指上门求亲),不来你门上求亲,嫌你年龄太大了。一般也就17、18、19,好女子16岁就可以登门求亲了。一般村子里对于好女子的标准有:年龄(16岁)、长相、身材、面貌、娃娃的性格、稳重等这几方面考虑。一过 16 岁,你家的门,今天踏来,明天踏去的,络绎不绝,这是本村的情况。外村的还要经过亲戚,'谁谁家有个好女子呢,有个好姑娘呢,娃娃年龄呀各方面都还不错。'外村的也来,今儿你来,明儿他来,都来求亲。你要年龄大一点就不行,在过去来说,20 岁的年龄是比较好嫁的,但现在来说不好嫁。现在别人都想说个 16、17 岁的姑娘呢,20 岁的娃娃轻易不好找对象,更不要说 22、23 了,22、23 岁的姑娘更不好找。年龄大的这种情况,或许是女方挑男方的毛病,或许是挑男方的家庭,婚事不成,所以女方年龄渐大。或者,男方交往一段时间后,中途也不知看到女方有什么缺点呢,就把她抛开了,就不找了,导致这个女的,一年推一年,就推到 22、23 了。这个年龄,特别难找,几乎嫁不出去,即便嫁出去也是嫁给离过婚的男人。"

N 村的女孩子辍学后一般待在家里,帮家里做点简单家务,到了婚嫁年龄,便结婚成家。在 N 村,最好的女孩子是行为端庄周正、节制内敛的乖女孩,这种女孩子,是 N 村求亲的最佳人选。N 村年轻人的婚嫁年龄一般在 20 岁左右,女孩子大致 17—19 岁是婚嫁的最佳年龄,男孩可以稍大一点,一般在 23 岁以下为好。由于农村的日常生活按照农时确定,对于种田的人和打工的人而言,冬季是比较闲暇的时间。因此,N 村的婚嫁时间也非常集中,只在农闲的冬季 10—2 月份的这五个月中。一年中的其他时日,人们比较繁忙,媒人也忙,约定会面的年轻人也很忙,举办婚礼和走亲访友都会非常忙碌,因此,N 村的管媒季节集中在冬季的时段。

四、请媒的标准

（一）好媒人的标准

N 村人请媒人有自己的准则，为了给孩子们找到好的家庭，家长对媒人是有选择的。什么样的媒人才算是好的媒人呢？在一次采访中，问及请媒的标准，村民都有一种大致相同的衡量尺度。以下是在 N 村商业街采访一位园林工人的谈话记录：

时间：2014 年 7 月　　访谈人：一位姓马的园林工人　　地点：N 村商业街

访谈 10. 一天，访谈了一位 60 多岁的叔叔，问 N 村人对于婚礼中媒人的标准有什么样的看法。问："叔，咱们这边请媒人是不是也有一定讲究？一般请啥样儿的媒人比较好？"

答："一般请老实、可靠、实在的人，撒谎的人不会请。另外，不了解对方及对方家庭条件的人，也不会请。刚才我说的这种情况也有呢，比方说介绍人（媒人），他既不了解你的家庭情况，也不了解我的家庭情况，只看上我家有个儿子，你家有个女子，两个人也还差不多，他就给你挖空心思地把儿子和丫头俩人组成一个家庭。后来，这个家庭过不长就破裂了，离婚了。这种媒人，他主要是为了主家谢媒时的礼金。他（媒人）一天挖空心思、各里四处东奔西跑，把两个人只要配成一对就行了。他不管你结婚后生活过得好与坏，也不管你结婚后生活过得穷与富，更不管你两人能否白头偕老呢，还是什么。总之，他不管你当事人那么多，他只顾他的物质利益。他把男女两人牵合圆满婚结了以后，只要拿到他应得的谢媒礼金就行。这种情况，俺们村子也有。"

从上面的访谈材料可以看到,在 N 村村民的眼里,媒人最主要的品质是老实可靠,不撒谎。若媒人有这样的品质,依靠媒人传递信息的当事人家庭能够获得比较可靠的信息,可以真实地了解对方的家庭及对方的性格,从而为儿女选择一个较为满意的家庭。随着社会发展和科学知识的普及,N 村人眼界逐渐开阔,不再寻思着在本村找婚姻对象,而更愿意在周围附近别的村落寻找婚缘,这样的选择主要考虑到生育下一代儿女的健康质量问题。因而,媒人传递的信息,对他们了解对方家庭非常重要。一个资深媒人,他们对双方家庭都非常熟悉,只有这样,婚姻当事人才能够从媒人的话语中了解到关于对方家庭的更多消息,也才能够更好地把控婚姻的趋向。

（二）好女孩与好男孩的标准

关于 N 村人对于婚嫁对象中的好男孩好女孩的标准,采访了N 商业街的一位园林个人。这位园林工人也曾受亲戚嘱托管过媒,对于媒人及家长来说,什么样的女孩、男孩才是他们心目中最好的择偶对象呢? 以下便是访谈内容:

时间:2014 年 7 月　访谈人:一位姓 M 的园林工人　地点:N村大道路边

访谈 11.

问:"叔,在咱们 N 村,找对象时,好姑娘应该是什么样的标准?"

答:"好姑娘,先说她本人,首先应该是本分、守妇道、最稳重,这是最主要的第一关。第二关,看女方的面貌、身材、五官。第三方面,还要看女方的父母亲,家庭条件如何,外面的影响如何,主要就把这三关,其次都是一般的。女娃娃疯疯癫癫地,今天也出去,明天也出去,三出四出的,外面人都知道了,'谁谁家这个女娃娃,今天在街上转着呢,明儿在街上转着呢.'影响闹坏,就嫁不出去了。无论你这女娃娃长相再好都不行,好家庭都不会上你门求亲,那个名声是最主要的。"

问:"那在 N 村人的眼里,好男娃娃的标准又是什么?"

答:"好男娃娃,按现在来说,第一,不抽大烟。第二,不要赌,不沾赌,不要麻将。第三,不在外面今儿领个女朋友,明儿领个女朋友,也就是老实、稳重、可靠。第四,家庭经济条件,家庭老人在外界的影响呀,所作所为呀,基本上也就这么几关。"

择偶是人的选择,也是人品和道德的选择,N 村人们心目中的好男孩、好女孩,都必须具备人品的优质特征,本分、老实、可靠,也是社会道德的核心价值标准。人们选择配偶的过程,无形中也在维护着社会的道德准则,使得人们的行为沿着规正的方向伸展。

第二节　媒人的谢礼

媒人是乡村世俗社会中一个普通群体,也处于生存竞争的困境,同样处于商品经济的利益诱惑之下,因而,他们有追求物质利益的世俗诉求。追求婚姻管媒中的谢礼,是媒人这一角色存在的个体微观层面的主要原因。

N 村村落,有两类媒人,一类是业余媒人,一类是职业媒人。业余媒人具有任意性和不稳定性,原则上村里的任何一个健全的人都有资格和机会当媒人,只要婚姻当事人愿意邀请。业余媒人通常有自己专职的工作,或经商或种田,不经常做媒,偶尔受熟人相托才临时充当这一角色。他们不以管媒为主要工作,有些业余媒人或许一生就只管过一次媒。职业媒人日常的主要工作是寻找机会给人做媒，其主要的生活来源也依附于管媒中的谢礼，可以说，追求婚姻管媒中的谢礼，是职业媒人主要的动机。职业媒人一辈子专职管媒，角色性质固定，目标明确，成为村落社会中特征鲜明的一类群体。

N村管媒，有一套传统的礼数。首先，请媒。需要媒人撮合婚姻的男女家庭备一定的礼品，登门拜请媒人，请求媒人给自己管媒。其次，管媒。被邀请的媒人，在自己熟知的亲友圈里搜罗合适的婚配对象，牵线搭桥，完成婚约。最后，谢媒。媒人经过多日说合完成婚约，结成夫妻，男女家庭备重礼拜谢媒人。经过此三步流程，媒人管媒的礼数完成，一个新的家庭生成。

一、请媒

请媒是乡村的一种传统婚姻礼仪，古代就有"明媒正娶"的婚姻文化习俗。中国是礼仪之邦，重要的事情都非常讲究仪式。婚姻是人生很重要的一个阶段，因而人们通常要隆重地、光明正大地邀请一位有经验、有名望的人作为媒人成就一对新人结亲，以显示对婚姻家庭的重视。请媒，在某种程度上，是对媒人的尊重，反过来，也让媒人重视主家的嘱托，把婚事办得更好。关于N村请媒谢媒的礼俗，采访了N村的职业媒人N叔。

时间：2014年8月　访谈人：职业媒人N叔　地点：N村4队

访谈12. N叔说，旧社会请媒，都要提一些礼品，如糖、茶，打点羊肉，请亲识的人给自己做媒。"为啥呢？这个东西要给别说话去呢，左一趟，右一趟地跑路呢。管成了，是你的喜，管不成了，你总不叫别白跑路吧。你不给别人打个脚①,别人心里能舒坦吗?""哼,这人咋就这么没良心呢。我给他跑了路,他竟然连一毛钱的啥也没给。"

无论管成功,还是没有管成功婚事,请媒人的一方都要谢媒,毕竟媒人也是实心实意、辛苦地在男女两家跑了很多趟。管媒成功后的谢媒需要备一份重礼,管媒没有成功,只是略微表示一下谢意即可。无论如何,这当中的礼数要做到。乡村家户之间走动,尤其在婚姻的诸类事情中,礼数很重要,礼数不周,往往一点儿小事,便可让费心多时的婚约功亏一篑。

访谈 13. N 叔说,现在社会的管媒,连手机费都不给,街上见了面,甚至一声谢谢都不给你说。有的人见了面还会调侃说:"你现在牛起来了,好像谁不给你买礼品,不到你家炕沿边上请你,你就不去管媒。"N 叔说:"当然!"媒人管媒,一定得人家上门邀请管媒,这样的媒就好管多了。别人不邀请你去管媒,你若硬给别人找着说媒,事情便不太好办。往往你在这边给别人撮合,别人待理不理,或许还会去别的地方相亲,完全不配合。这种情况显得媒人低三下四的毫无尊严,让人瞧不起,对方也不珍惜相亲的机会,这样的媒失败的可能性很高。N 叔说:"管媒,要让别人奔着你来,你这个媒就好保,你不能嘴低低的供着他。"平常,村里有人也会对 N 叔说:"你听到谁的儿子长大了,你去他们家搜搜吗?"N 叔说,早在十几、二十年前,他会去问人家管媒,因为那个时候家庭比较贫寒一些。管媒成功后,主家给媒人买个鞋也好,买 1.1 米的一段布

---

① 打个脚:N 村方言,指感谢一下。

料也好,总算是有一条裤子穿。

请媒,通常要买一些礼品,表示诚意,媒人才肯尽心尽力在熟人圈中为主家搜罗到好的姑娘,这也是对媒人的一种尊重。有些当事人找对象时,心目中完全没有任何线索,全凭媒人动用他的资源去为他们搜寻合适的婚配对象。有些人在请媒的时候,已经选中了目标,需要一个中间人牵线搭桥,协商处理婚姻中的一些问题,才会聘请一位德高望重、善于处理婚姻事务的媒人,为婚姻做一些铺垫。而且,在社会生活中,无论男女双方如何私自约定婚约,在缔结婚约这件事情上,最终必须征得家长同意,并聘请媒人在众多的亲房邻居们面前获得公认,才能算正式结婚,否则,婚姻不被承认。

访谈 14. N 叔说,有些大学生在外面上学的时候,早就有合适的对象,但按照 N 村的传统习惯,他们也非得请媒人做中间人不可。因为,婚姻事实上是两个家庭或家族的交往,不只是男女两个单个个体的感情问题,它关涉的东西远比感情更多,也更为复杂。两个年轻人之间的事情,容易解决,条件好一点,可以多买点东西,条件不好,可以少买一些东西,两个人苦一点、累一点也没有太大的问题。但家里的老人并不这么看待年轻人的婚姻,他们有他们的行为逻辑。N 叔告诉我:"还有一些大学生,自己对象找成功,也非得请个中间人。把两家该要的东西,该说的东西都说清楚。别年轻人自己办婚事,经济大了多买点,经济少了少买点,俺两个人苦着,慢慢再攒钱,也还能过得去。可老人就不行了,老人们非得把没有走的婚姻程序走一遍才行。比如像俺们农村,婚礼中女方要 100 克黄金,还是 80 克黄金,穿的衣服呀,家电呀都要说明白。结婚时，女方要的彩礼，我们不说是把男方家榨穷，但也要的东西都八九不离十，一家比一家要的东西多，你这个媒人在跟前要把这些事情摆平。"

在农村的婚嫁过程中，女方一般向男方要较为丰厚的彩礼，有时候几乎会让男方家一贫如洗，再借一大笔外债。在这种不合理的风气之下，媒人是个很关键的角色。他会在双方家庭之间协商，适当满足女方的条件，也不让男方家庭因此而无法生存。媒人的一张巧嘴，往往能为男方挽回好几万元的财物损失，因此，通常男方很重视请媒。请一个什么样的媒，对婚姻成败和彩礼多寡有很重要的作用。多数情况下，婚事中的媒人是男方邀请。但有些时候，女家一方会请人管媒，但这只是特殊情况下的急需。比如女方年龄偏大，或本身残疾，或家庭情况特殊等，才主动请媒人协助成婚。

因此，媒人在农村婚姻中的角色是多重而复杂的，在婚姻的生成过程中，起到不可轻视的重要作用。首先，农村中的媒人有丰富的适龄婚嫁对象资源，可以弥补单个家庭在有限的范围内搜寻目标的困境。在中国传统观念中，家庭的传宗接代和儿女的成家立业历来是头等大事，也是为人父母身上的一份责任。这样重要的事情，必须邀请经验丰富、人脉广博的专业媒人来为家庭寻找到温柔贤惠的婚配对象。否则，未来找不到放心持家的儿媳，儿子落单，家庭灾难就不远了。其次，媒人不但社交广博，而且善于言辞。家庭之间的经济纠纷、心理纠纷他们都会巧妙化解，妥善调节婚嫁两家的关系，让他们和和气气结为亲戚。再次，秉承中国"明媒正娶"的婚姻文化，婚礼中邀请德高望重的媒人，会显得场面更加隆重、体面、合法。因而，从文化层面和社会功能关系层面而言，媒人在婚姻中都有着重要的角色地位。

二、谢媒

农村乡里乡亲之间的交往，讲究"礼数"。在寻找婚配对象之前，要"请媒"，婚约缔结完成后，要"谢媒"。

依照乡里的礼数，一旦请了媒人，无论最终的结果如何，都要谢媒。谢媒分为两种情况：第一种，请到媒人后，经过媒人的竭力说合斡旋，这桩婚事最终顺利成功。这时候，男方家和女方娘家都要备份厚礼，去媒人家里当面道谢。谢完媒人后，新人小两口开始过自己的小日子，与媒人的关系基本终止。第二种，请到媒人后，由于诸种原因，婚约最终没有达成，男女双方分散。这种情况下，女方一般不会去谢媒，男方常常是请媒的一方，因此，男方需要稍备一份礼品面谢媒人。这时候谢媒的礼品比较简单，属于礼节性的一般物品。

N叔告诉我，过去谢媒比较简单，管媒成功后，给媒人称点糖、茶，买一双布鞋、一双袜子。随到后来的谢媒，一般是给媒人买一段1.1米的布料，称点糖、茶。N叔说："1.1米长的一段料，刚够一条裤子。身材高的人，这段布料不够裁缝一条完整的裤子，裤腰边还要添一截其他的布料才能缝制成一条能穿的裤子。"若主家谢媒的布料不够缝制裤子，一般得找个熟悉人，在裤腰上再加一截布料，勉强缝成裤子。裤腰上添一截其他的布料，因裤腰遮在衣服下面，不会有什么外观影响。这种状况也是岁月艰难时，媒人的度日生计。后来社会发展，开始给媒人端现金答谢。根据社会发展状况和个人家庭状况，谢媒的钱在不同时期有不同的额度。有60

元、80 元、120 元、150 元，后来发展到 200 元、300 元，现在通常是男女双方各端 500 元的谢礼，再称点糖和茶，送几个婚礼上封的干果包，或给点宴席上用剩的鲜肉或熟肉。偶尔给家庭富裕的亲戚管媒，也会端 1000 元作为谢媒的礼金，这种情况只属于个别。

访谈 15. 有一次，坐在 N 叔家的炕沿上，N 叔告诉我："那会子谢媒就是买一双鞋，买 1.1 米段子料，不给钱。早先的谢媒主要以买鞋为主，'媒人跑烂鞋'嘛，一米布才九块钱、十块钱。那个时候，社会不发达，没有什么高档布料，就这种料子布。现在社会发展了，谢媒端 500 元，可还有人端 200、300 元。就像现在的社会，你想请个有钱有势的人管媒，别不给你管媒，别还嫌麻烦。我这就是，一方面老了，另一方面自己也闲着，跑着弄个茶钱，弄个零花的钱。再管上一两年我也就管不动了，也不管了。"

媒人的谢礼，与婚约当中的彩礼，都随着社会的发展在变动。在某一段时期，它遵循着市场规律，稳定在一个准线，这一准线由当前的社会发展水平决定。谢礼的额度在不同的时期，围绕这条相对稳定的准线高低浮动。因此，媒人的谢礼，也遵循着市场规律的指挥，受人民生活水平限制，在一定程度上，它也是人们之间一种简单的经济关系。

访谈 16. 对于谢媒，N 叔是这样说的："按照礼数，谢媒一般男女双方家庭各端 500 元。前年有人造谣说我向人家要钱，我从管媒开始到现在从没有要过钱。我给俺们那边的李某某管了一个媒，两家谢了 100 块钱，我还催要了几次呢。腊月二十六管的媒，5月二十九号才给我 100 块钱。"原来，N 叔给李家管的这个媒，家庭比较特殊。这个男孩的父亲是个傻子，还有精神病，经常在街上的凉亭或广场从早坐到晚上,从春天坐到冬天,一直不回家,露宿街头,捡拾垃圾箱里的脏东西吃。家里人有时候给买点馒头或饼子,吃完照样不回家,在街头露宿。这个人高高的个头,微胖,胡子一寸多长,头发乱蓬蓬的,面貌并不丑陋,我也经常在N家新村的北门凉亭见到,他时常一个人若无其事地坐着。据说,这个人以前没什么病,人也很精干、很聪明。后来媳妇离了婚跟人跑了,他到岳父家里论理,让岳父家里人打了一顿,伤到了头部,加之离婚受到的伤害,回来之后,他便傻了,疯疯癫癫,在街上乱跑,不再回家。生的儿子,现在已经长大,在外面给别人开大车。

提起这桩媒,N叔说:"你说给了100块钱,我也年龄这么大了呢(N叔当时将近70岁)。虽说他们两个叔叔请了我吧,最后却一个推一个。人一穷,也收不了多少礼(婚礼上的礼金),宴席上买肉,请厨子,从王团到N村,六七十里路的车费,个人又没有亲骨①,也挺困难的。女方那里连一毛钱,连个糖球球都没给呢。女方这边,上门的时候提了两个羊胛子,最后又一个趴羊,道喜又一个活羊,又是封的包,都没给我一斤糖,连一个包都没给我。我还给女方的姨妈在市场上买东西时,还说过几次呢。"女方的姨妈最后说:"还是算了,别家人说,买东西的时候你没去,买的东西不好。"N叔说:"他们两家买东西的时候不喊我,我总不能说:'走,你们两家买东西去。'我是谁啥!你们又不叫媒人去。"

有些时候,N叔没有管成的一些媒,这些请媒的家庭依旧给N叔提来了礼品,以酬谢媒人的辛苦跑腿和牵线搭桥。N叔没有管

---

① 亲骨:指至亲的人,通常指父母等亲属。

成功的媒中，其中一家因女方不同意这桩婚事，女方的父母也不同意，最后这个媒就失败了。相亲时男方给女方家里称的一大包糖，女方家把这些退还给媒人，让媒人再退还给男方。N叔便把退还的糖送到男方家里，男方的家长说："大爹，那你喝去。"男方的这家人与N叔家沾点亲戚，因此喊N叔"大爹"。男方家长这样推让，N叔便把糖提了回来。宁夏人喜欢喝茶，在茶里加白糖、冰糖、枸杞、红枣、芝麻、桂圆、核桃仁、花生仁等，做成香甜的八宝茶。因此，婚礼上糖、茶和干果是必备之物，半斤或一斤包装成的干果封包，同样是婚礼中男方要给新娘家送的重要礼品。普通家庭，糖茶是招待客人的上品，一杯糖茶，拉近了多少亲友间距离。平常居家，N村人也喜欢喝糖茶。N叔同样喜欢喝糖茶，平常家庭喝的糖茶，没有太多的讲究，糖是必须加入水中的，偶尔加一两颗红枣。N婶（N叔老伴）说，去年给村里管的一个媒，最后也没管成。男方的小伙子经营着一家油坊，便给N叔提了一壶油，N叔一家人吃了大致一个多月。有些人家也很体谅媒人的辛苦，"别这个老爷爷辛苦呢，多少称点喝的（指糖和茶）。"有时候，管媒成功后，主家会给N叔送点宴席中用的肉，再称点糖、茶，送一些馍馍之类。

媒事中的谢礼在一定时期有某种共识的规格，如早先的"布鞋"，后来的"1.1米段料"，到现在的"500元钱"，是某一时期固定的谢媒规格。"布鞋"和"1.1米段料"可以有价位的高低和品质的优劣，但总体谢媒的礼品都为"布鞋"和"1.1米段料"。现在谢媒原则上端500元，有些人会端300元，也有极少的亲戚会端1000元，但村民普遍公认媒事的谢礼为500元，谢礼的额度总围绕这一标准浮动。这种情况与市场经济规律中的价格波动规律相似，谢礼中也有这样一个标准规格,这一规格呈稳定状态,一定时期保持不变动。现实中普通民众的谢礼有多有少,但总体围绕固定认可的标准规格上下浮动。谢礼也随经济社会发展而变化,由最早的"一双布鞋"到"1.1米段料",到现在的"500元现金",也体现了经济的发展和社会的变迁。

第三节　彩礼中的"库拉圈"

英国著名人类学家马林诺夫斯基在其名著《西太平洋的航海者》中,考察了新几内亚东边的跨岛群交易圈。岛上的土著人时常进行着一种手镯和臂环的交换循环,被交换的这两种物品不具备实质上的功用,但土著们却愿意冒着相当的风险进行这种无限循环的交换。在多数外人的眼里,土著们的行为难以理解,不符合常理,事实上,人类学家马林诺夫斯基通过在岛上长时间的观察,发现土著们这种看似毫无意义的交换,实际上大有意义。岛上土著无限循环的这种交换,依赖于彼此间的信任,而这种信赖的原动力其实是为了其他生活物资的交换。由于各岛之间物资有限,彼此间依赖程度较深,库拉圈的交易过程实际维持着彼此间的相互信任感,进而使其他更广泛的交易成为可能之事。马林诺夫斯基对新几内亚土著岛民的库拉圈研究,使人类学对物质交换的研究从经济的动机中脱离,开始关注人类的交换过程中涉及的一些非物质的交换。新几内亚岛民之间的库拉交换,并不是出于一种经济动机,而是在交换中建立起一种信任度和交往的秩序,在这一平台之上,进而发展出一些其他的交换关系。

在对本书的田野调查地点——N 村的调研过程中,发现在 N 村的婚嫁彩礼关系中,也存在着一种形似库拉圈的交换关系。

一、N 村男、女双方家庭中彩礼的收支逆向关系

自古婚姻嫁娶过程,都伴随彩礼的流动,但在不同的地域,彩礼的表现形式和在婚嫁过程中所起的作用却呈现出不同的样式,使得各地域的婚嫁风俗多式多样,确切地印证着古代的一句俗话:"百里不同风,千里不同俗。"

在宁夏南部地区,特别是农村,女方对彩礼的数额要求较高,有时让男方家庭一贫如洗,负债累累。目前宁南地区的彩礼,大多在 7 万—15 万元之间,这一数目对农村普通家庭来说是一笔不菲的数额。而且,高额的彩礼由男方家庭以现金形式端赠给女方家庭后,绝大部分的金额都由女方家长保留,给女儿返陪的嫁妆却数额较少。通常没有大型电器,而只是一些被褥脸盆之类的小件物品,折合现金大致几千元左右。这些数额较大的彩礼,悉数被女方家庭独吞,留作己用,而男方家庭却在婚姻嫁娶中砸锅卖铁、举步维艰。因此,在当地会有这样的现象,有多个女儿的家庭,一定在女儿们的彩礼中赚得盆满钵满;而有多个儿子的家庭却一定在娶儿媳妇中操劳了双亲;儿女均衡的家庭,往往在嫁女儿的彩礼中"狮子大张口",然后把女儿的彩礼小心翼翼存放起来,准备再给儿子娶儿媳妇。他们知道,他们的儿媳妇肯定在彩礼中也是"狮子大张口",彩礼将一样会是一笔让他们咂舌的费用。通过女儿彩礼来填补儿子彩礼的空缺,完成自家彩礼的平衡式积累。

N 村的彩礼形式完全与宁夏南部山区不同,本章详细讲述了

N 村婚嫁过程的程序以及彩礼的基本形式。在其中我们看到,在男女婚嫁过程中,女方彩礼的数额,在娘家人给女儿的陪嫁过程中返还了回去,甚至有些家庭的陪嫁数额远远超过了彩礼的数额。用 N 村人的话说,就是"嫁女儿倒贴了去"。这样的彩礼形式到底是什么样子的? 与宁夏南部山区的彩礼形式在本质上有怎样的区别? 在 N 村婚姻中,这样的彩礼形式有什么样的作用? 带着疑问,我们来逐渐解剖 N 村彩礼形式及其本质的意义。

摘取 N 村婚姻程序中的一些原始资料分析。

表 3-1　N 村婚姻程序中彩礼数据

名称	男方→女方	女方→男方
第二次见面	男方给女方见面礼 1000 元	
眊家	给女方端 1000—2000 元或 1000 元+一部手机或 1000 元+一个银手镯	
道喜	1. 彩礼:1.5 万—1.6 万元左右(彩礼的 1.5 万元由男方端给女方,再由女方买陪嫁的东西如家电,包括电脑、冰箱、洗衣机、彩电、摩托车等,现在有些家庭还给女儿陪小轿车。这些东西在不同时期和不同家庭之间都约略有别,但至少娘家的陪嫁要买上基本的电器。嫁人的当天,毛毯、被子、茶具、床单、被罩等很多家里使用的东西都由女方陪嫁买来) 2. 黄金:70—100 克(折合人民币 2 万—3 万元) 3. 衣服:三身衣服(三件大衣、三双鞋、三件毛衣等) 4. 男方给女方端 1000 元	1. 女方家给男方家端 2000—5000 元,用来给男方家人买礼物 2. 女方家给新郎买一身衣服(包括鞋、衬衣、领带、内衣内裤、袜子等) 3. 女方给新郎买 10 克左右的黄金戒指

续表

名称	男方→女方	女方→男方
孩子满月		女方娘家给孩子(男方家)端1万—1.5万元现金

　　N村的彩礼一般有两种形式:第一种,彩礼6万—7万元(包括衣服+黄金首饰+部分陪嫁现金);第二种,彩礼陪嫁现金1.5万元,黄金首饰和衣服另算。若是第一种,女方会直接向男方要6万—7万元现金,这些钱包括彩礼,给女方的黄金首饰、衣服。若为第二种,男方给女方端1.5万元现金用来陪嫁电器,女方的黄金首饰和衣服,则男方要另外出钱,不包括在1.5万元里面。N村的彩礼,一般主要为第二种形式。

　　N村的婚嫁过程中,表面上男女两个家庭在进行着一系列的礼物和金钱流动,男方家庭似乎一直给女方家庭端送现金和各种礼品。但仔细观察N村媒人讲述的婚姻程序中的现金和礼物流动及其数量,发现N村婚姻彩礼中的内部关系有自己不同的运行模式。N村的彩礼流动,具有某种礼仪性的特征,婚姻程序中彩礼的流动,从新郎家送到新娘家,不是完全在新娘家滞留下来,而是悉数以另外一种形式返还给新郎家庭。新娘家庭没有把女儿彩礼作为自身家庭的资产积累,而是把彩礼毫无保留转移到新人家庭,作为新家庭财产积累的一部分,甚至女儿的嫁妆倒赔进去不少钱,这种形式与宁夏南部山区的彩礼形式完全不同。宁南地区彩礼的主要目的,是补偿娘家人养育女儿的费用和辛劳,因此,新郎需付一笔彩礼,新娘家庭则绝大部分或全部留下来。彩礼从新郎家庭到新娘家庭后,滞留在新娘家庭不再转出。新娘家给女儿的陪嫁却非常有限,大致金额为2000—5000元,剩余的好几万块钱彩礼新娘家庭则留下来自用,以补偿养育女儿的损耗。从上述的彩礼关系我们看到,宁夏南部地区的彩礼形式,是一种单向度流动,而N村的彩礼是一个双向度的循环流动。

N村彩礼的流动基本是一个简单而清晰的闭合循环,从新郎家庭流动到新娘家庭,之后又返回新郎家庭。彩礼在家庭之间形成了一个流动的过程,在这个过程中,彩礼的数额自始至终基本没太多变化,变化的是位置的移动。甚至于N村婚姻中盛行的封包、趴羊、羊前胛,其中包含着更多的礼仪性和象征性。比如道喜的时候,男方把给女方买衣服、首饰、陪嫁的现金都一概备齐,并要封40—60个封包,两个羊前胛。女方家在男方道完喜之后,返回一个羊前胛,6—12个封包。第二天娶亲,男方还要再拿40个封包、两个羊前胛,女方家再次回男方一个羊前胛,6—12个封包。礼品中的羊前胛和封包,有部分是充当了男女两家交往情谊的象征,从男方家拿到女方家,经过一段时间的搁置,又原封不动返回到男方家里。没有变的是礼物,不同的是情意。同样的礼物在不同的时间,放置在不同的地点,便有了不同的含义。N村的羊前胛、封包,都源自于男方家庭,起点于男方家庭,经男方家以一种特定的情感,赠送给女方,女方又把它们重新加载了不同的含义,返还给男方。它们的终点与起点重合,完成礼仪与实物双重意义的闭合循环。同样的东西,在送、返中却代表了不一样的文化含义,因而是一种礼仪的互动载体,它传递着双方的情感,代表了亲戚间的情感互动。

采访 N 村媒人 MWL 录音整理如下:

时间:2015 年 5 月　　地点:N 村

访谈 17. 这两个羊胛子,还有这么个转转子①呢。嫁人那天,男方要给女方拿两个羊胛子,封 40 个包。你说麻烦不麻烦呢,男方临走时,女方还要给男方回一个羊胛子,6 个包。40 个包里,还有男方 6 个包,你说啰唆不? 拿来倒去。我这几年管媒,给你拿来,你再别给俺们拿上回来。俺们明天娶人,只拿给女方应给的封包,就不给你朝来拿返还的包了。你说我说的话对不对? 我们改变改变嘛! 又咋了? 那天急着开上车要娶人呢,又给你封包,我们今天道喜一概给你拿 60 个包,你再别给俺们回。这是我管的媒,我就不让他们再来回折腾。你想 40 个包里,各样给婆家再回 6 个包。这 40 个包,给婆家 6 个也行,8 个也行。我这几年管的媒,今儿道喜给你拿的包,明儿个娶人别给我朝回拿,给你搁下就行,再别拿来倒去。还有道喜拿的两个羊胛子、趴羊,也得回男方一个羊胛子。拿来倒去,你说啰唆不? 我这几年管媒就给他们说,拿来了就别再往回拿。不然的话,羊胛子砍开,端出去,明儿个再端进来。明天娶人就光来娶人,不再啰里啰唆。

上述的文字是整理 N 村媒人 MWL 的录音,他觉得婚约中的礼仪,比较烦琐。同样的东西,今天拿来,待会儿再拿回去,明儿个又拿来,再拿回去,来回折腾,非常麻烦。仔细想想,N 村几百年的婚姻习俗为什么体现出这样形式呢? 同样的东西拿来,再拿回去,明儿个再拿来,再拿回去,这样的"折腾",有什么样的含义呢?

———————

① 转转子:方言,指其中的缘由。

二、N 村彩礼"库拉圈"的意义

N 村彩礼中,礼金从男方家到女方家,最终又返回至男方家,礼金的数额几乎没有变动,甚至女方家庭在陪嫁中另外增加了一定数额。这种彩礼形式,表面看是女方家庭向男方家庭索要的高额聘金,但实质上,女方家庭并未把聘金留为己用,他们不但把这些礼金悉数以另外一种形式返还给男方家庭,而且往往礼金的返还数额多于最初索要的彩礼,即所谓的"倒贴"。这样的彩礼形式,明显女方家庭嫁女"倒贴",这与宁夏南部地区的彩礼形式截然不同。N 村长久以来形成这样的彩礼形式,必然与当地人的经济发展和社会文化习惯有一定关系。人类群体的每一个社会行为必然有其原因,N 村的女方家庭让渡出大量的礼金,其中蕴含着当地人什么样的想法? 又表现出什么样文化含义? 这样的彩礼中让渡的东西,难道也像新几内亚岛民的"库拉圈"一样,期待着另外一种东西的获得?

(一)交换着人情,维持着一种礼俗

N 村的彩礼形式中,女方家庭不贪礼金,悉数以陪嫁的形式归还给男方。包括婚约中的干果包,也是来来回回在男女两个家庭之间流转。表面上,婚约的男女双方家庭频繁进行着金钱与财物的流动,但实际上这些财物并没有损耗多少,走过一定的程序后,最终回到原点。以至于媒人都嫌啰唆,"今天拿来,再还回去,明天再拿来,再还回去,啰里啰唆"。事实上,N 村的彩礼形式,蕴含着特定的文化含义在里面,礼物的流动,交换着婚约男女双方家庭的情意,从而维系着乡村文化的一种礼俗和社会关系。

法国著名人类学家列维-斯特劳斯(Claude Lévi-Strauss)亲属和婚姻理论的核心概念是妇女的交换,他认为女人的交换和食物的交换都是表现和保障群体间结合的手段。① 他的这一发现,与马林诺夫斯基在新几内亚岛上发现的"库拉圈"的社会意义都具有重大的学术影响。他们发现,人类群体间的交往,常常以馈赠礼物的形式进行,这种礼物的流动,并不单单是经济方面或物质方面的动机,而是具有比物质意义更大的一些非物质的社会意义。人们之间的礼物馈赠,是社会交往中"礼尚往来"的义务,无形中迫使人们在别人馈赠礼物后,再回赠价值相当的礼物,以保持这样一种"你来我往"的交往关系。② 人是社会中的人,人的存在不能够脱离社会。人们之间的互动交往关系,是人们生活必需的一部分。③ 社会关系对每一个社会成员来说,至关重要,如同空气、水和食物,因此,礼物的馈赠就是为保持与他人交往关系的良性发展。

N村的村落就是一个小的社会,生活于其中的个体成员每天与周围的人群进行着各式各样的交往关系。良好的交往关系是每一个社会成员都期待维持的一种状态。在婚姻关系中,男女两家结成重要的姻亲关系,因婚姻联结的两个家庭,从此有了更为密切、更为重要的互动关系。在人类社会发展的历史中,姻亲关系历

---

① [法]列维-斯特劳斯:《野性的思维》,商务印书馆1997年版,第124页。

② 张云喜:《社会交换理论视域下的婚姻与择偶》,《山西青年管理干部学报》2013年第3期。

③ 吉国秀:《婚姻习俗研究的路径:评述与启示》,《沈阳师范大学学报》2006年第2期。

来是社会中仅次于亲属关系的另外一种重要关系。在很多时候，姻亲关系显得比亲属关系更为重要、更为密切。N 村婚嫁彩礼中的礼尚往来现象，是在礼物的交换关系中去维持一种社会关系和互动秩序。

（二）夫妻在家庭关系中的位置及其权力，从来与他们所拥有或带来的物资和象征资本相关①

婚姻中的彩礼因涉及的数额较大，因而是农村家庭中一项重大的经济交涉。N 村彩礼中女方家庭"倒贴"现象，相比宁夏南部地区的彩礼形式，表现得更具人情味，并接近于现代城市的彩礼模式。N 村临近首府银川市，经济和交通较为发达，与南部山区在彩礼形式上的差别，其中原因主要是经济因素。山区地区经济落后，农村家庭生活艰辛，彩礼的获取无疑是一项巨大收入。部分家长思想保守，彩礼的绝大部分留给己方，女儿的陪嫁仅限于简单的被褥枕头之类的小件。而 N 村当地农村经济条件较好，女方家长本身条件优裕，并不特别看重女儿的彩礼，相反，他们眼光开阔，更关心女儿在婆家的地位和权力。列维－斯特劳斯说："夫妻在家庭关系中的位置及其权力，从来与他们所拥有或带来的物资和象征资本相关。"②一个家庭娶进媳妇，新增了家庭成员，意味着家庭内部的秩序需要重新排列。一个群体，大到社会，小到家庭，都有内部的秩序。家庭内部的位置如何排序？排序的依据又是什么？

---

① ［法］皮埃尔·布迪厄著，蒋梓骅译：《实践感》，译林出版社 2003 年版，第248—249 页。

② ［法］皮埃尔·布迪厄著，蒋梓骅译：《实践感》，译林出版社 2003 年版，第248—249 页。

　　N 村家庭内部的秩序是依据长幼尊卑的传统礼制排序,但对通过婚姻关系娶进的新成员,除了按照长幼尊卑排序之外,女方娘家的家庭地位与资源、女方自身的天赋、女方娘家的陪嫁等因素也掺和在一起,并具有很重要的影响。对于男方家庭来说,与其联姻的亲家,是社会资源中重要的一端,对方的社会关系和社会地位,都会与自己牵系很多,这些因素也常常是男女双方婚配前主要考量的方面。而最直接的利益,便是婚姻中彩礼的流动。女方娘家对女儿的陪嫁补偿,直接影响着女儿在未来婆家的权力和地位。补偿数额越大,女方在未来婆家的地位和权力越牢固,反之,则相反。列维-斯特劳斯说:"家庭权力相对独立于经济权力,但补偿增资的总额仍是家庭内部权力分配,特别是婆媳之间各自在结构性冲突中力量分配的依据之一。"①新媳妇娘家有权有势有钱,出嫁后在新家庭内的权力和地位就高,另外,新娘的陪嫁丰厚,则日后在新家庭中的权力和位置也相应较高。因此,N 村婚嫁过程中,娘家人把从新郎家庭索要的彩礼,全部或超额以陪嫁的形式返还给新郎家庭,实际上也是具有慧眼的女方家长看重日后女儿在新家庭中的权力分配。带着丰厚嫁妆的新娘是"额外的财神",男方家庭当然不敢轻视,新娘在新家庭中的生存环境会因陪嫁而提升。儿子、女儿都是"娘的心头肉",让孩子未来过得好,是每个做父母的心愿。因此,N 村的女方家长们,舍弃了财物的经济利益,让女儿带着丰厚的陪嫁嫁到男方家庭,以博得公婆及其家人的重视,从

---

　　① [法]皮埃尔·布迪厄著,蒋梓骅译:《实践感》,译林出版社 2003 年版,第246 页。

而提高新娘在家庭内部的地位和权力。

　　一旦有人最先开创一种风潮,便逐渐在局部区域盛行,并稳固下来形成这一区域的风俗。N村婚嫁过程中彩礼"库拉圈"模式,正是在这种环境中形成,并影响着家庭社会关系的重组与权力的分配。

第四章　媒人的管媒智慧

当我们讲行动是规范的,这就涉及对行动进行解释:行动者把他们的主观判断带入每一行动和情景之中。解释需要有依赖判断情景的标准和表现出来的有关行为,这些标准就是规范。我们追求的每一个目标都是在规范思考、理想准则和期待下进行的,而这些又指导着解释和媒介。"努力"总是通过规范追求的目标来表现的。

　　　　　　　　　　　　　——帕森斯《社会行动的结构》①

媒人是一种职业,既然是职业,就会具备职业技能和职业的素养。N 村媒人在管媒过程中,也具备一定的经验和素养,能把控婚姻中出现的各种局面。对于不同类别、不同情况的婚姻场面,媒人会有一套自己的管媒策略,或者可以称之为管媒智慧。

第一节　初做"红娘"

红娘是指为待嫁男女双方牵线搭桥的媒人,在 N 村,媒人也

---

① 张岩:《行动的逻辑:意义及限度——对帕森斯〈社会行动的结构〉的评析》,《北京邮电大学学报》2006 年第 1 期。

被称为"红娘"。N叔是N村众所周知的"红娘",他管媒的资历也最深。老伴N婶说,按照传统来说,管媒是一种善举,管一桩婚事,就结合一对新人,组建一个新家,也积一次善。以后去世了,管媒做了善事的人,会受人喜欢。

采访N叔,想知道作为一个媒人,他第一次管媒是如何处理婚约当中的一系列繁杂事情。第一次管媒,非常考验媒人的智慧,也将会为他今后的管媒树立自信,开拓人脉。

采访时间:2015年8月　访谈人:N叔　访谈地点:N村4队

访谈1.N叔的第一次管媒,大约是在他四十来岁的时候。

有一次,四队的NWB让N叔给他的儿子管个媒,姑娘是YN县王太三队的人,和N叔是亲房,也是N叔的一个内侄女。因为N叔的养母在王太三队,姓刘,就因为沾点亲戚好说话,NWB就请N叔给儿子管这桩媒。当时N叔是村里的做席厨子①,没有管过媒,也对此没有把握,便寻思着不想管。N叔的老爹劝道:"哎,你就给管去,亲戚嘛!"N叔听了爹的劝告,就去试着撮合这对年轻人。N叔有管媒的天赋,虽然这是他第一次尝试管媒,但N叔一点也不胆怯。虽然N叔没有管过媒,但N叔对当时管媒的情况比较了解,知道女方会提出什么条件,怎么个提法,男方如何应对这些条件。另外,N叔也对男女双方非常了解,女方是自家的一个内侄女,男方是自家的邻居,家道和脾气他都有所了解,尤其是男女双方家长的心思和性格,N叔更是了解得一清二楚。况且,N叔常

---

① 做席厨子:农村人办红白事设宴席款待宾客,由于人多,通常会请专门会做宴席的厨师来做菜。

年在外面给村里做席，对 N 村周围的村子非常熟悉，人脉广泛，管媒的时候，有人为他传话，他就对双方家庭的情况和事情发展的状况掌握得比较清楚。这些条件为他撮合两个家庭走上儿女亲家，做了许多铺垫。因此，通过 N 叔圆润地说合，两家终于达成婚约，一对年轻人很快结为夫妻。

NWB 家族大，亲族多，N 叔为 NWB 管成儿媳妇的消息在家族不胫而走。农村找一个称心如意的媳妇也不容易，因此 N 叔为 NWB 管成媳妇的消息传得很快。N 家的这桩婚事办成后，NWB 家族有儿子待婚的亲房，都一个个托 N 叔给他们管儿媳妇。他们知道，N 叔头脑灵活、口才出众、人脉广泛，能够给他们找到好媳妇。从此，N 叔便发挥了他自己的天赋，在周围各村边做席边管媒，开始了他管媒的人生。

一个成功的案例，就是对媒人管媒能力和智慧的有力证明。管媒不只是简简单单撮合一对年轻人组建成一个家庭，也不是所有人都能够胜任媒人这样的角色。在众多的社会角色中，媒人能够凸显自己特征，成为不同于别的社会角色的群体，彰显出他本身所具有与众不同的角色技能，一定有过人本领。成为一个媒人，自身必须具备很多优势：1）广泛的人脉和多元、灵敏的信息渠道。N 村的人们之所以在儿女需要婚配的时候，选择专业媒人管媒，主要原因是普通家庭社交面狭窄，自己拥有的婚嫁年轻人的信息资源不足，因此，需要专业媒人来弥补缺陷，增加家庭寻找优质适龄婚嫁对象的机会。在乡土气息浓厚的农村，家庭的"传宗接代"是每个父母熟知的头等人生大事。娶到聪明贤惠的儿媳妇，关涉到家庭几代人的幸福，这样的重大问题是千万不可马虎的事情。因此，重要的事情还需请专业人来做。专业媒人通常人脉广博,社交广泛,信息灵通,日常关注婚嫁对象较多,因而会有丰富的人脉资源。知道哪里有合适丫头、哪里有合适小伙子婚配,从而帮助普通家庭能尽快寻找到合适婚配对象。这是专业媒人自身具有的独特技能,使他从普通人中独立出来成为专业媒人。2)擅长协调,口才出色。婚嫁过程中很多的事情都需要媒人作为仲裁人来协调,平息矛盾纠纷,劝说男女两家结成亲家。这期间,婚事的成败与媒人的口才有重要的关系。常言道:"好话一句三冬暖,坏话一句六月寒。"说的就是语言的重要性。会说话的人能够让人们心甘情愿接受他的观点,让原本棘手的事情平平顺顺,达成人们的意愿。因此,出色的口才是处理婚姻琐碎纠纷和矛盾的润滑剂,是婚姻成功的重要条件。3)临危不乱、处事果断、公正合理。管媒过程中,男女两家在彩礼、买东西等方面矛盾不断,这时候,全凭媒人在之间调节,婚约才能平顺推进。乡村里的里里外外有很多事情,彩礼不够不嫁女子,婚车开进门娶不到新娘,两家人大闹婚礼的事情都会发生。因此,媒人的临危不乱、处事不惊的魄力,在众人面前做事果断、公正合理、能压住局面的能力,是婚事成功的重要保障。媒人的管媒过程其实处处体现着一定智慧和能力,不是人人都能够胜任媒人。具备上述三点优势,是作为媒人的基本技能。每一次管媒,都体现着媒人过人的智慧和管媒技巧。

采访了 N 叔第一次管媒经历,从上述的管媒实践中能够看到 N 叔具有媒人的天赋。为了了解 N 村媒人管媒的智慧和能力,我便去采访 N 叔第一次管媒的主家了解管媒过程。

采访时间:2015 年 8 月　访谈人:NWB 奶奶　访谈地点:N 村
2 队

访谈 2. 得知 N 叔的第一次管媒是给 NWB 的儿子管的媒,我
便去 NWB 家。

30 年前的 N 叔和 NWB 是邻居,住在 N 村广场的北侧,现在
这里已经是一条宽宽的公路,以前的老房子早就拆掉了。我找人
打听 NWB 家,一位大婶给我指了指路,并带我走了一段路,指着
前面的玉米地里的院子说,前面那家就是他家。这个院子建在一
片玉米地和果园里,面南有一排房子,房子前是一条小道,周围是
田地和果园。走到门口的时候,门口的一个小棚后面蹲出一只小
狗"汪汪……汪汪……"地使劲狂吠,我站在门口,没有往前走近。
一会儿,一位老奶奶走出来了,她看见我,脸上露出迷惑的眼神,她
着实不认识我。我连忙上前打招呼,告诉老奶奶我的来意。那条
小狗看到主人出来,叫得更加使劲,挣扎着扑向我,并叫个不停。
老奶奶喊住小狗,把它赶回草棚,我便和老奶奶站在院子边上谈
起来。

老奶奶是 NWB 的老伴,今年 80 多岁,儿子在 N 家新村的楼
上,她和小孙子在这边看园子,小孩上学也近。老伴已经去世多
年,老奶奶的精神依旧硬朗,天天骑着自行车在街上买菜,有时也
去儿子那边转转。儿子的楼房住着不方便,她更喜欢住在她的果
园里。

听到我问 N 叔给她儿子管媒的事情,老奶奶和蔼地讲起往昔
的事情。30 多年前,老奶奶家住在广场旁边,与 N 叔家是多年的
邻居,关系非常好。当时老奶奶和老伴都有病,女儿出嫁了,只剩

小儿子在家。自从女儿出嫁后，家里人比较少，干活也缺个人手。儿子不上学后，他们便寻思着给儿子说一门亲事。有一次，与 N 叔聊天，谈到了儿女之事。N 叔当时在村里周围做席当厨子，人脉广泛，信息灵通，N 奶奶的老伴便顺口提及让 N 叔给儿子看一门亲事。N 叔的老家是王太刘家庄子，他的家门有个哥哥的女儿待嫁，姑娘性格长相都不错，便想着去说合。由于女方是 N 叔的内侄女，男方这边是多年要好的邻居，经过几天的说合，两家很快达成婚约，筹办婚宴娶了过来。老奶奶告诉我，那会儿管媒比较容易，男女相互看上后，几天就娶回来了。NWB 家当时家庭条件相对稍微好过，家里有五六间房子，老两口住了三间，给儿子留了两间。结婚的时候，儿子十八岁，儿媳妇二十岁，生活得很幸福。如今儿子已经四十多岁，孙子也已经娶了媳妇，老奶奶都有重孙了，一家子过得很和谐。老奶奶说，儿媳妇很贤惠，老伴去世已有 14 个年头了，老奶奶一直和儿媳妇住在一起，多少年都很和睦，从没有红过脸，拌过嘴。

三十几年前的钱比较值钱，他们家家道好，娶儿媳妇总共花了七八千块钱。给儿媳妇买了四克的黄金首饰，包括一个戒指和一对耳环。买了五六套衣服，包括单衣、棉衣、一身嫁衣。老奶奶说，那会儿给媳妇买金首饰，最多也就买六克，他们家给儿媳妇买了四克的黄金首饰。

老奶奶说，他们家娶的儿媳妇，N 叔出了很多力，她和老伴也很感谢。婚礼结束，老两口便带上礼物亲自登门拜谢。他们称了人们通常喜欢喝的糖和茶叶，给媒人买了一双布鞋，一双袜子。当时的社会不发达，买布料都需要布证，布料很贵，最好的布料是条绒、的确良,一般扯不上,也就拿一些糖茶、吃的东西去酬谢媒人。在老奶奶的眼里,他们家和 N 叔家是多年交好的邻居,N 叔能干,为人花哨活泼,N 婶淳朴善良,他们两家一直保持着较频繁的交往。多年后,他们因搬迁不再是邻居,但关系都不错。N 叔一直管媒,是村里有名的媒人。

第二节　同宗 N 姓间的管媒

中国乡村的居住习惯,喜欢同宗姓氏住在一起形成单主姓村落格局。这种居住格局的形成,源于人们亲情间的亲密关系和家庭活动中的密切协作关系。通常同宗姓的家族居住在一个地方,长久居住后村落的名字也起了具有明显姓氏标识的村落名字,如"王家洼""何家川""杨家甸""张家新庄"等。

N 村自形成一个村落,就由一个祖先的亲族繁衍而来。现在的 N 村,人口约 5000 人,31 个姓氏。31 个姓氏中主姓是 N 姓,其他杂姓的来源有三:第一,由婚姻关系中的女方姓氏填充形成杂姓。第二,由外姓男性通过入赘 N 村的婚姻关系,填充的杂姓,如 N 村的沈姓和雷姓。第三,解放后的行政区划,分割了部分他村住户(少数几户),填充了 N 村的姓氏。从 N 村的姓氏结构可以看到,N 村与中国其他大部分的村落一样,宗亲关系是村落的主要关系。几乎每一个家姓之间都因姻亲和宗亲关系紧密地连接在一起,形成较为规整的姓氏结构。N 村因历史上单一姓氏集中形成的原因,杂姓比较少。现存的姓氏加入 N 村的主要方式是与 N 村家族结亲,因此,N 村的家族几乎多多少少之间有某种亲戚关系。

亘古人们喜欢"亲上加亲"的传统婚姻模式,N村人在历史上一段时期里也非常盛行这种方式。老人的观念中,"不能断掉老亲",非得与亲戚间通过攀亲,稳固家族关系。况且,本村人知根知底知品性,加之N村一直是比较富裕的村落,因而一段时期,人们喜欢在本村内找儿女亲家,甚至在本队找对象的也不在少数。这样的婚姻方式密切了亲戚关系,但也拉近了血缘关系。后来,人们逐渐有了优生优育的观念,本村结亲数量开始下降。家长和媒人们在管媒的时候,也开始在亲戚和宗亲上认辈分,分清血缘关系。对于媒人,在一个亲戚关系比较密切的村落,他们如何处理管媒过程中的一些问题,这也是媒人们管媒的智慧。

时间:2014年8月　访谈人:NWM　地点:N村

访谈3. 有一天,采访N叔的时候,我提到N村N姓与N姓之间通婚,N叔如何管媒,看不看辈分? N叔对此问题的解答是:"过去,早几年不讲这些。N家与N家通婚这种情况,从今年开始,N村的丫头不找N村的小伙子。好像从去年,这两年是这样,可也有照旧找的。从去年到现在,姓N的不找姓N的。假若去找对象,别人就说:'唉,我们娃娃不找N村的。'以前不讲究,就近几年开始有人考虑这些事情。"

问:"叔,平常遇到N家与N家找对象时,你如何解决?"

答:"不解决。他们俩看上就找,反正不是娘娘①与侄儿子结婚就行。我一老抱这个态度,姑姑与侄儿子不找就行了。"

问:"N村是同一个N家,N家与N家通婚不看辈分吗?"

---

① 娘娘:N村方言,意思是"姑姑"或"姑母"。

答："不看辈分。他们两个人愿意，家里的老人愿意，各干各着呢。按我看不行的，别人照样能行。N 长今和 N 长武同辈能攀亲，可 N 长今要说 N 长武儿子的女儿，他这不小了辈分吗？可两个年轻人小小就谈好着呢，你不找咋呢？别两个人再另找哪里的小伙子不找，再找哪里的丫头别也不找，你咋不把这婚事成呢？他俩可能不是同一个 N 家，就只是从文字上面看'长'字辈大一些，最后还是成了。应该是'长'字辈对'长'字辈，N 长武的儿子是 N 殿新，N 长今的儿子找的是 N 殿新的女儿。N 长今找 N 殿新的女儿，过去，老前辈都不愿意，可别人照样找了，辈分错了吧，别两个娃娃照好着呢。他们不是一个祖先的后代，就撵了个'长'字辈。N 长今的孙子，戴了个近视眼镜，别小两口过得还是很好。听人说是在上学的时候就谈的，村里人也不反对，新社会的人了。N 长今的孙女都快嫁人了，就错了一辈。"

问："N 家与 N 家通婚，有没有辈分错了两辈结婚的？"

答："没有。那个东西，有时候说媒也要分辨辈分呢。现在找对象的人家里的老人都是四五年、四六年（1945 年、1946 年出生）的人，在我刚开始管媒的时候，村里的老前辈都还在呢。这会子老前辈都去世了，小辈就和小辈开始攀亲，没有人给再办这些辈分。但基本上都知道，谁与谁是亲戚。你像俺们队上，N 唐林的女儿嫁给姑母的儿子，给他们亲亲的姐姐的儿子做了妻子，别还是过得好好的。N 德立，与亲姐姐也攀了一门亲，他的儿子与他姐姐的女儿结婚了，别养的娃娃还灵机得很，后代好好的，啥情况也有。"

问："近亲结婚生的孩子，这一代没什么征兆，下一代是不是不好？"

答:"那就不管下一代了,你还管得宽得很。俺们只管这一代,一天活一天。"

问:"以前近亲结婚的比较多,是吗?"

答:"那会子有老前辈,像我们爷爷,我们爹那个时候,我们 N 村的老一辈,都辨辈分的很,现在都不辨那个辈分。像我们村 N 唐林,别愿意把女儿嫁给姐姐的儿子,那就看下一代有什么反应。对下一代,老辈们会说,那得看老先人的修成,看老辈们修的路咋样,养的孩子才会什么样,而往往不朝近亲结婚这方面去想,其他的再说不上。可在领结婚证的时候,直属亲戚别民政不给领。"

问:"你管媒的时候,别人是近亲,你怎么处理?"

答:"有时候,别人只要一提名,我们俩有亲戚关系。不行,这个亲戚不能管,我就回来给另一家一说就行了。我们有时候也问不清楚什么,别家要说:'老 N,不行,我们都亲得很,你给别人说让再找去。'我就给另一家说,让别再找就行了。有的人说:'怎么不行哈?各干各。'我说:'有老前辈在前面挡着呢,不辨不行。'我知道的人家,若是太亲的亲戚,我直接就不管了。我不太清楚的家庭,人家要是提出这个问题,我就给男方回话:'辈礼不行,怎么怎么。'男方接到女方的消息,重新再找。"

以上是采访 N 叔在村里 N 姓与 N 姓管媒的事件中,作为媒人如何处理这样繁杂纠结的关系。N 叔有多年管媒的经验,对于各种事情,他都有自己的一套处理方式。N 村是 N 姓占 60.24%(2011 年数据)的一个单主姓村落,绝大多数的家户姓 N,这些姓氏是 N 姓家族的各个分支。除 N 姓之外,其他的姓氏多数是与 N 姓家族之间联姻逐渐定居于村里。姓氏几百年的错综繁衍,因而村落内的人们亲缘关系密切。往往街上碰面的乡里乡亲,不是大妈、大爹,就是姑姑、姨妈,亲戚亲族比其他杂姓村有较高的比例。村里的通婚,难免会遇到亲戚或亲族间的通婚问题。乡村的通婚,大都在本村内有一定数量的通婚关系,N 村也如此,在日常的交往中,免不了会在村内寻找到儿女亲家。

　　关于 N 村村内的管媒问题,媒人有各种策略来应对。村内各家姓间的关系,也有较为复杂的交错方式。N 姓与 N 姓之间是亲族,但 N 姓间分为五个家族体系,正如老人们讲述 N 村历史时描述的情景。N 姓间的五个家族体系,是同一祖先的子孙各自繁衍的宗亲系统,这五个子孙之间是亲近的血缘兄弟。因此,N 村 N 姓家族事实上共属于一个祖先,后来繁衍为五个支系,古称"老五门"。如今的 N 村村民依旧能分得清他们到底属于 N 姓家族的哪一支,哪些家户是血缘较亲的支系,哪些家户是血缘比较远的支系,哪些家户是 N 姓家族的"老五门"一门,哪些家户是 N 姓家族中的"老渔户家",哪些家户又是 N 姓家族中的"西半超",他们依旧能分清基本脉络。其他姓氏如雷姓、沈姓、马姓、王姓等,大都通过联姻关系落户在 N 村,他们家族的人口数量和家户实力都不及 N 姓家族,大部分是 N 村 N 姓家族及其亲戚的姻亲。另一方面,N 村的这些宗亲和姻亲,部分家族有亲缘关系,但家户之间的辈分已比较远。在通婚中,家长和媒人都会考虑是否辈分较远,大部分的人交结儿女亲家会考虑在辈分较远的家户间联姻。个别家庭会结"姨表亲"和"姑表亲",这类通婚是属于血缘较近的通婚模式。

　　对于 N 村复杂的家族背景,管媒也只能根据具体情况处理问题。部分家庭之间的年轻人或家长自己本身非常愿意结亲,不想去辨辈分,这时媒人只能遵从当事人的意愿。即便是近亲,只要当事人愿意,媒人便会顺应他们的情感,从中牵线说合结为夫妻。若当事人认为他们亲戚关系较近,不宜通婚,媒人也不强迫。在某些时候,管媒的两家血缘近,或辈分差距大,媒人会直接给家长说清楚事情,为他们另找合适的婚配对象。现在的 N 村人在亲缘关系较近的家户间结亲的人逐渐减少,他们也意识到婚姻中血缘的远近对下一代遗传的重要性。

N 叔管媒许多年,对各种媒妁中的事情处理比较有经验。N 村的家族关系比较规整,N 姓与 N 姓的攀亲,在不同时期,人们对此有不同的价值观念和看法,近亲结婚的杜绝,也是一个逐渐觉悟的过程。

对于 N 村这样一个血缘宗亲的村子,同姓家户之间通婚,是考验人性智慧的一个重要方面。如何在血缘辈分与家庭构建之间抉择,也是 N 村家长和媒人所面临的一个时代困境。关于这一问题,我又采访了一位资深的村民,看看他对 N 姓间的近亲通婚的观点。

访谈 4. 这位叔叔说,N 村的近亲结婚的观念,最主要的目的是不要把老亲断掉。老亲断了,这门亲戚就没有了。这种情况,还非得攀(亲)下去。为了维持老亲,才在亲戚间攀亲。叔叔继续说,N 村村内近亲通婚主要有两种形式,姑舅亲和姨母亲,这两种亲都是直属亲,不是普通亲戚。

我问叔:"什么样的亲算是直属亲?"

答:"比如姑母和舅舅亲就算直属亲,姨兄姨妹通婚就算直属亲,姨姊妹、姑舅子女亲,都是直属亲,直属亲最主要的两种就是姑舅亲和姨母亲。其他都是比较远一点的亲,或者三代或者五代,或更远。"

问:"这些近亲,是如何结成亲的?"

答:"他们经常不是经过介绍人,而是自愿协商。过去的老年人自愿协商的,比如,我和你是姑舅亲,我也同意我的女子嫁给你的儿子,你也同意你的儿子娶我的女儿,这种方式,两个人配合组成一个家庭。不用介绍人,而且这种事情还比较简单,与外面的亲事相比,各方面简单。从买的穿的,从黄金首饰等,都更简单,对男方来说还节省一部分费用。这种情况,女方不愿意也得愿意,不愿意必须得愿意,爹妈就把这个婚事主持了。根本不需要经过女方同意,你同意也得同意,不同意也得同意。家里老人会对女方说:'我们把老亲不要断了,必须同意这门亲事。'为了老亲不断,女子得同意这门亲事,传统的近亲通婚就这样的情况。像姑舅亲和姨母亲这两种形式组建的家庭,娃娃智力不健全。后来政府也从民间调查,经过研究和科学实验,最后国家出面制止近亲结婚。

"现在 N 村 N 姓与 N 姓结婚的也有,但一般是五代或几代之外,也就是血缘关系比较远了,隔了好几代人了。我长这么大,介绍了一对对子,俺们本村的,也是 N 姓与 N 姓之间的通婚,娃娃的智力还是聪明着呢,因为隔得代数多,血缘相对远了。当时介绍时,首先也是考虑到他们之间的辈分远了才给管的媒。其次,从男女双方的长相上也能般配,性格方面也般配。再次,双方的家庭条件几乎门当户对,这些条件不相上下,没有太大的悬殊,我当时就是从这几方面考虑的。另外,男方的父母邀请我,叫我把这件事圆满,我才出面管了这桩媒。"

这是采访 N 村的一位 60 多岁叔叔,他对村内 N 姓之间通婚的一些情况的描述。这位叔叔说出了 N 村老一辈人的想法,为了稳固老亲,攀亲是一种可靠的维持感情的方式,这在中国古代一直沿用。儿女亲家,常常是联络感情和强强结盟最好的方式。N 村的老年人以前喜欢在较近的亲戚间攀亲,主要原因是老人们"老亲不断"的观念和 N 村人喜欢就近嫁娶的习惯,本村找对象,甚至本小队找对象情况比较多。后来政府宣传,人们开始觉悟,并逐渐把通婚的渠道向外伸展。N 村亲戚间的攀亲,是两家老人们的自愿协商,经过媒人礼仪性的联络,两家便成为儿女亲家。在这种婚姻中,男方可以节省一部分婚礼费用,这对农村里的人家来说,是一桩较为经济实惠的婚姻。有些家庭因自身条件不好,高额彩礼负担不起,于是选择"姑舅亲"和"姨母亲"以减少婚礼花费,达成老人心目中"传宗接代"的伟大使命。

第三节 城里与山区间的管媒

永宁地处银川市东南,现已归并到银川市,是 N 村人眼中的城里,也是同心、固原等地山里人眼里的城里。山里人向往城里,女孩子通过婚姻的跳板,便可轻易成为城里人。婚姻应该是山里人成为城市人身份转变最快的一种途径,山里的女孩子也为此乐此不疲,都想嫁到城里来。N 村条件有限、娶不起城里姑娘的家庭,就会去山里找丫头。山里的丫头,由于先天地域上的劣势,在婚嫁的房子、衣服、彩礼、男方家庭等条件上会要求略微降低,因此,N 村里部分条件普通的家庭,会选择去山里找媳妇。虽然,N

村人会娶山里的丫头,但 N 村的丫头,几乎没有想要嫁到山里当媳妇的。N 村与山里的通婚,实际上是一种单向通婚路线,是 N 村通婚渠道中的劣势线。娶到山里媳妇的家庭,村里的人多多少少会有些微词:"他们家娶的是山里的媳妇。"言下之意是,他们家娶不起城里的姑娘,找了山里的姑娘。

关于 N 村与山区之间的管媒,我采访了 N 村专业媒人 N 叔,N 叔讲述了一个自己的故事,从这个故事中,可以看到城区和山区之间的婚姻,媒人是如何使用他的智慧完成管媒行动的。

时间:2015 年 5 月　访谈人:NWM　地点:N 村 4 队

访谈 5. N 叔一生生育子女较多,四个儿子,一个女儿。老两口种地卖菜,N 叔又在农闲的冬季,拼命做席①、管媒,为四个儿子娶到媳妇。并在政府帮扶下,为每一个儿子建起了一所院落。对一个农民身份的父亲而言,是非常不易的事情。N 叔今年 70 岁了,儿女们安顿好了,他依旧奔波不停。地里种了四亩玉米,冬季东跑西颠管媒,获得谢媒的报酬,维持他与老伴的生活。N 叔四个儿子娶媳妇,花去了他所有日日夜夜辛苦挣的积蓄,还欠了许多债务。最后的两个媳妇,娶了山里的丫头。当时他们家的条件,五家人——老两口,儿子的四个小家,都挤在一个破旧的院子里。娶媳妇花光了家里的积蓄,实在没有能力再给四个儿子修建四所院落。五小家挤住在一个院子,城里的姑娘难以接受他这样的家庭条件,但山里的姑娘们不嫌弃,于是,N 叔家老三、老四两个媳妇,都娶了山里的姑娘。

①　做席:指 N 村的一种民间厨师,专门做婚庆宴席。

　　N叔本身是位媒人,儿子一个个长大后,他便在脑海里的众多对象中为儿子选配合适配偶。他的家庭条件大大限制了他的选择范围,挑选到既聪明伶俐又婚嫁要求不高的丫头还真不易。N叔说,他们本队有一个女的,娘家与N叔同在N村北环路附近居住,离婚不久。离婚后,经济上有困难,想即刻再嫁。这位女子曾嫁到王原,听说因为结婚后不生育,女的说男人有病,男的说女人不生育,两人一个赖一个,也不多同住,最后离婚了。村里有人撺掇N叔,让N叔给三儿子说媳妇。这个女人离过婚,再嫁的条件不会太高。N叔家孩子多,家庭条件不好,正好能给三儿子说媳妇。N叔说:"可我懂这个呢,也不管谁给我推荐呀什么的,我对婚姻这个东西我知道呢。童子娃娃①,即便是卖田,卖了啥东西,也一定得找个黄花闺女,不能找有过一房的女人(离过婚,嫁过一次的女人)。如果他找了这样的女人后,以后完了(去世),到了后世,别这个女人照旧和前夫在一起了,把你就撇下了么,你还是个光杆子。"N叔说:"不管怎样,我问问老年人,看老年人对这事啥答复。"结果,村里的一位老人听后说:"哎呀,老N,你也知道这个呢,你还给娃娃找,迟找一年没啥,问亲戚张口借钱也不能找个离过婚的人。"N叔听了老人分析和劝说,走在回家的路上,自个想:"村里老年人能给自己说那么细致,别人稍微一提,我们自己起码知道。"N叔说:"其实我也知道这里面的事情,老人的分析进一步证实了自己的常识,最后就没找。"N叔告诉我:"我当时也曾考虑过村上那位刚离婚的女的,因为别人劝说过;二是我们家里经济薄

------

　　① 童子娃娃:指没有结婚的小伙子。

弱,说这个寡妇还能省的钱多呢,我自己也知道她的底细。但因为儿子没结婚,找媳妇必须找黄花闺女。最后,我只看着,也没给那家人回话。后来也就没有说她,说了现在的这个媳妇。"

我问 N 叔:"你们家的这些孩子,都是请别人管的媒吗?"

N 叔说:"自己不能管,自己管了咋要东西?"

接着,N 叔便给我讲述如何去山里给他娶三儿媳妇的经过,以及山里和城里之间的乡俗礼数是如何对接的管媒过程。N 叔说:"三儿媳妇,原来是在我们街上卖菜。俺们 N 村 4 对有个副队长。"当时这位副队长劝 N 叔把这个丫头婚事说到 N 村,队长说:"老 N,你是个媒人,这个丫头好,你给往咱这里管媒说婆家。"N 叔就考虑了。N 叔传话打听这个丫头的意思,丫头传话说:"只要在这里管,我也没什么要求。"N 叔打听了女方家庭,听着女方家庭的爹没有钱,一家人在村里的人缘也不错,N 叔便给三儿子说亲了。

女方家在大水坑的山里,去到女方家里看了一次,N 叔就请了一个媒人。N 叔说:"结果这个管媒的不会管,他是个生手。因他的媳妇是俺们三儿媳妇的表姐,所以我叫他管媒。他与女方家有亲戚,管媒时比较好说话。"N 叔对媒人说:"你就给俺当个介绍人,我去叫你咋说你就咋说。"结果,在管媒的关键时刻,那位媒人压了话,他没有管媒经验,对山里和城里不同的婚嫁风俗不知道如何对接,也不知道如何操作管媒的各个程序。在 N 叔家时,没有说清楚婚礼上的礼数,开始就按 N 村的风俗准备了礼物。但定婚的时候,双方出现僵持,媒人却不知道如何解决。

N 叔讲道:"一直到过中秋节那天,按过去旧社会要炸四样子,馍馍、馓子、羊盘肠、油饼,再买些其他礼物,给女方追节,去给定日子呢。"去了以后,晚上吃完饭,媒人眼睛一直不直视客人,似有难言之隐。N叔看到了这些细节,便起身出门,去村里四处转悠,想打听打听当地的婚嫁风俗习惯。正好碰到村里的一位中年人,N叔便走上前去打听:"你这个村子,婚嫁事情有啥规矩?"结果打听后才知道,大水坑这里的婚嫁完全与N村的婚嫁风俗不同,这边的婚嫁规矩是"四白"。男方来女方定日子时,要求必须拿"四白",即香油、白糖、白米,还有三样子青货(水果),除过梨不能拿之外,其他水果都行。知道这边的规矩后,N叔便对媒人说:"是不是你压着别女方的话了,女方还有什么要求,有什么规矩,你直截了当说。"这个媒人不好意思说,女方的一位亲戚说:"这边给女方定日子,要拿100斤白糖,100斤香油,100斤大米,水果至少60斤。"N叔说:"要归要,要东西的人必须要得高。"听了女方亲戚的话,管媒有经验的N叔便说:"我看这么个,白糖我就给你50斤,你在这里买糖,我出钱,我从N村老远拿来不方便。那会子,一斤白糖才一块八毛钱。买东西讲究双的,你就买上个60斤。你看60斤多少钱,我给你按糖拿钱。香油,100斤也是个话,你就40斤香油。香油是大水坑那边种的一种小油葵榨的油。你看一斤香油多少钱,我也给你给钱。白米,我也给你给钱。只有青货,我明儿娶亲的时候,我们给你把青货买来,用车一起给你拉来。现在你就说钱,看我们给你端多少钱。最后,这些要的东西都折成了钱。三儿子的这个媒拖延了大半年,从开春三四月份说的对象,一直到秋后,腊月初几才娶到家里。"后来N叔还笑媒人,N叔说:"总共这些不过一千多块钱的事,看把你愁的。古人有句话'新人要上轿，还花个老牛钱呢'，这阵子我们拿钱说事，你这点小事还犯愁。那会子那个大米才六七毛钱，40斤大米才多少钱？即使60斤大米也没多少钱。白糖才一块八毛钱，60斤白糖也不多。"N叔就笑着调侃那位胆小不会处事的媒人："你这么个料，还管媒。"媒人给双方家庭之间压话，不直截了当传达双方的意见，既管不成媒，双方的家长还会骂媒人不会处事。媒人必须完完全全要把对方的话，一字一句，毫无保留地传达给对方，看对方是否愿意接受。媒人不能隐瞒对方的要求，这样不但处理不好事情，而且媒人自己也会失信。隐瞒对方话语的媒人，在人们眼中是个失职的媒人，一般不会被邀请管媒。

就这样，N叔只象征性地请了一位媒人，实际自己给儿子管了一桩婚事。N叔说，通过在大水坑娶三媳妇，发现很多地方婚嫁风俗完全不同。大水坑那边地方的人把道喜叫插花，新人婚礼结束的当天，新郎要拿下新娘头上的花塞在鞋里。而且要塞四天，意思是把女人的风头拿住，以后所有的事，女人都必须听男人的话。这是铜贵当地的风俗，N叔说N村没有这种风俗。N村这边婚礼结束后，新郎要取下新娘头上的红盖头，做成裤带，系在腰间。老人们说，这意思是两个人感情好，另外，红裤带可以辟邪。N叔说："我老系着红腰带。系坏了，就再买一条新的，一直系红腰带。我一直系着红腰带，是因为我到处爱看戏。到处走，这个红东西辟邪，可以防其他意外事情。因为我老喜欢到处走，街上有集的日子，我就喜欢到这里那里的庙上看戏。年轻的时候，有时会晚上出去，半夜回来。系上这个红腰带，可以辟邪。乡里人的观念认为，红的东西能防邪。"

N叔的老三、老四儿媳妇都娶的是山里的丫头,N叔管媒经验丰富,再加之他本身聪明,善于处理问题,口才出色,两个儿媳妇也顺利娶回了家。山里与城里跨地域的媒事,两边的婚嫁风俗习惯各不相同。N村道喜的日子,通常喜欢封干果包,拿羊前胛和趴羊,称糖茶。大水坑地区的婚嫁,道喜的日子叫插花,通常要男方给女方拿"四白"。媒人在这种跨地域的管媒过程中,往往要尊重女方地域的风俗习惯,按照女方当地的规矩说合媒事。N叔的三儿媳妇,来自大水坑,N叔完全按照大水坑当地的聘礼形式完成了管媒。把不同风俗习惯,梳理整合成双方都认可的程序,最终达成婚约。

N叔说,固原、同心等山区,一般他是不去管这样的媒,因为路途太远,去一趟非常不容易。N叔的两个儿媳妇是山里的丫头,老四儿媳妇是固原人,老三儿媳妇是大水坑人。他自从说成婚事后,很少去亲家做客,孙女8岁了,他只在孩子生下后去过一次固原。

对于山区,N村人的观点是:若家庭经济条件好,或找对象没有太大困难,一般N村人不会找山区的媳妇,更不可能把丫头嫁到山区。N叔说,曾经有一个N村的丫头嫁到固原,没几年就离婚了。那边人饮食和生活习惯与N村这边不同,N叔就自己而言,去固原吃不习惯那边的水。他说他肚子软,那边常年吃窖水。5月份放水的时候,从黄渠的水口压上细网,让杂质过滤,之后把滤过的水引到一个大窖里。10月份,再放一大窖,一年就吃两窖水,是一种阴水。N叔说,他的肚子软,一吃那窖水做的饭,一喝窖水泡的茶,肚子就不舒服。而且那边人喜欢吃山蛋(土豆)和面,N村人则米、面掺着吃,比较不习惯。N叔说,他不太去管山区丫头的媒,因为城区与山区管媒在风俗习惯上不同,处理一些事宜比较复杂。另一方面,N村到同心、固原等山区的路途遥远,媒人沟通起来也困难,去一趟女方家费很多周折。因此,这样的媒管起来程序烦琐,不大容易。但媒人若答应了这样的媒事,他们照样会妥妥帖帖地处理好这些繁杂程序。

第五章　乡村媒事中的纠纷和矛盾

　　N村里的管媒并不一帆风顺,婚约双方矛盾纠纷不断,非常考验媒人的处事决断能力。事实上,婚约双方从开始交往到结为儿女亲家,始终处于矛盾中。矛盾时断时续,时和时破,在利益的平衡线上下浮动。媒人利用自身的天赋,在诸多的问题和矛盾中,灵活变通,说和协调,最终把婚事顺利完成。

　　N叔是N村方圆的名媒,管媒的很多具体事情他都很熟悉,因此,关于N村管媒的矛盾纠纷,以及媒人如何处理的细节,采访了N叔。N叔管媒多年,资历深厚,人脉广泛,村里一些难以处理的相亲纠纷,人们总会想到N叔,请N叔解决斡旋。甚至卖地、卖房子的事务,也会请N叔去协调处理。N叔是N村的名媒,也确实有他独到的处理问题的能力,对N村风俗礼数当中的细节,了解得非常透彻。他处理问题灵活变通,不死板僵化,也极能揣摩人的心理,性格柔韧,富有耐心,总是在复杂烦琐的婚姻冲突中,理清纹路,果断解决,使婚约顺利达成。媒人在婚约的缔结中起到非常关键的作用,农村俗语中有这么一句话:"媳妇美不美,全凭媒人一张嘴。"意思是,娶到聪明、漂亮、贤惠的媳妇,全凭一个好媒人,可见媒人的重要作用。在N叔家的长炕上,靠在被子里,N叔开始娓娓讲述他处理的一些烦琐婚姻纠纷。

第一节　皮鞋纠纷

N村村上NYJ的女儿,开始的时候是另一个人管的媒。N叔说,现在的相亲,一般都是给女方买了东西,事情基本办妥的情况下,才请客人道喜订日子。按照当地的婚嫁风俗习惯,男女两家一旦请客道喜后,基本上是确定了婚约,将不能再反悔或解散。依N叔的话说,"道喜订了日子之后,你也不能说不要,他也不能说不成,非得成事。"可前面请的这个媒人管这桩媒时,没有买东西之前,便请双方的家人道喜,订了日子。婚约的这道程序,算是原则上的订婚,整个婚约的格局基本定型,不得随意变更。

这种情况是媒人安排失职,导致了男女双方婚约中起了不该有的纠纷。N叔说,常言道:"男人说话如钉钉,女人说话如剥葱。"吃葱的时候,一剥葱皮就落芯子。在N村人的眼里,男人说话一般比较稳当、踏实,女人说话做事容易出错。当时N村的婚事中,刚刚兴起"一黄",即,在结婚时,男方给女方买一种黄金首饰。在婚约中,女方一般要30克黄金。NYJ的女儿按照当时的婚姻情况,向男方要了30—32克的黄金首饰,但男方只答应给女方26克。在这期间处理矛盾冲突中,媒人的方式使事件非但没有和解,却更加雪上加霜。面对男女双方彩礼上的分歧,媒人对男方说:"黄金的事儿,拖一拖也行呢。"拖一拖,这种不直面问题,却想得过且过,拖延和稀泥的方式,导致双方家庭彼此误解更深。况且,媒人已经把这种话的意思传递到了男方这面。媒人在婚约中的话,有相当的分量,一句话就当一句话的事情来办。这就是 N 村的风俗,"摆在桌面上的话,是有分量的。"这件事情中,媒人拖一拖的解决方式,加重了矛盾。

第二天,男女双方去买东西,黄金暂时没有买,先给女方买鞋。当时的农村经济不发展,农民家庭普遍都不怎么富裕。女方在买东西时,买的第一双鞋,标价 290 元。男方的父亲不是亲生的父亲,是继父,便嫌鞋贵。大家没有吭声,但都心里在想各自的事情,碍于面子,便又去前面继续买东西。N 叔根据他自己的经验,分析这样的状况,说,"你说女方,你总想一想呢。哎,我买的这双鞋我们老公公似乎不太高兴,你总脑子里过一下呢。脚上穿的那个东西嘛,500 块钱的也穿着呢,几十块钱的也穿着呢。结一趟婚,买个高档的,再买个差不多的。不识字的人,就亏在这点上。"结果,女方提出买其他东西时,男方不肯再买,双方只买了一双鞋,便回来了。买东西中的冲突,导致这桩婚事耽搁下来,结婚不成,散也没散开,就僵持下来。

有一天,N 叔在家里炕上和老伴看电视,女方的父亲和男方的爷爷来到 N 叔家里。两家闹僵,双方家人都很着急。女方的父亲前几天在街上碰见 N 叔时也问过 N 叔,在婚约中女方该要哪些东西,向男方该说哪些话,也让 N 叔看看他们两家的事情,了解一下具体问题。N 叔说:"我一直管媒,N 村人都知道,基本上我管得比一般人在行,在行的人干什么事情,他别人再有多少话罢,我只瞄着我的这个方向说,我心里有自己的主见。"N 叔管媒心里面有自己的一条准绳,不会让其他闲杂人的话语扰乱,因此,他处理事情有一套自己的经验,能够准确把握时局。在家里看电视的 N 叔见

NYJ 和男方的爷爷来到家里，N 叔和 N 婶连忙下炕迎客，把客人让到炕上。边让边说："你们俩亲家来啥事呢？"男方的爷爷说："唉，今儿来搬（请）你来了。"N 叔说："哎，我就这么个稀里糊涂的人，你们都是有钱人，我们这穷户，没什么名望。"男方的爷爷说："哎，别胡说，俺们就是来找穷汉着呢，找个有钱人，事还闹不成呢。就说我们家里的这事情吧，前面请的媒人管的媒，现在闹瘫了。俺们叫村里那谁管媒，别女方说：'和你们家沾亲带故的人，谁也不要管媒，你们去找四队上的 NWM（N 叔）去，找来俺们成事。俺们女儿只要看准你们儿子，你的儿子也看准我的女儿，俺们都同意。你找个男人，我们不叫女人管媒。'"老人接着对女方的父亲说："从今天起，你就找 NWM（N 叔），让当公公婆婆的人跟着你办事情，我老了，就再不管了。"N 叔便应邀去女方家看情况，女方的父亲拿出彩礼的单子，让 N 叔验东西。N 叔看过后，拿着单子去男方家，对男方家人说："女方要的东西就这些，你们看一看，合个口①，合好了我们去看家，看完家后，再去买东西。"男方家人表示同意，买衣服的时候，女方看上的东西，一定得买上。若买衣服花了太多的钱，媒人可以协调，在其他方面少一些，让双方都能够接受。N 叔提了这些建议后，双方家庭都同意按此办理，不几天，两家结亲，欢欢喜喜娶进了新媳妇。

新娘出嫁的时候，整个婚礼也办得非常喜气，亲朋好友很多。但男方这家在迎亲的时候没有平辈的女子作陪，稍稍出了一点麻烦。N 村的乡俗，在迎娶新娘的时候，必须要由男方家里的一位平

---

① 合个口：和对方达成一致意见。

辈女子作陪娶亲,比如姐姐、表妹等。婶娘、姑母、舅母这些大辈,是不能娶亲迎亲的,按 N 村的俗语说:"姑母不娶,姨不送,舅母娶得透不动。"意思是姑母不能娶亲,姨妈不能送亲,舅母也不能娶亲,舅母娶的新媳妇子走路做事慢慢腾腾,不干练。所以说,没有平辈女子娶亲,大辈们是不能顶替的。男方家里恰巧没有平辈女子,这可急坏了家人和 N 叔。情急之下,N 叔突然想起男方家村上还有一户不怎么走动的远亲,家里的丫头正好和新郎是平辈,可以娶亲。于是赶忙过去请了过来,新娘下婚车必须要有一个平辈女子搀扶。

这桩婚事,前前后后,都经过 N 叔妥帖的安排规划,男女双方家庭的彩礼纠纷被化解,新娘顺利娶进新郎的家里,一个新的家庭形成。在这过程中,N 叔娴熟高超的管媒能力,在婚姻的形成中,起到非常关键的作用。N 叔是 N 村多年的名媒,有相当丰富的管媒经验,本人又聪明能干,办事有条不紊,干练果断,在一件件棘手婚约事件的处理中,名媒的声望更加牢固,慕名而来的请媒人家也络绎不绝。

第二节　被刁难的娶亲

9 月一个炎热的下午,坐在 N 叔家的大通炕沿边,N 叔依旧斜靠在炕上的一叠软被上,徐徐地给我讲述管媒的一个个鲜活的故事。N 婶给我端过来一个小木炕桌,我的本子、笔搁在上面,录音笔放在炕桌靠 N 叔近的地方。

N 叔说:"有时候管媒也有难处理的时候。"

我问:"管媒难的时候会难到哪种程度?"

N叔望向远方,思考半晌,慢慢说:"就比如,女方在这边要的东西,男方没有给买齐,女方在娶亲的时候就不发亲。新郎来了,女方家人就不叫新娘子上婚车,以此要挟要这要那。这时候,事情就变得复杂,非常的麻烦。有时候,我们在娶亲的时候,身上都准备些钱,以防意外发生。不管怎么样,我得想办法把女方使①到男方家里去,他们以后过好了,也就没事了。人一般当时想不开,那你媒人不贴钱②!遇到难倒手的事情,你这亲戚也做不成了,这不闹腾大了嘛。一般都是男方省钱,买不全女方要的东西,就发生这样的事情。"

快接近5点半,N叔要去街上办点事情。N叔的家离街道不到十分钟的路程,骑上自行车估计五分钟就到大街上。走在去街上的路上,我们又继续走进N叔的管媒故事里。

N叔说,有一次,他被邀请去给村里一家娶亲,与他一起去的还有村里的一位女的。当时N叔不是媒人,只是被主家请来专门娶亲的人。娶亲的人通常不知道男女双方家庭之间的交往细节,也不知道男方是否给女方买全了嫁妆,他们专门只管娶亲。N村娶亲极有讲究,娶亲的人必须是一男一女两人,且五官端正,尤其要求生育的儿子较多,这样的人,才可被邀请去娶亲,绝非一般人都可充任娶亲之人。N叔生育了五个儿女,四个男孩,算是子嗣较多的有福之人,是娶亲的合适人选。

在一个吉庆喜气的日子,娶亲的人浩浩荡荡、喜气洋洋驾着新

---

① 使:N村方言,意思是"让某件事发生","把女方使到男方家里",意思是把女方想办法娶到男方家里。

② 贴钱:意思是"垫钱"。

车去新娘家娶亲。新车停在新娘家的门口,这时,新娘家的人已在门口等待,脸上不是欢迎的笑脸,而是一脸的严肃和不和气,并挡在门口,不让男方娶亲的队伍进门入席。N叔感觉到事态似乎有变,不是平常的状况。上前问候搭话,原来,男方给女方的嫁衣中,还有一套没有买够,因此,女方家族人不让新娘今天上车。问清楚事情的原委后,男方家一行人自知理亏,但娶亲队伍和车辆已经开到新娘家门口了,所谓的"箭到弦上,不能不发了"。于是,男方家迎亲人开始好话劝说,讲道理,力求和平解决此事,让新娘上车,别耽误时辰。新娘家人态度坚决,非常不友好,丝毫不让步。从早晨劝说到了中午,依旧没有任何进展,N叔有点着急。怎么劝,怎么哄,女方家就是不发亲。按常理,男方家的客人可能快走完了,他们的新娘还没有娶回来。想到这里,N叔便上前问:"你们今儿个真不给面子吧?"女方家人依旧不退让,双方久久僵持着。N叔说:"我们的话已经说到这么个程度,你们一旦再不发亲,我们坐上车回去呢。我们在男方家把客待好后,我们今晚把新郎官送到你们家里。反正,你结婚证已经领了,国家的手续已经走完了,现在也可能就是个家里的程序没走。我们把新郎官送来,今晚不管你们丫头睡在哪里,我们非得让新郎官和她睡在一起不可。"刚开始男方娶亲的人很客气、很礼貌地劝说,好话说尽了,女方家人就是听不进去,不给男方家人一丝一毫的面子。N叔看到客气解决不了问题,新娘难以娶到新郎家里,便想出这一狠招。听到男方娶亲的人如此难以入耳的话,女方的舅舅急了,"哎,师傅,师傅,你别发火。"对于传统文化浓厚的乡村,未嫁的黄花闺女被人在全村众人面上说成这样,家里人都难以招架。因当时婚礼上男女闹事,周围已站满人,全村人都看着,这颜面可不好遮挡。况且,女方家人把娶亲的队伍挡在家门的时候,早已惊动了村里人,这也是女方原本的初衷,借乡里众人的面,给男方家人难堪。这会儿,围在周围的乡邻反倒成了女方家人的难堪。N叔说:"俺把话说大一些,俺们说了一大轿子车的话了,我的嘴都说干了,你却不发亲。你说,那里(男方家)客人都待完了,咋这么个事啥?俺们娶亲的人也不知道,你哪个东西没有买够,你们买东西的时候到底干啥着呢?没买够东西,你就别定日子(结婚)嘛!你在这个时候难为俺们娶亲的,别家把俺们请来,反正刚才我说了,事情已经到了这个程度,没有(买衣服)了,也就没有,你把亲发了。亲发了,到男方家门口,你不要下车。你看这一身衣服折合多少钱,要多少钱,你给我说,俺们俩身上现在没带钱,我进去给你把你要的钱拿回来,你再下车,你看怎么样?"女方的舅舅赶紧上前说:"哎,这阵子不说那个,再别到别人家门上丢那个底了①!行了!买东西的事我不知道,上车!"N村的婚姻生活习惯中,舅舅有很高的权威,说话的分量如同父亲。家族中的舅舅,在他们的婚姻中有举足轻重的重要作用和决策权利。这家女孩的舅舅站出来,发话让新娘上车,局面一下扭转。正在此时,女方的妈妈过来,说:"才这么些东西,就要上车呀!"新娘舅舅愠怒着斥责新娘的母亲,"那么些东西?你看别这个娶亲的人话说到这份儿上,你说今儿不发亲,别人把车开回去,待完客把新郎官放在俺们家里,你说当亲的,有这么回事?咱们长这么大见过这么个事?放开!放开叫上车!"舅舅推开姐

---

① 丢底:N村方言,意思是"丢人"或"丢脸"。

姐,命令新人上车! 女方的妈,不安地走过来,对 N 叔说:"唉,老姨爹,你甭多心,差的东西多呢。"N 叔没吭声,心想:"哼! 差一轿子车东西,也是你们的事,俺们不管,谁叫你们把日子定在这天。"于是,他们把新娘娶了回来。

一个小时后,婚车到了新郎家的门口,N 叔先下了车,叮嘱新娘暂时坐着别动,稍微等他一会儿。N 叔随即叫来新郎和新郎的父亲,对他们说:"你看,你给新娘子买的衣服还差一些东西。这阵子,不管怎样,你有钱没钱,先找上 200 块钱,压轿还有 50,你给上 60,总共给新娘再拿 260 块钱来。按理说,12 点娶回新娘都算是迟得了,这都下午六、七点了。我在别新娘家里把不该说的话都说尽了,别家不发亲。我当时着急了,就说:'你不发亲,我今儿个晚上把新郎送你们家去,你看你们睡觉呢不? 你看行不行,你们看着办吧。'我都把这样的话说了,这才发了亲。"新郎官清楚哪些东西没有买够,身上没装钱,没办法。新郎的父亲走进屋去,随后拿了 260 元钱给 N 叔,N 叔回到新车递给新娘:"给,这 200 块钱,你回头再添些衣服。"新娘这才下车进屋,男方家里的客人几乎都走完了。N 叔给新娘的 200 元钱,现在觉得不多,但在十几、二十年前,200 块钱能买到很好的衣服,难怪新娘家不发亲。

N 叔回想当年的娶亲,似乎仍然历历在目,意味深长地说:"你说,遇到这种情况,你不下个硬茬,他们根本就不给你发亲。他们那一屋子的人,总有一个会听话、明事理的人。那阵子,你要一身穿的,又能怎么样呢? 别新姐夫和新姐姐①都走这里,走那

---

① 新姐夫和新姐姐:N 村方言,对新郎和新娘的称呼。

里，说个丑话，走都走了，饭也吃了，耍也耍了，你不花钱，还有什么道理呢？"后来，在村子里碰见那个媳妇子，提起当年的事情。N叔开玩笑说："你这个傻丫头，那阵子你其实心里早着急呢，当时赶紧还不悄悄随着我们走，你们家人谁会知道呢，我们把你一车偷着拉上走了，叫你们家里的人坐在屋里等着吧。"小媳妇也笑着说："哼，我好像没见过女婿子，俺妈挡着不让上车。"N叔说："你妈也傻着呢，恐怕你俩约会见面，叫你们女婿子手也牵了。"小媳妇子赶紧反驳道："哎，没有，俺们家俺们爹有家规。"N叔继续调侃："走个银川，好是也不手拉手地走，胳膊套胳膊的。"小媳妇子说："哎，那胡说呢。"

　　靠在炕上的棉被上，N叔说："当时，那场娶亲也真折腾，费尽了口舌。那天在新娘子家门口当着众人面说的话，新娘子晚上睡哪里，我们叫新郎官跟着睡哪里，实际上是给女方家人一种压力，是当时的情急之下的手段。真正也没那么个事，今天不发亲，明天发也行呢，只是给他们使了些压力而已。我当时的那话，他们也在想，要是那阵子遇到个下茬的人，羞得咋办呢？叫别那村子里的人说：'哎，这个窝窝子，怎么出了这么个事啥？'他们也注意他们家的影响呢，这种事俺只遇到过这么一次。"

　　N叔继续说着那次的娶亲。那次娶亲回来之后，结果男方这边让男方的舅舅把男方的爹美美地一顿收拾，"羞死了！一个牛剥了，还剩个尾巴杆杆子。你买衣服的时候给别人女娃娃没买够，娶亲的时候，你给别娶亲的人给上200元呢，300元呢。这衣服已经没有买，这300块钱让别娃娃花去嘛，闹腾得别娶亲的人费尽周折。待的客人都走完了，你把亲才娶回来，就为这么个事。今儿个幸亏去的是NWM（N叔），别老管媒娶亲的，啥事都知道，要是换个别人今儿去娶亲，你娶不回来。新娘都娶不回来，丢俺们的底①呢。"从那以后，N叔也从这件事情当中总结到很多经验。管媒，在男方订婚嫁日子的时候，N叔总会先问女方家："女方所有东西买够了没有？国家手续（领结婚证）完成了吗？"这些东西都已准备齐全，N叔才会答应男女双方家庭协商确定结婚日期。

这种没有买够女方东西的事情，在管媒过程中经常发生。N叔有一次给村里的一家做席，忙得手忙脚乱的，他给管媒的一家女方的父亲走过来说："老N，明儿个早上丫头嫁呢，你看还有什么……什么……没有买。"N叔边忙乎边说："那是你们两家的事情，活该！你们女儿和别儿子走银川多少趟都没有买。"女方爹说："男娃娃不带钱吗，带不够吗。"N叔说："你叫别人带多少算够呢啥？把商店抬到你们家，抬给你们女儿就够了？"随又安慰女方家长道："哎，那个吗，一身半身衣服的小事，不言传②，过去也就过去了吗。攀亲结贵，还要那么满足干啥？"女方爹反驳道："哼，你说的好，俺们女儿明儿个过去不穿了？"N叔说："你们女儿明儿个还精沟子③，上身不穿，下身也不穿。"女方的爹故意生气地说："你干脆算了吧！不行，不行，明儿个早上没买上东西不发亲。"N叔笑着说："明儿个早上照样发亲！"女方爹生气地说："明儿个早上和鬼子孙子④发亲去！"N叔又说："明儿你女儿从新人车上走，等

① 丢俺们的底：N村方言，意思是"丢俺们家人"或"丢俺们家脸"。
② 不言传：N村方言，意思是"不吭声"。
③ 精沟子：N村方言，意思是"光屁股"。
④ 鬼子孙子：N村方言，指鬼魂的孙子，意思什么也没有。

你知道，我们把新人早接回来了，把你闹得干瞅着。"N 叔笑着，女方爹也故意生气，说："哼！她胆子吃大了，她敢上（车）我看看。"边笑边闹着说，N 叔便把事情解决了。这便是 N 叔的高超之处，N 叔脾气比较好，脑子聪明，边开玩笑，边解决了问题，但绝不在大的事情上亏待对方。虽说刚才的说笑似乎不理会女方家长的闹腾，若真是男方有许多的东西没有按照女方的要求买够，N 叔绝不真让女方恰亏，必须让男方补上一部分，基本离标准差距不远。因此，N 叔在村子里处理问题还是非常有经验，很有自己的一套方法，办事公正，处事灵活，N 叔才有很高的声望，成为 N 村方圆的名媒。从以上的娶亲事件中我们也发现，婚嫁的事情真不是件简单的事情，双方矛盾重重，细节错综复杂，不注意处理好，就可能引起很多麻烦，挫伤两家人感情。

N 叔说，其实有些人折搁呢，什么叫折搁？在婚姻媒妁中，有句古话："说媳妇子夸富汉呢，娶媳妇子说艰难呢。"有些人就这样，一旦没有钱，就给媳妇子搞艰难。说媳妇子时，夸自己有钱有势，尽自己之能事，天花乱坠地能把女方说动就好。娶媳妇子时，就告诉女方，他们家这个没有，那个困难，该少一些就少一些，尽量给自己省些花费。N 叔说："人有时候就是很多面，在不同的场合，说不同的话。"人情复杂，世事琐碎。

第三节　寡妇风波

N 叔不愧是方圆十里的名媒，很能处理和应急一些临时事件和掌控一些无法预料的局面，这也为他的声誉和名气更增添了一层闪亮光环。

　　泡了一杯装点了红枣和枸杞的糖茶后，N叔讲起了当年一次娶亲的经历。N叔说，本村一位姓李的男子，中年亡妻，可怜孤独，于是想让N叔给他介绍个老婆。N叔回答道："有呢，我亲戚家有一个寡妇，丈夫在工地挖沙土时，沙土塌方，丈夫身亡。这位寡妇有三个子女，一儿两女，想嫁人呢。"这位李姓男子听后，便与N叔协商，想先看看情况，再提婚。一天，李姓男子扮作一位收羊皮的串街小贩去了寡妇的村子，N叔亲戚家是做羊皮生意的。李姓男子装扮成羊皮商贩，见到了寡妇，回来后对N叔说："还行。"于是，N叔就开始与女方家协商婚事，最后女方家同意这桩婚事。

　　一切事情都在N叔的安排下有条不紊地进行着，转眼到了娶亲的日子。男方家的人早早准备好，也去了很多人，因为寡妇这些年积攒了很多粮食，也有一些家具。男方收拾完女方的家里，正打算往车上装粮食和家具时，寡妇的老婆婆和老公公出来了，就是阻挡不让走。女方家里人不想让女方改嫁，更舍不得寡妇拉走那么多粮食、家具，带走三个孩子。于是，竭力想方设法找理由阻止，说寡妇的老公埋葬时，借走了他们400元钱，必须还清再走。N叔说："那行，现在没有现金，只有车上麦子。这样吧，市场价一斤麦子0.98元，400元，给你5袋麦子，行了吧？"老两口没吭声，N叔命人从车上卸下5袋麦子，放在地上。老两口又说，孩子上学时，还欠了他们200元学费。若寡妇不嫁，他们便不要这些欠账，如今寡妇要嫁了，这些钱必须给他们还上。N叔说："那就再给你3袋麦子，行了吧？"老两口这时才不再说话。N叔处理完这些，走到场子前，大声对周围的村民说："在场的各位父老乡亲，你们和这个寡妇家还有什么账，今天一块结了。小于 10 块钱的，就算了，100 元以上的账，今天就结算。"N 叔这样的发言，以及这样干脆利落地处理寡妇家债务的举动，使得寡妇的老婆婆老公公再没有任何理由阻止寡妇再嫁，也把村里的一些事务处理得干干净净。处理完寡妇家的这些事，他们才把东西装好，把寡妇理所当然地接回了 N 村。

现在李姓两口子过得很好，寡妇的两个女儿出嫁，寡妇的儿子，继父给买了楼房，娶了媳妇，过得都很好。

N 叔说，再婚男女双方都要肚量大，相互包容，尤其对钱不能克扣太紧，否则，一般过得不会好。只有双方彼此宽容、相互理解、彼此尊重，日子才会和美。N 叔高明的手段和处理问题的能力，在一次次的管媒事件中体现得淋漓尽致。他干练、聪慧地平衡了许多棘手的事情，也使得他名媒的声望更高，管媒的经验也更深厚。

从上述的一件件管媒纠纷事件中看到，媒人在管媒以及婚嫁事件中有多么重要的作用。家庭是社会的单元细胞，从社会单个个体，通过婚姻最终组建成家庭，这个过程，媒人的黏合作用不容忽视，他是社会建构链条中举足轻重的螺丝钉。人类社会族群的再造和持续繁衍，媒人在微小的空间，促成社会架构建设的平稳完成，这便是社会中小人物角色与大社会之间的微妙关系。在一个庞大的社会体系里，每一个角色都有其内在的价值和行动的逻辑。小角色在大系统内并不明显地起到重要作用，但在日常生存的无意识行为中，无形中发挥了宏观社会构建的一份能量。

第 三 编

宗族村落中的媒、婚姻制度和社会构建

第六章　媒人的双面人生

　　《礼记·昏义》说:"婚礼者,将合两姓之好,上以事宗庙,而下以继后世也。"从中可以看出,我国古代对婚姻的认识,最初不是从满足个人的生理需要出发,而是从社会群体(两姓)和世代关系来解释婚姻的。婚姻是"合两姓之好"的手段,并具有祭祀祖先和繁衍后代的功能。前者不仅体现在家族之间的利益联盟中,而且也是国家安宁(齐家、治国、平天下)的手段。后者则强调了宗族的利益,既要祭祀宗族的祖先,又要为宗族的繁衍做出贡献。当然,这是从"礼"来理解婚姻,"礼"本来就是规范不同阶层人行为的一种制度性安排,婚姻作为"礼"的一部分,自然也是一种制度性功能的存在。

　　　　　　　　　　　　　　　　　——李利《人类学的婚姻研究》

　　《三字经》里说,"人之初,性本善;性相近,习相远。"主要讨论社会环境对人性格的重要影响。在《关于费尔巴哈的提纲》中,马克思讨论了人的本质,认为"人的属性分为自然属性、社会属性、精神属性,社会属性是人的本质属性"[1]。美国著名哲学家和心理

---

　　① 中共中央马克思恩格斯列宁斯大林著作编译局马列部:《马克思主义经典著作选读》,人民出版社 2008 年版,第 3 页。

学家艾瑞克·弗洛姆（Erich Fromm），在弗洛伊德和马克思人性理论的基础上，认为性格是人性在日常生活和工作中体现在心理层面的一种稳定的思想和行为模式，是遗传体质、后天生活经验、社会文化的影响力交互作用形成。① 弗洛姆认为，性格不是某种性格特征，而是由一系列性格特征组成的性格结构，人的性格类型可以根据性格结构中占主导地位的性格倾向（orientation of character）来判断，人性是在性格结构与社会环境的互动中形成。②

人从属于自然，并遵守自然规律，但又超越了自然，具有了社会属性，逐渐在社会化的关系中远离了自然。属于自然，又远离自然。弗洛姆认为，人的性格是一种动力学概念——需求动力的内在化。③ 他说，一切生命的本质在于维护和肯定自己的生存，一切有机物都有维持自己生存的内在倾向。这种"自我保存"的本能是人类最原始、最基本的人性，包括吃、喝、性等各种生理需求。但人从自然的原始关联中分离出来，必须找到一种新的关联，这种关联便是与他人、与社会产生的一种"共生"关系。这种个人与社会关联的取向就构成了人性格结构的核心部分，由于个人各自不同的情感需要、不同信念、不同人格意志和努力等，铸就不同的性格。性格正是通过与物的同化，及与自然、与他人、与自己的社会化而创造自身、实现自身，并在此过程中逐步确立起来的稳定形式。这

---

① 韩松：《弗洛姆人性理论研究》，博士学位论文，吉林大学心理学系，2008年，第62页。

② 韩松：《弗洛姆人性理论研究》，博士学位论文，吉林大学心理学系，2008年，第63页。

③ 韩松：《弗洛姆人性理论研究》，博士学位论文，吉林大学心理学系，2008年，第64页。

种性格决定着人的道德行为、价值判断和思想观念,并使人的行为和思想能够适应社会。[①] 在现实中,人的性格结构是十分复杂的,不只有一种性格倾向,通常各种性格倾向同时存在。每个人的性格结构都是各种性格倾向的混合,其中有一种性格倾向占主导地位,代表着一个人的性格结构的特征和个性。[②] 人的性格结构既具有相对的宏观整体稳定性,又具有微观短暂的多变性。稳定性体现在一个人整体具有的性格特征趋向稳定,但在不同环境或不同场景中,多元混合性格特征因环境不同的刺激,呈现不同的反立特征。在一种性格特征突出时,其他性格特性是潜隐的,只在特定环境刺激下,才呈现不同性格特征。

因此,人的性格结构具有复杂和多元性,不只有一种性格倾向,而是多种倾向并存,并在现实中呈现多面性。

第一节　势利和谎言的变体

在古代文学作品中曾有大量的媒婆形象塑造,大都是尖嘴猴腮,巧舌如莲,谎话连篇的势利村妇,这已经成为广为人知的一种普遍认同。人们之所以能把媒婆塑造成这种样子,源于媒婆显著的两大特征:爱钱和撒谎。然而,人们一面对媒人的势利嗤之以鼻,嫌弃厌烦媒人;一面又在婚姻媒事中离不开媒人,与其保持着

_____

① 韩松:《弗洛姆人性理论研究》,博士学位论文,吉林大学心理学系,2008年,第66—67页。

② 韩松:《弗洛姆人性理论研究》,博士学位论文,吉林大学心理学系,2008年,第75—76页。

紧密关联,并在需要时讨好、奉承媒人。N 村的媒人中,特征鲜明的是职业媒人。他们一生专职为媒,婚姻管媒中的物质利益是他们热衷追求的主要目的,这种直接的目的导致他们在管媒中利用部分的"粉饰语言"美化现实,以谋求更高的婚姻成功率和物质最大化,从而被冠以"势利"和"谎言"的头衔,成为世俗世界中"势利"与"谎言"的变体。在 N 村这个小的乡间村落,媒人是如何呈现这些显著特征呢? 村民们又是如何评价他们呢?

一、"贪婪""势利"的形象

(一)管媒中的"可渔之利"

1. 周期短

N 村的婚姻媒事周期非常短,从媒人撮合男女双方第一次见面到结婚,最长的时间是一个月或一个半月,通常在一个星期到两个星期,两个互不认识的年轻人便可举行婚礼,结为夫妻。管媒周期短,因而大大减少了媒人的运作成本,他们只需忙碌一个礼拜到两个礼拜,新人就能结婚,媒人的管媒诸事随即结束。这种职业相对轻松,周期短,劳动强度小。

2. 谢礼颇丰

婚事管媒初期,当事人需提一定礼品,如糕点、牛奶、白砂糖、茶等请媒。N 村媒事中最流行的礼品是传统的"糖(白砂糖)"和"茶",也是 N 村婚事中主要的礼品之一。媒事完毕,当事人必须备重礼谢媒。谢媒相对请媒要礼品贵重一些,这也是职业媒人最注重的一环。N 村早先时期的媒人,谢媒的礼品是一双布鞋(认为媒人跑腿,会跑烂鞋子,因而补偿媒人一双鞋),称少量白砂糖和茶叶。后来谢媒的礼品为固定的 1.1 米布料,刚够给媒人做一条裤子,再称点糖茶、馍馍、宴席剩的肉等。现在谢媒流行现金,男女双方给媒人各端 500 元钱,称点糖茶,送几个馍馍和一些宴席剩的肉。一个月内有 1000 元的收入,况且只是在两个家庭间作一些事务协调,在农村家庭,也是比较可观的收入。管媒的过程中,当事人时不时会送点糖茶之类的礼品,长年累月的日子里,也给贫寒家庭增加一些额外的生活添补。采访 N 村职业媒人 N 叔,他子女较多,因而生活艰难,平日在耕种不多的几亩地外,全凭管媒和做婚宴养家糊口。从三十多岁管媒,直到今年七十多岁,N 叔依旧没有停止他的这份职业。婚姻管媒中对媒人的谢礼,是他生活的主要来源之一,也是凭借管媒的收入,他辛苦给四个儿子娶到媳妇,并各建一座院落分家立户,实属不易。N 叔经常有别人送的糖和茶喝,可省却他花钱自己买,也是一份额外收入。

（二）村民眼里的"贪心鬼"

N 村村里当过业余媒人的人不少,但专职媒人却不多。N 村的婚姻主要通过熟人亲戚关系拓展通婚的广度和空间,这其中很多婚姻通过亲戚熟人介绍结成家庭,熟人亲戚也是 N 村业余媒人群体的主要成分。在农村通讯不太发达的时候,通婚的范围相对较小,因而分布在四面八方的亲戚,如同四通八达的交通脉络一样,极大拓展了通婚的空间,从而弥补人际交往上的局限。在 N 村的婚姻媒事中,亲戚关系是主要的婚姻链接关系。N 村绝大多数的婚姻由亲戚熟人介绍,就职业媒人而言,也是利用亲戚和熟人关系罗织网络,伸展开来去搜寻适宜对象。因此,通婚圈中,亲戚熟人关系显得格外重要。对于婚姻当事人而言,业余媒人比职业媒人成本低,但业余媒人缺少职业媒人的信息资源。职业媒人很注重物质利益,对酬谢的礼品有一定隐性标准。业余媒人,往往只是顺便替熟人或亲戚帮忙,目标只为组成好的姻缘,而非金钱或物质酬谢。媒人在谢礼上没有过多要求,这对当事人而言,在物质和精神上减轻了许多压力。职业媒人追求物质酬谢,管的媒越多,酬金也越多,因此,职业媒人往往要竭力促成婚姻的建立,而对婚姻的质量注重不够,离婚率较高。为了物质利益,媒人多多少少有时会走极端情况。他在他的视野里,千方百计搜寻适龄男女组配成对,至于双方婚后能否幸福生活考虑较少。媒人主要目的是尽可能撮合双方成功建立家庭,顺利获得当事人谢媒的酬金。当然,大多数情况,职业媒人也不会过分追求利益而"乱点鸳鸯",但也有一些唐突的情况,因而引得村民对职业媒人不满,觉得他们是追求利益的"贪心鬼"。但职业媒人经验丰富,常年积累了广泛的人脉和信息,有管媒的优势,许多适龄婚嫁的年轻人或家庭依然会找职业媒人,以期在较大的范围内寻找更好的伴侣。

访谈人:N 村村民 M(曾管过媒,业余媒人) 访谈时间:2014年 8 月 访谈地点:N 村 5 队

访谈 1.N 村近亲结婚自古比较多,20 世纪 80 年代以前,村里的近亲大致占到 50%—60%。一方面老人们为了"保护老亲戚不断","亲上加亲";另一方面近亲通婚费用较低,节约成本,所以比较普遍。后来政府出面制止,政府干涉宣传,人们也逐渐认识到近亲的负作用,现在才少了一些。现在 N 姓与 N 姓结婚的也有,但一般都是五代或几代以外,也就是血缘关系比较远了,好几代人了。我长这么大,介绍了一对对子,俺们本队的,也是 N 姓与 N 姓

之间的通婚，娃娃都聪明着呢，因为隔得年代多了么。当时介绍也是考虑他们辈分远了，男女双方从长相也能般配，性格方面也般配。男女双方家庭条件几乎门当户对，这些条件都几乎不相上下，没有太大的悬殊，我从这几方面考虑。男方父母邀请我，叫我把这事圆满，我才出面，除此之外，我不搜查人。有些人见孔插针，这个女的和这个男的，我给你想着法子让他们在一起。我一般不做这样的事情，我是别人父母过来说："我家儿子看上谁家女子了，你过来给帮个忙，中间给搭个桥。"我才出面呢，除此外我不出面为钱而勉强撮合别人，贪财乱点鸳鸯背后有人说呢。

上面是采访 N 村一位业余媒人，从他管媒的方式和想法去比对与职业媒人的差异，从中也明显感觉到他对职业媒人管媒方式的不满。采访过很多村民，他们对职业媒人以私谋利的管媒方式大多不满，认为他们不负责任，谎话骗人，谋利心思明显。

（三）贫困之源

根据马斯洛的"需要层次理论"，人类行为的原动力是需要，按优势出现的先后或力量的强弱排列成五种需要等级：生理的需要、安全的需要、归属和爱的需要、尊重的需要及自我实现的需要。生理需要包括吃、喝、性等需要，也是人类最基本的生存需要。弗洛姆也曾说："一切生命的本质在于维护和肯定自己的生存，一切有机物都有维持自己生存的内在倾向。这种'自我保存'的本能是人类最原始、最基本的人性，包括吃、喝、性等各种生理需求。"[1]

---

[1]　韩松：《弗洛姆人性理论研究》，博士学位论文，吉林大学心理学系，2008年，第66—67页。

N村的媒人对物质利益的趋向，也源于生存的基本需要。

N村职业媒人N叔管媒的故事　访谈时间：2015年6月　访谈地点：N村4队

访谈2.N叔之所以从事媒人而坚持到老，是根据自己的现实处境所作的生存选择。N叔自小是抱养的孩子，又调皮捣蛋，所以在养父母的家里感受到的爱和呵护有限。养父生活不错，但没给他留下多少遗产。结婚后，他生了四个儿子，一个女儿，这让他非常欣喜。因为养父母的祖上三代单传，他这代，养父只有三个女儿，没有儿子，才抱养他立后。社会中"无儿断根"的思想依旧浓厚，没有儿子的家庭如同残缺不全的瓷器，总受别人闲议。N叔这次生了四个儿子，虽然生活更加艰难，但心里的底气很足。由于孩子多，几亩田的产出依然维持家庭困难，他们家一直是村里较为贫寒的家庭。三十多岁的一次偶然管媒，他觉得寻找到了一条添补家用的谋生之路。管媒过程中，别人请媒、谢媒送的糖、茶、鞋、布料、钱等，多少给艰辛的日子添补一些欠缺。从此，他开始管媒，农忙时种田卖菜，农闲时在街道、坊上闲聊搜集信息，为别人管媒。他擅长交谈，也比较能掌控婚姻管媒中的各种局面，一年也管十来对媒。后来在村里跟人学做宴席，由于宴席中的人流量大，与人接触面和频率加大，更加拓展了他的人脉关系，为管媒铺设了充分的条件。这使得他管媒经验丰厚，人脉广博，成功率增高，也为他增添了收入。孩子长大娶媳妇的时期，是他最艰难的日子。一个媳妇彩礼1万—3万元，对靠种菜和管媒的收入根本不可能娶到四个媳妇，因而他们家也开始借债。好不容易给儿子们娶到媳妇，却没有钱建单独的院落，更何况是四座院子。最后实在没钱建新房，老两口及儿子、孙子们五家挤在一个旧院子里。直到国家开发修建高速路，占地补赔，四个儿子如今一人一套院落，分家独立生活。四个儿子、娶四个媳妇彻底让家翻不过身，他今年70岁，没钱交养老保险，只能继续种地、管媒、吃低保、拿国家免费的养老保险。N叔也曾对我说："管媒，也是为了生活。"

N村媒人的管媒，只是生存的需要，一种保持自己存在的生计方式。任何的生计方式都以谋取物质利益为目的，这都在情理之中。

二、"谎言"的变体

在N村人的眼里，部分职业媒人为了追求管媒的成功率所带来的经济收入，千方百计撮合男女当事人成功结合，甚至婚事协调中经常使用"粉饰语言"掩盖某些真相。这种情况往往造成婚姻当事人婚姻矛盾，甚至导致离婚。

（一）村民眼里的媒人

访谈人：N村D主任　访谈时间：2014年7月　访谈地点：N村广场

访谈3. 2014年7月的一天，正值夏日，我去N村村委会采访村委会主任DYX，陪我一起去的还有N村职业媒人N叔。我们进到主任办公室，D主任正和几个村部的人闲聊，我对D主任说明来N村的原因。D主任指着N叔说："他就是媒人，一直管媒。"我嗯声应答，N叔对我说："他女儿还是我管的媒。"（给主任女儿管媒，N叔露出一丝自豪。）D主任稍顿又说："唉，不过，媒人就是扯谎。"他当着N叔的面这样直露地说，身后的N叔急忙辩解道："媒人不能扯谎,扯谎咋行?"D 主任说:"不扯谎咋能挣得上钱。"N 叔不再辩解,打岔说:"哎,你女儿还是我姨姨呢。"这样打了圆场不再争论。后来 N 叔出去后,D 主任告诉我,N 叔管媒不负责任,连哄带骗,"他只看钱,不看孩子门不当,户不对,还有时故意隐藏一些对管媒不利的消息。给我丫头说的亲事,没有给我们说清楚男方的工作是正式的,还是临时的,结了婚才发觉是临时的。"D 主任说。他女儿现在也离婚,对 N 叔,他有很多的怨气。

(二)媒人的自白

站在不同的立场和角度,得到的观点不同,村民眼里的媒人与媒人自己的观点总有不同的描述。

时间:2014 年 7 月　访谈人:N 叔 N 婶　地点:N 村 4 队

访谈 4. N 村职业媒人 N 叔的老伴 N 婶告诉我,现在谈对象,两个年轻人相互了解的时间拖长。装修房子,丫头和小伙子电话上沟通,小伙子领上丫头转,吃饭,增进感情,这样断断续续,至少半月才能举行婚礼。相亲的青年男女,在这有限的时间内,必须知道,对方是否聪明,家里多少口人,家庭条件如何,对方干什么工作,是否有不良嗜好。谈得基本满意的时候,便告知家里人,与媒人协商订婚结婚。男女双方结了婚,媒人的任务结束,只等男女双方家庭来谢媒。N 叔 N 婶对于媒人的责任,经常念叨着一句话:"媒人嘛,只能管他们一时,不能管他们一世。他们一结婚,媒人的事情算结束了,他们自己过自己的小日子,与媒人基本再没有什么牵扯。"管媒的男女结婚后,N 叔则不再操劳他们的事情,只悠闲地斜靠在家里长炕柔软的被子上,看着电视里的秦腔,等当事人两家上门谢媒。N 婶告诉我,"N 叔去年给村上 NHT 的孙女管的媒,光谢了500块钱,连个糖茶都没送来。谁见他一两茶,一蛋蛋子肉了,就给了500块钱,两方就1000块钱。别吴忠管一个媒一家就1000,男女双方2000元,还给送毛毯、称糖茶、拿肉、拿馍馍。我那兄弟媳妇就在吴忠,去年还问:'大姐,管媒别给你500还是1000啥?'我说:'唉,别照给500。''俺们吴忠这儿,管一个媒要1000呢,还给一个毛毯,就跑半月。'我说:'唉,这边没有,你姐夫那面皮子软得很,别给端多少就是多少,别又不要也不说。'"

N叔说:"有时候遇到的谢媒,买的那个东西太叫人难堪了。"有一次,他给四队的一家管媒,男女双方结婚后,男方家给他送来1.1米布,两把镢子。可能是媳妇坐满月,招待客人后,剩余的东西。当地的习俗,孩子生下来三天,要"洗三"。孩子"洗三"的时候,亲友拿的袜子、布料、小孩衣服等东西祝贺。孩子过完"洗三",这家人便挑了一段布,两把镢子来谢媒人。谢媒的这段料N叔拿到裁缝店做了条裤子,没穿多少时日就破烂不堪。原来送的这块料,年长日久,加之本身廉价,这料早朽了,这令N叔心里非常不舒服。街坊邻居给管了媒,也没少跑路,也没少说话,尽心尽力给把新媳妇娶上门,邻居给N叔管媒的谢礼却这样寒碜。谢媒的礼物,虽说有一定的行情水准,但也有高有低,不能明码标价,或强制收礼。街坊邻居间,都是自愿和无定数的酬谢,遇到管媒当中的意外,N叔只能在家里唠叨几句。

2014年8月的一天,我去找N叔了解管媒的事项,正碰上N叔坐在家里的长炕上用电话联系管媒。N叔几个破破烂烂的电话本,记满了联系人的电话,有时懒得跑路,就用电话联系两家,沟通协商媒事。

时间：2014 年 8 月　　访谈人：N 叔　　地点：N 村 4 队

访谈 5. 一天，N 叔在家里接到一个电话，是永宁县三中的一个教师，离婚，打电话让 N 叔给他找个对象。N 叔说："你们楼在幸福小镇？""你今年多大了？……35 啊，我还给别人说你 28 呀。"

N 叔也给旁边的陈老汉找了一个称心的老伴，他们属于老年婚姻，陈老汉今年 93 岁，老伴 68 岁。陈老汉找过三个老伴，这是第四位老伴，杨和街上人，与他结婚三年。我那天采访过陈老汉后，N 叔略带意外地笑着说："陈老汉 90 多岁了呀，我还给别那老太太（陈老汉现在的老伴）说 70 岁。"

职业媒人为了生存和养家糊口，追逐谢媒中的物质利益，难免掩盖婚姻当事人的缺点，夸大优点，确实存在与实际事实不符的情况，造成婚姻安全的诸多隐患。这种情况的积累，塑造成村民眼里媒人"势利""撒谎""贪婪"的印象。

第二节　婚姻—家庭—族群建构中的推手

族群是人口的社会群体，人口是族群的生物载体。人口的繁衍是家庭的主要职能，一个个的家庭组成社区，一个个的社区构建成大的族群。家庭是族群的结构细胞，家庭的新陈代谢是族群的延续方式。媒人在男女两个单性家庭之间牵合组建成家庭，是婚姻—家庭—族群建构的有力推手。

一、媒人产生的社会文化条件

在《法哲学原理》中，黑格尔说，"凡合乎理性的东西是现实的,凡现实的东西都是合乎理性的。"①即"存在的即是合理的",意思说任何现实的存在其产生的过程都有必然性和逻辑性。N村有 5000 口人,媒人因家庭构建需要而普遍存在,形成了一个独特群体,他们的产生不是突兀的,而是有社会文化背景下的必然和合理。

　　N 村临近银川市,但又处于永宁县城边缘的乡间村落,因此呈现出半开放、半封闭的状态。商业和经济开放发达,文化习惯却崇尚简单古典。N 村少女的行为内敛含蓄,不轻易外出打工,也少与男性交往。适龄婚配的青年人婚姻,通常比较程式化,婚姻由家长和媒人在两个家庭之间协议沟通后达成。村落里的人们习惯了媒人的牵媒拉线方式,不流行现代的自由恋爱,因此,媒人和家长在婚姻中起到重要作用。一方面,出于道德操守和安全的考虑,年轻的女孩子在社会交往方面比较内敛,特别注意自己的形象和品德修养。因而,N 村少女平日深居简出,外出活动的机会不多,也少于社交。另一方面,也是因为现代 N 村人们的择偶视域逐渐向外伸展,村际间的通婚有所增加。村与村之间存在地域上的距离,人们较少走动,相互了解有限。许多的信息只是亲戚朋友传过来的只言片语,甚至距离较远的村落人们根本无从认识。在这种情况下的婚姻,必须有媒人做中介,在陌生的两人之间架起沟通的平台。无论 N 村少女内敛、含蓄的社会交际在择偶上的局限,还是 N 村人与较为陌生的外村人的婚姻关系,都因为比较少的接触机会,

---

　　①　[德]黑格尔著,范扬、张企泰译:《法哲学原理》,商务印书馆 1979 年版,第 4 页。

需要媒人信息资源和人脉资源对这种情况的补充和改善。因而，N 村的婚姻中需要媒人的存在，媒人是社会和文化的产物。

　　婚姻过程中，个体的交际范围和交际程度对择偶起到很大的影响作用。交际面小或缺少交际都不利于婚姻家庭的顺利组建。然而，家庭是社会和群落的组成细胞，没有新家庭的生成，社会和族群的延续必然危机，这种结构性的缺失必须要有另外一种途径去弥补。媒人的出现，是家庭—婚姻—族群建构体系中功能弥合的产物，媒人在未婚男女间搭起信息和沟通的桥梁，让原本互不走动，或较少走动的两个家庭顺利连在一起，并协议建立起婚姻关系，而后组建成新家庭。新家庭的生成是社会和族群再生产的成功延续，为族群注入新的血液和新的基因，从而达到人口的繁衍，以及社会群落的再次制造。事实上，择偶过程中，交际对婚姻的影响并不单单是个人婚姻家庭的问题。若把婚姻放置在大的社会关系中，管媒、择偶的过程是社会关系的一部分，也同时是社会结构的一部分。社会中的个体在选择婚配对象组建家庭的过程中，是社会结构构建的一个环节。婚姻个体若因交际程度不足而影响家庭规模化的生成，实际上，是婚姻制度在构建社会结构方面出现的功能性障碍。媒人在这一时刻出现，成功弥补婚姻个体交际资源的匮乏。在促成婚姻家庭的过程中，媒人修补了社会结构建构过程中出现的问题，从而使婚姻制度顺利运行，在运行中完成族群的再造。

　　因而，媒人的产生，是婚姻—家庭—族群再生产体系的需要，社会文化和社会结构是媒人产生和存在的主要原因。

二、媒人由世俗角色到宏阔角色的无意识提升

N 村社区的文化倾向以及人们内敛的行为习惯,媒人在有婚姻需求的男女之间牵合,这样的行为符合传统社会文化和社区"礼"的秩序,同时也无意识间起到婚姻家庭结构的弥合,因而,媒人的存在是族群婚姻制度体系构建当中的一个重要环节。

英国著名社会学家安东尼·吉登斯(Anthony Giddens)对人类的意识与无意识行为之间区分的研究认为,人们的社会行为除了有目的、意图、动机等行动者可以自觉到的意识因素外,在行动者话语意识觉察不到的两种行为过程之间,存在着广阔的"灰色区域"(grey area),舒茨称为"知识库存"(stock of knowledge),而吉登斯称其为"共同知识"(mutual knowledge)。

他认为支配人类社会行为的意识不能只简单称为"自我意识",而应当认识到是一种"人类意识"或"共同意识"。人们在日常行动中自觉不自觉地受到这种"共同意识"的支配,这种"共同意识"类似于风俗、习惯等文化背景和文化传统。所以,人类的社会行为,不只有我们能意识到的行为结果,也有意识不到的一系列意外结果。吉登斯认为,社会活动中,每个个体的活动是有意识的,但众多个个体活动汇集在一起,却形成了"谁也意识不到的结果",吉登斯称为"人人为之,可又无人为之"的"集体无意识"或"历史无意识"。这种"历史无意识"行为是社会生活中不可避免的意外后果形式之一,大量循环往复的意外后果,不断积累形成了人们认可并受制于其中的社会制度,亦即社会生活的制度化。社会历史中呈现的必然趋势也是人们无法自觉的,是自觉的个别事

件聚合了不自觉的历史必然,特别是一向被社会学家认为是人类有意而为之的社会制度,实质上也是无意识的后果。①

N 村的媒人是一群为生计和个人目标生活着的普通人群,在管媒过程中具有明确目标和意识,然而,一个个单个的个体社会行为的无意识聚集形成的后果却是任何人都无法预料的结果。这个过程也是个体"有意识"行为与"集体无意识"行为的渗透和转化,媒人个人的社会行为转化为集体社会行为后,把一个"私人的事情"提升为"集体的公共事情"。而且"私人的事情"是一种个体的有意识行为,转化后的"集体的公共事情"却是媒人无意识的意外结果。N 村职业媒人管媒的主要动机是谢媒时候的物质酬谢,业余媒人管媒主要是维系社会的一种关系或树立自己的威望,这些意图都明确而具体。但媒人这种具体的私人诉求,无意识中弥合了族群婚制机制运行中出现的问题,宏观上为族群人口和家庭的再生起到重要作用。媒人的"私事"无意识中转化并提升为宏大的婚姻机制制度的构建过程,这同时是媒人由"世俗"功能向一个"宏阔"职能的转化。世俗生活中追逐物质利益或声望关系,宏阔的意义上却建构起婚姻制度和族群再造的宏大主题,是婚姻—家庭—族群建构体系中的重要推手。媒人个体的生存实践,无意识间促成搭建起整个族群社会构建的宏大机制,包括媒人在内的每一个个体,都在宏大的族群体系内发挥着某一种功能。媒人是整个族群体系内的一个功能单位,他在自身生存目标和社会文化共

_____

① 刘少杰:《国外社会学理论》,高等教育出版社 2006 年版,第 411—413 页。

同驱动下,有意识需求与无意识构建中,帮助完成族群再造和社会构建的伟大使命。媒人这样的角色转型过程,便是他由世俗角色到宏阔角色的无意识提升。

第七章　通婚圈的空间延伸和
婚姻边界的维持

　　婚姻维系期限的长短是由习俗和法律调节的,而婚姻维系期的长短以及与此相关的习俗是由环境因素决定的。①

　　　　　　　　　　　　——爱德华·韦斯特马克《人类婚姻史》

　　人类的婚姻是一种互惠性交换,在《亲属关系的基本结构》一书中,列维-斯特劳斯分析了澳大利亚原始部族交表婚姻模式,从血缘婚姻制度中,发展出了一套关于社会交换过程的理论。他赞同杜尔干关于弗雷泽功利主义的观点,并对他的交表婚姻结构的功能主义提出了不同的观点。列维-斯特劳斯认为,从根本上说,人类社会的建构,就是以两性关系的建构及其再生产作为基础的。② 在 1949 年他的著作《亲属关系的基本结构》一书中,他阐述人们在婚姻规则的起源之处找到的总是交换制度。交换显现为婚姻制度的所有形态的根本和共同基础。在人类社会中,男人必须从另外一个男人那里获得女人,而作为同样的交换,这个男人给予

―――――――――――――

① 　王铭铭:《西方人类学名著提要》,江西人民出版社 2006 年版,第 89 页。
② 　高宜扬:《当代社会理论》,中国人民大学出版社 2010 年版,第 769 页。

他自己的女儿或姐妹。女人的交换归因于乱伦,禁止乱伦并非仅仅源自纯文化,也非源自纯自然,亦非自然与文化的综合,而是从自然迈向文化的基本步骤。显然,女人的交换是列维-斯特劳斯亲属和婚姻理论的核心概念,他认为女人的交换和食物的交换都是表现和保障群体间结合的手段,①因此,群体的延续必然只能通过女人才能实现。群体间女人的交换,不仅构成人类社会的交互性,而且对参与其中的每个团体都有互利性,这种礼尚往来关系逐渐形成社会的生活原则。通过确立一种整体上的服从规范,群体在它认为有重要的合理价值考虑中赋予了法律的权威。② 婚姻的交换,人们在群落间建构起一种重重叠叠的相互关系,进而建起更为广泛、更为深刻的经济关系和社会关系网络。

在婚姻的交换中,列维-斯特劳斯区分了两种交换模式,一种是"限定性交换"(restricted exchange),另一种是"一般性交换"(generalized exchange)。前者是在两个群体间内部的交换,如 A 群体的女人属于 B 群体,B 群体的女人将属于 A 群体间的交互婚嫁模式。第二种模式是指在两个以上的群体间的交换,如在 ABCD 四个群体间联姻,女人流动时 A-B-C-D-A 形成一个闭合回路,女人在交换过程中以固定的方向流动。③ 这一交换不是一对一的交换,而是彼此履行的交换义务出现暂时的延迟,或者说在

---

① ［法］列维-斯特劳斯:《野性的思维》,商务印书馆 1997 年版,第 124 页。

② Claude levi strauss, *The Elementary Structures Of Kinship*, France : beacon press, 1969, 42.

③ 范国华:《列维-斯特劳斯的亲属制度理论及布迪厄的批判》,《黑龙江民族丛刊》2008 年第 6 期。

交换方向上有不可逆性。交换与立即履行相互性的义务决裂，并且在循环中又增加了理论上的数目无限的对象。于是，就从亲戚到亲戚构成一条姻亲链。随着联姻圈的不断扩大，新的对象进入这个圈子并与以前的共同体结成一体，最终在所有的参与团体之间形成一种交换循环。这两种模式的划分，虽然分析了婚姻交换中的结构，但却有不足，如法国人类学者罗朗拉迪诺瓦以印度的婚姻情况为例更为明确地指出，强调婚姻规则不应该掩盖实际上的亲属关系大部分都不符合规则这一事实。①

在论证自己的观点时，列维-斯特劳斯提出了一些基本的交换原则，影响深远。他认为：（1）所有的交换关系都包括了个体所付出的代价，这种代价归因于社会——归因于使行为付出代价的那些风俗、规则、法律和价值。（2）社会上所有稀缺有价值的资源——不论是物质性的（比如妻子），还是符号性的（尊严和威望），——分配都受到规范和价值观的制约。（3）所有交换关系都受到互惠规则的制约，它要求那些得到贵重资源的人给予那些提供资源的人其他有价值的东西。因此，在研究婚姻交换关系时，必须认识到：（1）分析交换关系的主要变量是社会结构的各种形式，而不是个人动机。（2）社会系统中的交换关系并非限制在个体间的直接互动，而是延伸到交换的复杂网络。一方面，这些交换过程是由社会整合与社会组织所引起的，另一方面，它们又促进了社会组织的各种形式。②

---

① 范国华：《列维-斯特劳斯的亲属制度理论及布迪厄的批判》，《黑龙江民族丛刊》2008 年第 6 期。

② ［美］乔纳森·特纳：《社会学理论的结构》（上），华夏出版社 2001 年版，第 264—265 页。

通婚圈的形成,是婚姻交换行为在自然地域基础上形成的一个社会关系循环网络。N村的婚姻关系,在以它为核心的同心圆范围,形成了疏密有致的通婚圈层结构。

第一节　N村人观念中的"姑舅村"域限概念

一、N村婚姻概况

N村在解放前是一个以"N"姓为主的单主姓村落特征明显的村子,后来由于婚姻关系附带而来的外来姓氏加入,由于行政划分的原因周边部分零星家户划归N村,现形成了杂姓混合居住的村落格局。根据2015年9月的最新田野考察数据,N村有11个生产队,1454户,总人口4811人。

(一)N村婚姻存在部分近亲通婚

从口耳相传和部分的历史文献考证,N村亘古由N姓五兄弟落户繁衍形成。因此,村落的人口结构单一,最初人口的增长是由"N"姓五兄弟与周围家户通婚,通过600多年的繁衍生息,逐渐形成如今的村落状态。村内依旧以N姓为主姓,还有王、吴、李、马、杨、曹、沈、赵、张、尤、雷、罗、郑、吕、周、耿、郭、丁、柳、刘、郝、包、谢、许、智、胡、金等杂姓,其中"N"姓家户占60.24%(2011年数据杨占武)。N村其他的杂姓,是与N村的"N"姓通过"联姻"或"过继"关系居留在N村,与"N"姓家族有紧密的亲缘关系。解放前的N村是由N姓家族形成的严密有序的家族制度管理整个村落秩序,有较强的村落内部凝聚力,也同时具有较强的家族意识,

没有亲缘关系的杂姓一般不被纳入 N 村的户籍,也没有在村里居
住权和土地使用权。因而,N 村的村落姓氏结构比较规整,29 个
姓氏,每一个姓氏都与 N 姓有或近或远的亲缘关系。久居同村,
人们难免会相互通婚嫁娶,N 村也不例外,本村通婚也是 N 村通
婚模式中的一种。由于 N 村落内姓氏间的宗亲和姻亲交错,本村
通婚呈现出近亲关系频繁的特点。

2014 至 2015 年期间,住 N 村 3 个多月,每天近距离观察、调
查 N 村状况,对其婚姻结构和村落结构进行调研分析,并就 N 村
婚姻状况,做了 150 份问卷调查,收回 131 份,其中一份无效问卷。

表 7-1　N 村婚姻中的近亲通婚状况

项目 \ 数据	人数	比率
村内姑舅亲	6	5.8%
村外姑舅亲	4	3.9%
村内姨表亲	7	6.8%
村外姨表亲	4	3.9%
村内异姓通婚	26	25.2%
村外异姓通婚	54	52.4%
本村 N 姓家族间通婚	18	13.8%
本村其他同姓家族间通婚	2	1.5%

表 7-1 显示:N 村婚姻中存在一定数量的近亲通婚,姑舅亲
和姨表亲共有 21 例,占 20.3%,且村内姨表亲与村内姑舅亲都
比村外的此类通婚比例高,说明近亲通婚呈就近趋势。N 姓同

族间的婚姻占 13.8%，但多数为村外异姓通婚，占 52.4%。这说明，近亲通婚只占一定比例，异姓间的通婚仍是 N 村通婚的主要形式。

（二）N 村人通婚遵从就近原则

表 7-2　关于通婚趋向的调查

项目 ＼ 数据	人数	比率
喜欢本村通婚	66	57.8%
不喜欢本村通婚	64	49.2%
喜欢就近通婚	88	67.7%
喜欢远距离通婚	42	32.3%

表 7-2 显示：N 村人喜欢就近通婚，"喜欢本村通婚"与"喜欢就近通婚"这两个选项，有 57.8% 和 67.7% 的高比例，表明 N 村人总体上婚姻倾向遵循就近原则，这已是一个老传统。N 村人偏爱近距离婚姻，男女双方家庭知根知底、知秉性，也方便照顾老人。但部分人喜欢远距离婚姻，他们认为远距离婚姻血缘关系远，生的孩子聪明，另外，近距离婚姻家庭矛盾多。但喜欢本村通婚和近距离通婚人数依旧占多数，在人们的婚姻趋向上，传统婚姻模式占主要地位。"不喜欢本村通婚"的倾向，主要为避免 N 村过于亲密的姓氏亲缘关系，与"喜欢就近通婚"的倾向在意义上是相通的。不喜欢本村通婚的群体，多数也喜欢就近的村外通婚，N 村周围的杨和、李俊、望远、银川等地，是 N 村人通婚密集的区域。因此，从调

研数据的分析来看，N 村人的通婚遵从就近原则，通婚的区域主要集中在周围 20 公里内的地区。

二、N 村的"姑舅村"

（一）"姑舅村"的含义解析

汉朝许慎《说文解字》中记载："女，妇人也，象形，王育说，凡女之属皆从女。"①又解释"姑"曰："姑，夫母也，从女，句声。"②"男，丈夫也，从田从力言男，用力于田也，凡男之属皆从男。""舅，母之兄弟为舅，妻之父为外舅，从男，臼声。"③《尔雅·释亲》："母之兄弟为舅，母之从父之兄弟为从舅，母之姊妹为从母。""妇称夫之父曰舅，称夫之母曰姑。姑舅在，则曰君舅、君姑；没，则曰先舅、先姑。""婿之父为姻，妇之父为婚，妇之父母，婿之父母，相谓为婚姻。"《白虎通》云："谓之舅姑者何？舅者旧也。姑者故也。旧、故，老人称也。夫之父母为舅姑何？尊如父而非父者舅也，亲如母而非母者姑也。"④

"妇称夫之父曰舅，称夫之母曰姑。""舅，母之兄弟为舅。"从古代文献记载，古代把互为婚姻的家庭中的"非父""非母"的父辈和母辈大致都称为"舅""姑"。"妇称夫之父曰舅，称夫之母曰姑。"这样的称呼与现代称呼相去甚远，有姑表亲的影子，但它当

---

① （汉）许慎：《说文解字》，中华书局 1963 年版，第 258 页。
② （汉）许慎：《说文解字》，中华书局 1963 年版，第 259 页。
③ （汉）许慎：《说文解字》，中华书局 1963 年版，第 291 页。
④ （晋）郭璞：《尔雅·释亲》卷四，北京大学出版社 1999 年版，第 119—122 页。

即不是指姑表亲,而是普通婚姻中对夫父母的一种称呼。上述的考证表明,从上古,人们把互通婚姻家庭的长辈有称为"姑、舅"的惯例。N 村人把与自己长久保持对等通婚关系的周围村落称为"姑舅村",有亘古文化习惯的传承。N 村人婚姻遵从就近通婚的原则,因而 N 村周围的杨和、李俊、望远、平罗等县的各村,成为 N 村世代与之联姻的儿女亲家。这些村落距离近,接触频繁,地区经济和自然优势与 N 村相当,具备"门当户对"的通婚条件,因而与 N 村长久保持密切对等的通婚关系。自古联姻出产"舅""姑"关系,嫁出去的女儿,娘家的兄弟便成为"舅","舅"家的孩子称嫁出去的女子为"姑"。N 村人称与周围联姻的村落为"姑舅村",是 N 村婚姻关系格局的一个反映。

(二)"姑舅村"的特征与区域界线

1."姑舅村"的特征

(1)距离近,接触频繁

通婚关系的密切程度,与交往的机会和频率成正比。N 村的通婚"姑舅村"通常位居 N 村村落方圆 20 公里以内,距离越近,通婚关系越密切。比如杨和镇,与 N 村世代联姻,地理位置毗邻 N 村,通婚比例较高,达到 48.1%。而同比距离较远的姑舅村李俊镇通婚比例为 8.37%,望远镇与 N 村的通婚比例为 2.2%。东全村与 N 村亘古关系密切,村际间只隔一条水沟,两村人口分分合合,部分人口与 N 村同祖同宗。东全村人口小,与 N 村通婚比例就小,因此村落的人口比例在某种程度上也会影响通婚的统计数据比例,但民间的通婚交往非常密切。地域距离极大影响交往机会和频率,继而大大影响通婚比例,因此,姑舅村必须具有较近的距离优势。

（2）具备对等的资源优势

中国古代历来讲求婚姻中的"门当户对"，实际上这不是理论上的空洞抽象，而是人们在婚姻实践中总结的切身经验。N村人的通婚也讲究"门当户对"，对等的地区优势，包括对等的地理位置、对等的经济条件、交通等。条件的对等性，把婚姻中的男女双方摆在同一水平线，解构了歧视和挑嫌的因素，从而婚姻具有了一种稳定状态。通婚的"姑舅村"相互间保持着密切的婚姻关系，世代交好，婚姻中的"嫁"和"娶"的频次基本均匀，处于"对流"状态。"姑舅村"之间之所以能持久保持密集的通婚关系，除了地域毗邻之外，这些地区具备"婚姻对等"的资源优势——"门当户对"，因而长期持久与N村保持着良好通婚关系。地区资源与地区自身条件的对等性是婚姻关系保持良好的关键因素。

2."姑舅村"的区域界线

婚姻的链条无限攀伸，如同汲取水分的毛竹根系，四通八达。与N村通婚的村落分布在婚姻链条的各个攀伸的线条上，星罗棋布、遍布五洲。无论婚姻的链条攀伸多远，N村的"姑舅村"多数只分布在N村周围的有限区域。"姑舅村"有区域界线，界线决定于一个条件：即"姑舅村"与N村保持一种密切、均匀、持久的通婚关系。只有与N村保持"密切、均匀、持久"的通婚关系的村落，才被N村人称为"姑舅村"，与他们世代密切联姻，有"姑舅"亲戚关系。银川与N村有高达14.54%的通婚比例，但由于银川区域优势比N村稍强，通婚通常呈现一种"单线高攀"状态。即银川各方面地区优势优于 N 村,因而 N 村的女子常常嫁往银川,而银川的女子少有人嫁到 N 村,因而婚姻关系呈现出不对等性,故而 N 村人把银川不称为"姑舅村"。杨和镇的杨和村、王太村、观桥、红星、永红等这些持久与 N 村保持良好通婚关系的村落,是 N 村人眼里交好的"姑舅村"。

第二节　通婚圈的序阶格局

人们分布在不同地域,形成空间上的区隔和异质性,呈现在婚姻交往上的圈层和序阶格局。美国社会学家皮特·布劳(Peter M.Blau)分析了空间上的异质性对人际交往的影响,认为自然邻近对人类交往会产生普遍的影响。这种影响清楚地表明了社会接触机会对社会交往的重要性,这不仅对偶然相识来说如此,而且对友谊和婚姻来说也是如此。他观察距离与人们交往之间影响的程度,认为在日常生活中,缩小几百码的距离并不会隔断人们之间的交往和关系,但是即使空间距离的差异很小,也会影响结成朋友和密切关系的比率。各住宅之间的距离如果增加几码,就会减少结成朋友的可能性。① 布劳细致分析了地域分布影响社会生活的几种方式:一、邻近本身,它制约了社会接触的机会。二、人们所居住的社区,既是地域单位又是政治单位,这些特点会对社会关系产生影响。尽管地域没有自己的界线,彼此

---

① 〔美〕皮特·布劳:《不平等和异质性》,中国社会科学出版社 1991 年版,第 135 页。

融为一体,但人们生活的地方可以被编为政治单位和亚单位,因此,它们的政治界线也就赋予地域社区以界线,这种政治界线与地域界线的一致性,在所有的社会形态中似乎都存在,①并影响地域的分化和异质性。

N 村的通婚圈,以 N 村为核心,形成一个个的同心圆。圆上点的分布,有地理空间的自然分布,也有社会元素附加意义上的社会分化形成的这种复合序阶分布格局。

一、N 村通婚分布格局

N 村的通婚圈因不同的区位,而呈现出序阶格局的分布状态,这种序阶格局所体现出的地区差异,主要决定于两个因素:第一,区域资源优势。包括区域经济发展水平、交通状况、离省会等中心城市的远近等,这些附加因素的综合衡量,使得不同地区分化。分化预示着差别,从而形成等级,这是 N 村通婚圈形成序阶格局的主要因素。第二,距离。区域的分割距离影响交往的机会和频率,距离较近的村落容易形成亲密的通婚关系,相对遥远的距离即使有对等的区域优势,也形不成通婚的亲密关系。

2015 年 6 月,对 N 村 227 对结婚夫妇中女性的动向调查,即妻子的来源地(娘家),女儿的嫁去地(婆家),发现 N 村的通婚分布疏密有致,形成一定的规律。

N 村通婚地域分布数据:

---

① [美]皮特·布劳:《不平等和异质性》,中国社会科学出版社 1991 年版,第 230—231 页。

项目　　　　　数据		地域	人数（例）	比率（%）	地域	人数（例）	比率（%）
宁夏219 例96.5%	永宁（147 例）64.76%	银川				33	14.54%
		杨和镇	109	48.1%	杨和村	20	8.81%
					N 村	62	27.31%
					东全	6	2.64%
					惠丰	1	0.44%
					王太	7	3.08%
					红星	7	3.08%
					永红	2	0.88%
					观桥	4	1.76%
		望洪镇	13	2%	东河	12	5.29%
					西河	1	0.44%
		李俊镇	19	8.37%	仁存	2	0.88%
					李俊	9	3.96%
					王团	8	3.52%
		望远镇	5	2.20%	通桥	1	0.44%
					白鸽	1	0.44%
					红旗	1	0.44%
					望远	3	1.32%
		胜利乡	1	0.44%	胜利乡	1	0 44%

项目 \ 数据			地域	人数（例）	比率（%）	地域	人数（例）	比率（%）
	39 例 17.2%	同心		7				3.08%
		固原		6				2.64%
		西吉		2				0.88%
		吴忠		3				1.32%
		青铜峡		1				0.44%
		大武口		1				0.44%
		灵武		14				6.17%
		贺兰		5				2.20%
内蒙古 1 例 0.44%		包头		1				0.44%
云南 1 例 0.44%		云南		1				0.44%
甘肃 4 例 1.76%		天水		1				0.44%
		兰州		1				0.44%
		临夏		1				0.44%
		靖远		1				0.44%

上表是对 N 村通婚圈的分布格局做了抽样数据调查,通过观察数据,发现 N 村的通婚遵循就近原则。(1)N 村本村通婚比率居高,达 27.31%,其次在永宁县杨和镇各村中通婚率最高,充分印证了 N 村通婚就近原则的特点。(2)通婚密集的范围在 20 公里以内,呈现大分散、小集中特点。银川距 N 村 20 公里,有 33 例

通婚个案,占 14.5%。绝大部分的通婚案例发生在永宁县境内,
在 227 对通婚调查人数中,永宁县境内的通婚案例占 147 例,达
64.8%。距离 10 公里范围内的杨和镇是 N 村通婚最密集的区域,
有通婚个案 109 例,占 48.1%。96.5%的通婚发生在宁夏本省区
内,有通婚个案 219 例。外省的通婚个案只有 8 例,占 3.5%。从
上表数据分析的结果看出,N 村通婚圈始终遵循就近原则。通婚
最密集的地区为杨和镇,其次为更大范围的永宁县,再推及宁夏本
省区,外省通婚的案例极少。这充分表明,N 村的通婚村落的分布
格局,以 N 村为核心的同心圆,由近及远,由密及疏,随着区域距
离的增加,通婚圈的密度逐渐稀疏。这符合 N 村人通婚的传统习
惯,喜欢知根知底的近距离亲戚关系,不喜欢儿女走远,也不喜欢
远亲。

二、N 村通婚圈的序阶格局

N 村的通婚区域,因自然距离和资源环境的分级层次,进而影
响通婚的频次和疏密程度,使得 N 村的通婚区域呈现出同心圆的
序阶层次结构。①

N 村通婚圈的序阶结构格局有三个层次:(1)第一层:单上线
区域。在 N 村的通婚区域内,有一些地区在区域资源优势上高于
N 村,因而在通婚中呈现出一种单线上攀的关系模式。这些地区
包括银川和望远,银川是宁夏的省会城市,经济、交通发达,地区资

---

① 阎云翔:《差序格局与中国文化的等级观》,《社会学研究》2006 年第
4 期。

源优势明显高于 N 村，因而在婚嫁关系中，出现一种不对等的单线上攀模式。N 村的姑娘愿意嫁到银川，而银川的姑娘很少想嫁到 N 村来。银川是省级中心城市，而 N 村只是银川市辖区内，永宁县城的一个小村落，在行政级别上差距较大。另一方面，银川是宁夏最大省级城市，N 村则居于银川市区的乡村，城市与乡村之间有一定差距。由于这种地域资源上的悬殊，使得 N 村与银川之间的通婚关系呈现一种不对等的单线上攀姿态。望远是永宁县辖区经济发达的一个镇，离省城——银川市更近，交通发达，在婚嫁资本上较 N 村优越，因而也与 N 村的婚姻关系处于单线上攀不对等姿态。（2）第二层：水平对流区域。在 N 村通婚区域中，有部分区域表现出与上述区域特征不同的通婚状态，这部分区域就是 N 村人通常称之为"姑舅村"的一些村落。N 村的通婚"姑舅村"环 N 村而居，与 N 村世代保持着亲密、对等、持久的通婚关系。这些地区毗邻 N 村，部分村落与 N 村有共同的集贸市场、共同的学校、共同的医院、共同的行政机构，有较为频繁的交往机会。另外，这些地区与 N 村不但距离临近，而且经济水平和交通状况基本相当，没有太大悬殊。这些彼此相近的条件，拉近了他们交往的距离，使得 N 村与这些地区的通婚长久保持一种密集、对等的通婚关系。N 村的姑娘频繁嫁到这些"姑舅村"，"姑舅村"的姑娘也频繁嫁到 N 村，世代保持着密集的儿女亲家关系。村落之间的"嫁出""娶进"的频次在一个长久的时间段里处于基本均衡的状态，而且，村与村之间的这种"联姻"伙伴关系保持着长久的良好循环，共同搭建了一个可以持久有联姻关系的通婚圈层。在这个通婚圈层里，遵循着一种稳固、共识的联姻规则，规导着圈层内的每一个个体的婚姻实践和行为。这个圈层内的村落由于对等的区域优势,决定了对等的通婚模式,因此在 N 村的"姑舅村"通婚圈层内,村落之间的联姻关系,保持了一种"水平对流"通婚模式。"姑舅村"圈层内的通婚关系是一种对等、均衡的双向对流模式,即村落之间的婚嫁人数和频次基本对等、均衡,因而也非常密集。"姑舅村"圈层的村落,是 N 村通婚关系中的最主要区域,也就是说,N 村人世代联姻的主要村落是周围毗邻的"姑舅村"。(3)第三层:单下线区域。N 村通婚的区域,还有一部分区域,其资源优势在某种程度上弱于 N 村,在婚嫁关系中处于劣势,如同心、固原等地。这些地区经济滞后,交通不便,山区较多,因而在"婚姻的门当户对"中处于下位,与 N 村呈现一种不对等的通婚关系。"不对等"意味着"嫁出"和"娶进"的频次和人数不均衡,即同心、固原山区的姑娘愿意嫁到 N 村,在她们和家人的眼里,"山里的娃"嫁到了城里,而 N 村的姑娘很少愿意嫁到固原、同心。在我的调研统计中,嫁往同心的个案只有一例,最终以离婚结束。N 村人娶固原、同心的姑娘,称"娶山里的丫头",言辞中带有明显对自己地域优势的自豪感和优越感。娶山里的姑娘,是因为婚礼成本低于城区姑娘,这些丫头对嫁到离城市边缘较近的 N 村,地域优势已经让她们心里满足,因而在家庭状况、房子(新房)和彩礼上会稍做让步。婚嫁条件适中,这非常符合 N 村部分家庭条件一般、为高额彩礼成本忧虑的家长的心态。N 村本地的婚礼随着经济水平的提高,以及离省城近和便捷的条件,时尚之风已飘然跃升。家庭条件好的姑娘,小轿车和楼房成为新时代婚嫁的必备条件,"没有楼房就找不到媳妇",这是 N 村当下婚嫁状况的现实之说。没车可以慢慢买,但没有楼房,N 村的小伙子就面临找不到媳妇的风险。现在的姑娘已经提高了结婚的水准,平房根本不成为新房标准之列。在这种婚姻风俗环境下,部分 N 村人把目光投向山区,以降低婚嫁成本。迎娶山区的姑娘,多少会听到村民背后的一些微词,本家人也有些许自卑心理,但 N 村山区的媳妇仍然很多。因此,家庭条件一般的 N 村人会娶同心、固原等地山区姑娘,但 N 村姑娘几乎不愿嫁到同心、固原等地,这样就出现了一种单向、不对等、但也持久的婚嫁关系。

一个地区的通婚区域,总会因地区资源本身的等级层次分化成为清晰的序阶格局,N 村的通婚区域呈现的三个等级,反映出 N 村通婚区域的结构层级。① 对于同心、固原等地区,在 N 村的通婚关系中处于单下线区域,银川、望远等地则处于单上线区域,这两类都有不对称的通婚关系,呈现出单向趋势。而 N 村周边的"姑舅村"才是 N 村通婚的主要区域,与 N 村保持着密集、对等、持久、双向度的对流式通婚关系。每一个独立的村落或地区,都有自己通婚的核心地带,其主要和绝大部分的通婚关系是发生在"水平对流式区域"。单向度的通婚区域,处于通婚区域的边际,不构成 N 村通婚的主要关系。②

上图为 N 村与银川、固原等地区的通婚关系图,无论是银川、N 村、固原,每个区域都有自己的通婚核心圈层,N 村的通婚核心圈层是那些与它有密切、对等、持久通婚关系的区域。N 村与银

---

① 王德福:《论熟人社会的交往逻辑》,《云南师范大学学报》2013 年第 3 期。

② 翟学伟:《中国人行动的逻辑》,社会科学文献出版社 2001 年版,第 56—72 页。

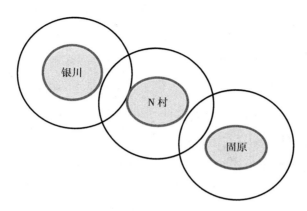

图 7-1 N 村通婚地域关系图

川、固原的通婚,只是通婚边际的部分交集,并不构成各自的主要通婚区域。

第三节 "女子不远嫁"传统的朴素含义

族群—传统文化(ethnic-Traditional culture)的统一性和地域的差异性构成婚俗的显著特征,婚俗的族群—传统文化特征是乡村婚姻制度和中国传统文化交互影响的结果。中国传统文化对婚俗的影响主要体现在外在的婚姻过程和程序上,而乡村婚姻制度对婚俗的影响主要体现在隐性的婚姻观念上。婚姻制度和风俗的内隐特征,表达了在婚姻上的价值趋向和人生态度。N 村的通婚区域表达了 N 村人喜欢近距离婚姻,通婚遵循着一种就近原则。这种文化和心理上的选择,在通婚区域上的表达,便是婚姻网络既有密集性(intensive),又有广延性(extensive)的分布格局。在一部分密集社区里，常常"亲上加亲"，通过姻亲关系结成错综复杂的亲属网络，[①]常言道，"农村的亲，转转子亲"。另一方面，由于聚居的分散性，乡村的姻亲网络也可以跨越省、县界限触伸到更远的区域。通常，通婚最密集的区域多集中在本村周围、距离自己较近的一些区域。N 村通婚区域的地理分布，反映出 N 村在婚姻嫁娶方面的某种价值观念和情感表达。N 村的婚姻遵循就近原则，主要的通婚区域集中在 20 公里内的周边村落，这反映了 N 村人在婚嫁方面具有传统的"女子不远嫁"的婚姻观念。N 村人何以"女子不远嫁"，这种观念深层的思想渊源何在？

一、婚姻是一种心灵的安宁[②]

20 世纪 80 年代，以以色列著名社会心理学专家 Shalom H. Schwartz 为代表的价值观学者开始从需要和动机的角度来解释人类的价值观，并试图在此基础上构建一个适合普遍文化背景的价值观心理结构。Schwartz 认为，价值观是一种个体想要达到的超越情境的目标，而且这些目标的重要程度不同，在一个人的生活中或其他社会存在中起着指导原则的作用。在总结了以往价值理论的研究，Schwartz 分析了价值观具有基本的六大特征：(1)价值观是文化的观念，并与情感紧密相连。(2)价值观是关于值得的终极状态或行为。(3)价值观超越特定的行为与情境。(4)价值观

---

① 周传斌、马东平：《婚俗文化论》，《西北第二民族学院学报》2001 年第 4 期。

② 白蓉：《婚姻价值观研究》，博士学位论文，西南大学人类学系，2011 年，第 23 页。

可成为标准或原则。(5)价值观可按照重要程度排序。(6)多个价值观的相对重要性可引导行为。① Schwartz 认为人类存在着具有"共性"的普遍意义的价值观心理结构,并试图描绘出一幅世界范围的价值观地图(geography of values),将各个文化标识在相对的位置上(mapping cultural groups)。Schwartz 的价值观研究中将人的价值观与 10 个动机领域联系起来,并构建了 Schwartz 价值观量表(Schwartz Values Survey,简称 SVS)。这一量表分类出了 57 项价值观,并用以代表自我超越、自我加强、保守、开放等四个维度的 10 个普遍的价值观动机类型(universal motivational types of values),这也是人的 10 项基本价值观(the ten basic values)。这 10 项基本动机类型为:权力(power),成就(achievement),享乐(hedonism),刺激(stimulation),自我导向(self-direction),大同主义(universalism),仁慈(benevolence),传统(tradition),遵从(conformity),安全(security)。

在图 7-1 中 Schwartz 指出,对立的价值观在图中的位置也是对立的,比如"刺激"与"安全",而互补的价值观在图中的位置则是临近的,比如"权力"与"成就";②"安全"与"遵从、传统";"成就"与"享乐";"享乐"与"刺激"等。

另外,国外的价值观研究学者在研究的过程中发现,传统文化对价值观的影响非常显著。一项对来自 15 个国家的 21 个样本的

---

① 白蓉:《婚姻价值观研究》,博士学位论文,西南大学人类学系,2011 年,第 3 页。

② 白蓉:《婚姻价值观研究》,博士学位论文,西南大学人类学系,2011 年,第 6 页。

元分析研究,结果发现:秉承传统文化的人更倾向于保守的价值观与个人规范的价值观(即传统、遵从、安全),而不喜欢开放、自主的价值观(即刺激、自我导向)。他们也看重自我超越中的仁慈价值观,而不看重享乐价值观和自我加强中的成就和权力价值观。这种情况,因个体有不同的传统文化倾向而对某种价值观有个别的偏好行为。但学者研究发现,虽然不同的群体所看重的价值观不同,但秉持传统文化与价值观之间的关系类型在跨地域文化中却惊人的一致,即那些致力于传统文化的人相对地更看重那些能避免不确定性和改变的价值观,而相对地不看重表达享乐的欲望的价值观或在思想和行动上变得独立的价值观。研究者调查了 256 名秉持传统文化的西班牙学生的价值观,结果发现传统文化与上述的 10 种价值观动机类型存在相关性:秉持传统文化的人更看重遵从、传统和仁慈价值观,而不看重自我加强、享乐与自我导向价值观。①

施瓦茨的价值观理论:②

施瓦茨设想人类存在着具有普遍意义的"共性"价值观的心理结构。施瓦茨价值观量表(Schwartz Values Survey,简称 SVS)有 57 项价值观,用以代表 10 个普遍的价值观动机类型:

(1)权力(power):社会地位和特权,控制或统治他人和资源;

(2)成就(achievement):根据社会标准通过能证明个人成功的竞争;

---

① 白蓉:《婚姻价值观研究》,博士学位论文,西南大学人类学系,2011 年,第 12 页。

② 白蓉:《婚姻价值观研究》,博士学位论文,西南大学人类学系,2011 年,第 12 页。

（3）享乐主义（hedonism）：追求生理上的满足和愉悦；

（4）刺激（stimulation）：兴奋、新奇和生活中的挑战；

（5）自我导向（self-direction）：独立的思想和行为——选择、创造、探索；

（6）大同主义（universalism）：理解、欣赏、容忍和保护所有人和未来的福利；

（7）仁慈（benevolence）：保护和提高那些个人交往较多的人们的福利；

（8）传统（tradition）：尊敬、接受传统文化和礼仪要求的习惯和思想；

（9）遵从（conformity）：抑制引起他人不安或伤害他人及违背社会期望与规范的行为、倾向和冲动；

（10）安全（security）：社会交往和个人的稳定、安全、和谐。

英国著名社会学家吉登斯（Anthony Giddens）认为，个体对自我、他人和周围环境持续稳定的信任，是一种"本体性安全"。他认为，亲缘关系是跨越时空，且比较稳定的社会纽带。个体在成长的早期在与抚养人适当亲密的关系中，培养起自我、他人及其周围环境连续的信任关系。大量的社会关系是在熟悉的环境中展开，因此，本体性安全也更容易在熟悉的环境中形成。传统文化及宇宙观向人们提供了对个人和社会生活的解释，也是促成人们内心安全的源泉之一。人们尊重传统，当前和未来都与过去相联系，这也是本体性安全的来源。[①] 认同传统文化和传统思想对人的思想

---

① 　李培林、谢立中：《社会学名著导读》，学习出版社 2012 年版，第 208 页。

观念和社会行为有深刻的影响,因而也深刻地影响着婚姻观念和婚姻行为。Schwartz 对人的观念的行为动机类型的研究分析,传统文化对人的观念影响鲜明而深刻,秉持传统文化的人更倾向于保守的价值观与个人规范的价值观(即传统、遵从、安全),而不喜欢开放、自主的价值观(即刺激、自我导向),也看重自我超越中的仁慈价值观,而不看重享乐价值观和自我加强中的成就和权力价值观。

N 村的人们不喜欢"女儿远嫁",村里的姑娘也同样不喜欢远嫁,这种通婚观念来自于内心深处各种因素形成的一种心理趋向。"女子不远嫁"的婚嫁习惯,源于受到传统文化思想的持久熏陶,思想观念中趋向"保守、传统、安全",不喜欢"刺激、冒险、陌生"的事物,也在潜意识中尽量避免"不确定、风险"等因素,婚姻尽可能在"熟人圈"中发生。因此,越近的距离,对对方的了解和把握越大,婚姻的"不确定性"和"风险性"都大大降低。这种降低风险的婚姻抉择方式,对婚姻中的双方家庭及男女当事人都会给予一种"安全感",这符合惯常的传统观念。俗话说:"婚姻是一种心灵的安宁。"N 村人遵循通婚就近原则,"女子不远嫁",实际上在内心的深处始终在寻找一种"安全感"和"稳定性"。

二、乡村姻亲逐渐强化

北京大学社会学系教授王思斌通过对河北农村亲缘关系的研究后认为,乡村社会的合作必须考虑可靠性和有效性,有血缘和姻缘关系的亲属成为村民视野中最可信任的对象。但是,一旦血缘关系弱化或出现问题,则与姻亲家庭合作的比例就会大幅度增加。[1] N 村传统的宗族势力一直是家庭合作和生存的主要依靠力量,但姻亲同样具有可依靠和可信任的强大实力。宗亲和姻亲历来是 N 村家庭依赖的两股强大生存支柱,在不同时期的社会变迁中,两股力量互为消长。解放后,妇女在政治上地位的提高,这种观念也逐渐渗入社会各个领域,妇女地位提高,相应姻亲的势力逐渐强大。

1. 以"宗法""血缘"为纽带的宗亲势力的弱化

家族—宗族自原始群居的氏族社会就已经有体系雏形,西周时期,宗法制度形成,从父系社会父权家长制衍生出一种血缘关系和族权制度,汉代以后加强。[2] 解放后,农村宗族势力被视为封建统治的基础而逐渐被清除。土改运动,没收了族田,剥夺了宗族的行政和司法权力;合作化及随后的人民公社化运动,处理了农村土地公有问题,宗祠成为公社公共财产;集体生产限制了农民个体行为,族人共同祭祖的观念淡化;后来与宗族相关的外显特征被扫除,制度体系完整、严密的宗族组织逐渐被瓦解。但这并不意味着基于血缘和文化机制的宗族关系的解体,宗族传承几千年的血缘关系基础和心理意识习惯依旧在社会底层存留。[3] 宗族关系的弱化,生活中两大亲缘关系的一支力量削弱,作为姻亲的另一支力量

---

① 付金柱:《族亲与姻亲的变奏:北方农村主要社会关系类型研究》,《大庆社会科学》2007 年第 6 期。

② 胡健、董春诗:《宗法社会的制度结构与制度演进——中国社会制度传承解析》,《制度经济学研究》2005 年第 1 期。

③ 赖杨恩:《传统宗族社会结构与农村工业化道路抉择》,《东南学术》2002 年第 4 期。

强大，逐渐成为生产生活中最主要的凭依势力。当宗法、血缘关系纽带弱化时，必然导致姻亲合作关系的上升。①

2. 妇女政治地位的提高，使得妇女逐步在社会各个领域地位提高

解放后，新中国提倡男女平等，这种政治层面的昭示，在社会各个领域，妇女地位逐渐提高，尤其表现在妇女在就业和家庭中经济的独立。妇女与男子一样可以工作，并获得经济收入，并承担家庭的经济支出和劳务支出，成为与男子平等的家庭成员，不再依附男子。经济上的独立，是妇女地位提高的主要条件，女子不但在自己家庭里有较高的地位和较大的作用，受到丈夫及亲族的重视，而且在娘家也获得亲族的重视。在乡村宗族亲缘关系弱化的背景下，日常生产生活及商业合作中，姻亲成为最可靠的力量。姻亲关系逐渐深入农村"差序格局"的社会关系网络，并在乡村社会秩序的构造中起着越来越重要的作用，表明传统的以血缘关系为纽带的传统乡土社会关系正在发生着变化。② 现代社会，妇女与婆家的关系常常比较微妙，而更多信赖的是自己的亲友圈。社会发展，家庭中妇女地位越来越高，作用也越来越大，姻亲在乡村关系网络中越来越重要。阎云翔在黑龙江省下岬村对姻亲在乡村社会关系网络中的作用的研究也表明，在下岬村，与宗亲组织相对弱小形成鲜明比对，村民把姻亲纽带看得很重。在诸如婚事、

---

① 付金柱：《族亲与姻亲的变奏：北方农村主要社会关系类型研究》，《大庆社会科学》2007 年第 6 期。

② 付金柱：《族亲与姻亲的变奏：北方农村主要社会关系类型研究》，《大庆社会科学》2007 年第 6 期。

寿诞及房建等的重要庆典中,姻亲被当作贵宾,在这些场合中,对姻亲的重视和颂扬往往遮蔽了对宗亲的热情。村里的每个家庭都通过姻亲纽带相连接,日常生活中姻亲在相互帮扶与合作方面较之宗亲更为活跃。阎云翔通过一组礼物馈赠的数据,对姻亲在乡村社会关系中的显要作用做了说明。在对一次宴席礼单分析后发现:37%的礼品来自亲戚,62%的礼品来自乡亲、朋友和同事等,在亲戚份额里面,姻亲占21%,比血亲9%超出了一倍还多。① 乡村家庭间的绝大多数互助需要发生在姻亲之间,包括婚姻,也是在姻亲这种滚雪球的关系中逐渐拓展联姻的空间范围。宗亲逐渐弱化,而姻亲逐渐强大,因此,许多家庭不愿把女儿远嫁,一方面是心理上的安全感,另一方面也是现实姻亲强大的合作需要,使得喜欢近距离通婚,便于亲戚间的走动、合作和力量上的支援。

三、缩减亲戚走动的成本,成就婚姻收益的最大化

女儿及媳妇所连带的姻亲关系在乡村社会生活中日益重要,因而绝大部分人会从各方面考虑出发,在选择婚姻时就近结亲,其中考虑的一大因素是亲戚走动的成本问题。美国著名微观领域研究的经济学家贝克尔认为,婚姻是男女双方为了最大化自己的利益而订立的长期契约,男女结合的目的在于从婚姻中得到最大化的收益。当然,这是从纯经济学的角度来解析婚姻,而现实生活中

---

① 阎云翔:《礼物的流动——一个中国村庄中的互惠原则与社会网络》,上海人民出版社 2000 年版,第 97—115 页。

婚姻的收益不但有物质方面，也有情感、声望、关心、互助等非物质因素。① 尤其对与父母与子女之间的养育情，永远不能泯灭，父母常想念出嫁女儿，女儿想念父母亲人，都希望来回多走动。另外，孩子的抚养、老人的赡养，现在都成为男女两家相互帮扶照应的双向互动模式。对于出嫁的女子，有一个有势力、离家近的娘家，本身是一种无形的资源。因此，各种因素相互交织，使得人们刻意在血缘的亲情上加上地缘的便利，使姻亲成为一个血缘与地缘共同体。② 这种婚姻模式的原则，是婚姻收益最大化的考量，在一定程度上大大降低亲戚走动的成本，增大互助帮扶的强度。N村"女子不远嫁"也考虑到婚姻的各种成本，最终选择近距离结亲。

N村婚嫁普遍遵循近距离通婚，是内心深处"安全感"的追逐，也是妇女地位提高的显现，同时，也是日常社会关系网络中的现实考量。③ N村"女子不远嫁"的含义，融汇着N村人朴素的生存智慧，也表达了一种生活的观念和思考。

---

① 尹旦萍：《有女不远嫁：当代土家族女性婚嫁圈研究——以埃山村为例》，《青岛行政学院学报》2010年第2期。

② 尹旦萍：《有女不远嫁：当代土家族女性婚嫁圈研究——以埃山村为例》，《青岛行政学院学报》2010年第2期。

③ 王晓燕：《论婚姻及"女子不嫁外"婚俗》，《西北民族大学学报》2006年第4期。

第八章 文化控制:媒人"默识意识"的形成

在社会化的过程中,人们逐渐学习他们可能遇到的典型情境的标准文化定义。这样,每个人的行为就受到他们的社会和文化环境的影响而形成。自发的定义反映了人的欲望,社会定义则反映共有的价值标准和目的。但个人和社会不可能被认为是各自孤立没有联系的,因为个人与社会组成了有机的整体,在这个整体中,每个人的态度和社会的价值标准也是相互关联的。①

——[美]D.P.约翰逊《社会学理论》

第一节 媒人意识中的"默识"规则

一、情境和自我意识的社会化

达尔文认为,自然界和人类社会是一个不断进化的过程,米德(Gorge Herbert Mead)赞成达尔文的观点,并非常重视人类进化过

---

① [美]D.P.约翰逊:《社会学理论》,国际文化出版公司1988年版,第407—408页。

程中人类意识的进化。他认为，人类意识的进化是人类进化的一个非常突出的表现，正是由于人类意识的不断进化和提高，使人类增强了适应环境的能力，进而反过来在更大程度上促进了人类社会的进化。[①]

人类意识的发展同样是一个循序渐进的过程，这其中生长的社会环境对个体的影响十分深刻，但个体对环境的刺激绝不是机械的反射作用，而是经过个体主观意识的判断和社会内化双重结合后的观念和意识。美国早期致力于个人与社会环境之间有机互动关系研究的社会学家中，威廉·埃萨克·托马斯（W. I. Thomas）认为，在社会化的过程中，人们逐渐学习他们可能遇到的情境的标准文化定义。这样，每个人的行为就受到他们的社会和文化环境的影响而形成。个体的自发定义反映了人的欲望，群体的社会定义则反映了共有的价值标准和目的。[②] 早在 1927 年，本尼迪克特（Ruth Benedict）在皮马（Pima）印第安人中做调查时，就发现了文化与个体人格之间的关系，经过多年的钻研思考和酝酿后，写成了人类学名著《文化的模式》。在这本著作中，本尼迪克特通过对三个不同部落的人格对比分析后，认为人格是由文化决定的。她说，个体生活的历史，首先是适应由他的社区世世代代传承下来的生活模式和标准。个体从出生之时起，他生于其中的风俗就在塑造他的经验和行为。到他能够说话时，他就成为自己文化的小小创造物。而当他长大成人并参与到这种文化活动时，其

---

① 刘少杰：《国外社会学理论》，高等教育出版社 2006 年版，第 109 页。

② ［美］D. P. 约翰逊：《社会学理论》，国际文化出版公司 1988 年版，第 407 页。

文化的习惯就是他的习惯,其文化的信仰就是他的信仰,其文化的不可能性就是他的不可能性。他同时也强调个人对文化的作用,说:"文化中所具有的要素,归根到底都是个人所作的贡献"①。本尼迪克特的论述,也证实了托马斯文化与个人互动的有机性理论,个体与环境是一种有机互动的关系,绝不是机械的反射作用,社会情境形塑着个体,反过来,个体的主观能动性亦不断形塑和创造着社会文化。个体对社会文化的创造,使得社会文化不断发展变迁,使得人类社会迈向了发达和文明。

玛格丽特·米德(Margaret Mead)在其名著《三个原始部落的性别与气质》一书中,对阿拉佩什人、蒙杜古马人、德昌布利人的性别及气质对比研究后,提出人类的天性是十分柔顺的,具有可塑性,可以精确地、并有差别地应答周围多变的文化环境刺激。因此,人格的差异,取决于社会条件,尤其是个体发展过程的早期条件,因为无论哪一代的男性与女性都要在文化机制的作用下,适应他们所处的社会文化环境。② 而乔治·赫伯特·米德(Gorge Herbert Mead)把个体在发育早期自我意识的发展过程分为三个阶段:嬉戏阶段、游戏阶段以及普遍化的他人阶段。第一,嬉戏阶段:儿童通过玩耍时扮演他人的角色体验,而产生角色意识。尽管儿童在嬉戏阶段的角色扮演,具有模仿作用,而且每次只模仿一个角色,但米德认为这种简单的模仿行为对个体的自我意识的发展

---

① 宋蜀华、白振声:《民族学理论与方法》,中央民族大学出版社 1998 年版,第 52 页。

② 宋蜀华、白振声:《民族学理论与方法》,中央民族大学出版社 1998 年版,第 54 页。

具有重要意义,这有助于儿童在角色关系中从他人的角度来发展自身行为的能力。同时,儿童在模仿一种角色时,总是会面对另一种角色,比如"过家家"中的妈妈、爸爸、女儿等角色之间的互动和感知,儿童通过对这些角色关系的接触,可以让他们感受不同角色之间的支配与被支配这种社会关系的基本感受,进而形成最初的社会组织感。儿童随着年龄的增长,嬉戏的项目内容和形式趋于复杂化,参与玩耍的人数也增加,多种角色在一次活动中同时存在。这时,儿童们为了确保活动的和谐有序进行,开始需要设置一种低水平的协调,例如"捉迷藏"时约定的形式、地点、人数分配等。总之,儿童玩耍时的小群体具有不稳定、缺乏规则等特征。第二,游戏阶段:游戏阶段是嬉戏阶段的发展,它相比嬉戏,具有复杂性、组织性、规则性和预期性。如球赛、车赛和棋类游戏,这些活动都不是儿童随意组织的游戏,而是按照在一定时间内和一定范围内人们共同认可的某些规则组织活动。参与此活动的成员之间的关系复杂起来,每个人可能在活动中同时担任好几种角色任务,个体成员间的互动也不只是简单的个人关系,而是每一个游戏者同在场的其他游戏者都发生着关系,任何一个游戏个体身在其中,而不能脱离群体单独活动。游戏的复杂性决定了它必须按照一定规则进行,游戏的规则是游戏者为了确保游戏的有序进行而达成的约定或共识,这些规则最初源自于游戏者的共同意愿,但规则形成后便获得了限制和规范游戏活动的权力,而游戏规则的形成,标志着游戏成员进入了组织之中。游戏的规则与嬉戏规则不同,嬉戏中的规则是随意的、随时可变化的,并随着一次嬉戏活动的结束,便被儿童遗忘,下次再活动时,又重新订立不同的规则。而游戏的规则具有稳定的重复性,一旦进行此种游戏,以往此类游戏的规则重新发挥作用。游戏规则的稳定重复性,使得游戏的组织形式和活动形式也获得了相对的稳定性,即便此种游戏在一定时间间歇,但它作为组织形式而进入潜伏状态。在有规则的游戏里,参与者都清楚明白地知道自己如何做,而且也知道别人应该如何做。因此,虽然规则限制恶劣参与的游戏者,但游戏者却因这些限制而能够对游戏的过程及各种因素有明确的心理预期,游戏者的行为由此而获得了一定的主动性,并且可根据游戏的规定在规则限定的应许范围内做出有效的选择。乔治·赫伯特·米德认为,游戏中最主要的因素是规则。游戏规则不但使游戏本身具有了一定的组织性和预期性,而且也使参与的游戏者们在活动中通过对游戏规则的感受和遵守,在他们心里逐渐形成责任感、义务感和社会制度的观念。这些责任感和义务感正是少年儿童进入更复杂的社会,接受社会伦理规范和法律制度限定的心理基础。游戏是少年儿童社会化的一个重要阶段,游戏中少年儿童自我意识已经进入到社会层面,他们开始在社会关系和社会规范中形成比较复杂的自我观念。第三,普遍化的他人阶段:自我观念发展的最高阶段是普遍化的他人(the generalized other),在这个阶段,人开始在比较大的范围里形成关于自我的对象化和普遍化的意识。[1] 乔治·赫伯特·米德指出:"给予个人以自我的统一性的有组织的社区或社会群体,可以称作是'普遍化的他人。'"[2]在乔治·赫伯特·米德的定义

---

[1]　刘少杰:《国外社会学理论》,高等教育出版社 2006 年版,第 115—116 页。

[2]　刘少杰:《国外社会学理论》,高等教育出版社 2006 年版,第 116 页。

中,普遍化的他人的态度就是整个社区、整个组织或整个群体的态度。在普遍化的他人阶段,个体已经作为一个社会中的人在进行一系列的社会行为。在这个阶段,人们在一些组织性的活动中,更加充分地感受到,自己不能够仅凭个人的主观意愿就去开展社会交往,还必须从自己所处的社会组织、群体或社区的风俗习惯、文化传统和伦理规范来支配自己的行为。社会活动中的感知,使得个体的自我意识分化,主我(I)和宾我(Me)的界限逐渐明晰。个体开始从群体或社区的角度来看待自己,自己被限制在社会的种种规定性中。认识的群体规范越多,个体社会化程度越高,自我不再是一个简单的自主的我,而是一个按照社区或群体规定性才能理解的他人。普遍化他人中的我,不是主观的我(I),而是客观的我(Me)。①

　　社会的既定情境,形塑着个体的自我意识,使得个体的自我意识逐渐的社会化。媒人的管媒规范和常识,它同样是在既定的社会环境中沉淀积累起来的一种社会化意识,这是人作为社会个体所应该具备的基本生存意识。人的基本属性是社会性,而非生物性,决定了人必须要接受群体文化的社会化过程,这是个体适应环境的基本条件,也是群体对于个体成员的社会要求,因此,每一个个体从有意识起就必须接受来自社会群体的社会化意识塑造,形成一套具备在一个社会大环境生存的基本知识技能,这样的文化积淀就是个体社会化过程。媒人作为社会群体中的一员,他们对于自身生活于其中的社会环境必须要有明确的认知,掌握人情世

---

　　① 刘少杰:《国外社会学理论》,高等教育出版社 2006 年版,第 116—117 页。

故、掌握评判是非曲直的规则，从而在把控婚姻关系中能够最大可能地贴合社会习俗要求，使得促成的家庭关系成为社会群体关系中能够维系社会公序良俗的一种践行。

二、自我意识的分化

当思维活动反观自我时，就产生了自我意识。乔治·赫伯特·米德认为，思维开展着许多的主观定义，最重要的主观定义是对自我的反思，在与他人的社会交往中对自我的定义，便形成自我观念。这是人开展各种层面的意识活动的核心，只有形成清楚的自我概念，人才能清楚意识到自己的价值、地位，才能在复杂的社会关系中明确自己所扮演的角色，也才能根据自己的利益和愿望对周围的事物作出选择。[①]

自我的概念只有在与他人交往的互动中才能明确地认识，在社会交往中，他人对自己行为作出的种种反应使个体逐渐认识到自我意识，并不断地提出如何看待自己的命题。如何看待自己，实际上是自我的对象化，即把自我作为思维对象进行认知和思考。于是，自我意识出现分化，出现了作为"思维着的我"和"被思维着的我"的区分。语言学中的主格"I"和宾格"Me"的区分，是思维中自我意识分化的清晰表现。I 作为主观的"我"，人们可以意识到个体思想及存在的自我情感，如可以意识到个体自己的主观愿望、利益需求、情感体现和价值评判，[②]而 Me 是自我经过周围环境

---

① 刘少杰：《国外社会学理论》，高等教育出版社 2006 年版，第 112 页。

② 刘少杰：《国外社会学理论》，高等教育出版社 2006 年版，第 114 页。

的社会化后所呈现在人们面前的形象。个体在社会关系中，接受社会规范、制度以及传统风俗习惯的熏陶后，并具有甄别地接受了环境的各种规则，进而内化为自我意识的一部分。这部分的意识，不是机械的接受，往往经过个体的自主思考和自我判断后，释放出交往的社会信息。因此，主我"I"是个体的主观意识，而宾我"Me"则来自社会的形塑，是个体在社会实践过程中，与环境和他人互动，环境反馈于"我"之后的结果，形成的带有社会内化与自我判断双重结合的意识和观念。①

自我观念在社会实践过程中，有分化和区别层次，但人的社会交往是"I"与"Me"的完美统一，这才能使人的自我观念既具有主观性，也具有客观性，人们往往在自我的主观性和客观性的统一中反观自己，进而形成完整的自我观念。"I"与"Me"的统一，是个体真实地把自己放置到社会交往的各种关系中去理解，自我观念就会在主动与被动、即时与历时、创造与规范、个人与社会等种种的矛盾关系中获得统一。在"I"与"Me"统一中来形成自我观念，实质上是自我意识的理性化。个人或自我是社会最真实、最具体的存在，自我观念又是个体开展社会交往、进入社会生活的最基本的主观根据，自我意识实现了从分化到统一的理性化，也就为社会理性化奠定了坚实的基础。②

---

① ［日］富永健一：《社会学原理》，社会科学文献出版社 1992 年版，第 82—87 页。

② 刘少杰：《国外社会学理论》，高等教育出版社 2006 年版，第 114—115 页。

三、惯习与人的"默识意识"

(一)惯习

个体在现实生活中的实践过程,既不是非理性主义者认为的完全出于人类的一种本能,也不是黑格尔、亚当·斯密认为的实践是一种理性的合逻辑思维的过程。布迪厄认为,仅从理性和逻辑性方面来理解实践,一定不能完全理解实践的真实性,因为真实存在的实践,是受"前逻辑"和"前理性"的"实践感"支配的一种具有"模糊逻辑性的实践"。①

所谓的实践感,是一种前逻辑性的、非推论的感觉,这种感觉并非如传统认识论所描述的那种有明确认识对象和认识目的的意识,而是一种不仅不是简单受动性的感觉,而且它还对人的实践活动具有引导性和预见性,并能按照某种意义建构周围世界。具有前理性、又具有能动性和建构性的"实践感",它存在的基础是"惯习"。惯习(habitus)和习惯(habit)是彼此关联,但却是含义完全不同的两个概念。习惯是经由传统传递而来,缺乏能动性和创造性的行为方式。惯习表现为外在社会的规定性在体内沉淀,社会场域和环境中的新因素在不断地纳入自身,并经过自身的调整和重构的内化过程后,对实践对象具有一种操作能力或建构能力的一种潜在的行为倾向。习惯的主要特点是沿袭和接受,而惯习的主要特点为重构和创造。

在谈到惯习的定义时,法国著名社会学家皮埃尔·布迪厄

---

① 刘少杰:《国外社会学理论》,高等教育出版社 2006 年版,第 353 页。

(Pierre Bourdieu)始终特别强调惯习的社会性。惯习存在于个体的身体之内,而身体一定是属于每一个单个的个体的,因而惯习有了个别的具体性。但是,存在于个体的身体之内,用以指导和操纵实践行为的惯习是一种社会建构的结果,而且它在操作和支配个体实践建构社会的同时,也在不断地建构着自己。因此,惯习既是具体的、个人的、主观的,同时也是集体的、社会的,惯习就是一种社会化了的主观性。惯习一定要受到社会的限制,惯习是在特定的场域中被社会地建构起来的,社会制度和社会规定性持续不断地在个人的人生过程中被内化在个体的身体之内,成为惯习的内在规定性,①对惯习的理解,只有放在社会的场域中,把个体与社会,主观与客观联系和统一起来,才能够完整理解"惯习"的特殊含义。

布迪厄在其名著《实践感》中也这样描述,社会生活中认识的对象是构成的(construit),而不是被动记录的,这一构成的原则是有结构的和促结构化的行为倾向系统(systeme des dispositions),即习性(惯习),该系统构成于实践活动,并总趋向实践功能。② 社会条件的制约和特定的场域相结合,生成惯习(habitus)。惯习是具有持久、可转换的潜在行为倾向系统,是一些有结构的结构,倾向于作为促结构化的结构在实践中发挥作用,实践世界是在于作为认知和促动结构系统的惯习的关系中形成。③ 惯习,作为一种

① 刘少杰:《国外社会学理论》,高等教育出版社 2006 年版,第 354 页。
② [法]皮埃尔·布迪厄著,蒋梓骅译:《实践感》,译林出版社 2003 年版,第 79 页。
③ [法]皮埃尔·布迪厄著,蒋梓骅译:《实践感》,译林出版社 2003 年版,第 79 页。

潜在的行为倾向,其形成是由社会中的客观条件包含的可能性与不可能性、自由和必然、方便和禁忌所持久灌输,产生的一些与客观相符,或预先适应这些条件的行为倾向。惯习在实践中的感知预测,是建立在社会关系互动中所获得的以往经验之上的,它非常倚重最初的社会经验。阿尔弗雷德·舒茨也认为,在周围世界的经验中,个体总是带着一定的知识库存(wissensvorrat)在经验着对方,也不管是一般性的知识还是针对特定他人的以及对特定他人的知识库存。① 惯习是具有持久地按规则即兴实践的生成动力,作为实践感(sense pratique),它使制度中的客观化意义(sense objective)恢复了活力。群体历史的产物——即客观社会结构,若要以持久的和调适的行为倾向——客观结构的运行条件——这一形式再生成,就离不开反复灌输,惯习就是这种灌输的产物,它形成于一定的特殊历史场域,将社会的特殊逻辑施加于身体化(incorporation),行为人通过这种身体化使自己从属于制度中客观化了的历史。因此,惯习能使行为人生活于制度之中,在社会实践中遵从制度,从而使制度保持活力、生机和效力,在实践中,对其中部分的制度加以修正和改变,使得规范和制度持久活化。②

　　实践感和经客观化的意义的一致性所产生的一个基本效果,是在行为者的思想意识以及实践中形成了一个常识世界。这一世界中,由于个体的实践活动与世界意义的一致性所呈现的客观性,

---

　　① [奥]阿尔弗雷德·舒茨著,游淙祺译:《社会世界的意义构成》,商务印书馆 2012 年版,第 29 页。
　　② [法]皮埃尔·布迪厄著,蒋梓骅译:《实践感》,译林出版社 2003 年版,第87—88 页。

即各种实践经验的协调和每一经验由于在个人或集体的、即兴的或规定的表现中类似或相同,因而不断地得到强化。在相同的生存条件中和社会制约因素范围内观察到的习性的同质性,使实践活动和行为结果变得直接可知和可以预见,因而被认为确凿无疑和不言而喻。① 惯习是一个内化了的规律,此规律是相同的历史内化于身体,使得它不但是行为协调的条件,也是协调行为的条件。② 实践感,事实上是世界的真正身体意图,它是世界的内化或内在性,世界将制约性和紧迫性强加给行为者,它对行为和言语都具有控制作用,因而对那些虽不是有意却依然是系统的、虽然不是按目的安排或组织却带有回顾性和目的性的选择具有导向作用。③ 在与一个场域的从属关系中,信念(croyance)是一个基本因素。在社会实践中,个体与场域的融合过程中,一个重要的因素,便是实践信念(foi pratique)。实践信念是由所有场域不言明规定的入场税,借助这一规定,不但可以惩罚和开除规则的破坏者,而且在实践中,新加入者的选择和培养能够使他们信从场域的基本预设。信从是场域的从属关系的组成部分,它表现为无数的认可行为,而在这些认可行为中不断生成集体不知情状态。④

---

① [法]皮埃尔·布迪厄著,蒋梓骅译:《实践感》,译林出版社 2003 年版,第88—89 页。

② [法]皮埃尔·布迪厄著,蒋梓骅译:《实践感》,译林出版社 2003 年版,第91 页。

③ [法]皮埃尔·布迪厄著,蒋梓骅译:《实践感》,译林出版社 2003 年版,第101 页。

④ [法]皮埃尔·布迪厄著,蒋梓骅译:《实践感》,译林出版社 2003 年版,第104 页。

惯习对社会实践的影响作用通过策略来实现。所谓策略,指客观趋势积极展开的行为方式。由于策略是受惯习规定而开展的行为方式,所以也具有惯习的基本特征,即潜在性、社会制约性和社会客观性。惯习并不是无条件地展开自身,它只是在特定的场域或特定的情景中展开,在实践过程中,本身的结构与场域或社会的结构发生着双向的建构作用,在此过程中展开某种感知图式,感知图式与思维活动和实践活动结合统一起来时,就生成了策略。惯习作为一种处于形塑过程中的结构,也同样作为一种被形塑了的结构,将实践的感知图式,融合进了个体的思维活动和实践活动之中。这些图式,源自于社会结构的社会化,即通过个体成长中的习得过程,在个体身体上的体现,而社会结构本身,又来源于一代又一代人的历史努力,此过程,也就是社会系统的生成。策略,作为一种行动图式,是社会结构化的产物,也是结构化的社会产物,即人按照自己的惯习作用于社会或建构社会的产物。产生这种双向结构化的图式,必须在特定的且是现实的场域和社会实践中才能够发生,否则,只能会以潜在的可能性存在。因此,正是策略从潜在状态到现实的过程中,必须受到社会条件的制约,且因为其被社会化而呈现出社会客观性。① 这样,个体在实践中便被置于规则的领域之中,这些规则是风俗习惯或"前法律"(pre-law)的领域,并形成由"集体记忆"所保持的"习惯法"。②

(二)默识意识

1958 年,英国著名的犹太裔哲学家迈克尔·博兰尼(Michael

---

① 刘少杰:《国外社会学理论》,高等教育出版社 2006 年版,第 355 页。
② 冯钢:《社会学基础文献选读》,浙江大学出版社 2008 年版,第 504 页。

Polanyi）在他的名著《个体知识》中明确提出了"默会知识"的概念。他认为，人的知识可以分为两类。一类为以书面文字、图表和数学公式等各种明言符号加以表述的，被描述为知识的，通常称为明言知识（articulate knowledge、explicit knowledge）、明示知识、显性知识、可编码知识。另一种知识，是指日常的生活实践中，难于用语言来充分、明确地表达出来的知识，比如人们在做事的行动中所具有的那种不言而喻的经验性知识。此类知识，博兰尼称为默会知识（tacit knowledge、inarticulate knowledge）、缄默知识、隐性知识、暗示知识、不可编码知识。① 默会知识不是一种神秘经验，它只是难以用语言明确充分地表达，而不是说此类知识完全不能被言说。在人类生活的世界，许多知识都是默会知识或隐性的知识，而能够表达成显而易见的明言知识的知识只是一少部分，如同冰山一角，明言知识只是露出水面的一小部分，而默会知识才是硕大的冰山本体。博兰尼认为，默会知识本质上是一种理解力（understanding），是一种领会、把握经验、重组经验，以期实现对它理智控制的能力。②

在前语言的认识阶段，婴儿对事物和世界的认识，完全是一种默会的、非明言的认识。人类对明言知识的掌握和认识，通常首先必须理解、信赖，才得以认识，人们从不会对一个不能够理解的事物达到一种真正的认识。因此，对事物的默会认识，是认识事物的一个最基本、最基础的过程和能力。博兰尼说，默会认识是人类获

① 郁振华：《身体的认识论地位——论博兰尼默会认识论的身体性维度》，《复旦学报》2007年第6期。

② 贺斌：《默会知识研究：概述与启示》，《全球教育展望》2013年第5期。

得和持有知识的终极能力。默会知识是独立自足的,而明言知识则必须依赖于被默会地理解和运用,因此,所有的知识不是默会知识就是根植于默会知识。① 默会认识的能力是随着人的认知范围和认知能力的提高而提高,默会认知在实践中提高明言知识的积累和知识的深度,相反,明言知识的积累和扩充,也不断在促进和优化默会认知的能力。强的默会知识无法用语言充分明确地表达,但可以用非语言的手段去表达,如眼神、手势、指导、示范等去描绘。弱的默会知识则可以借助语言,也可以用非语言手段来表达。默会知识也是一种由个体的物理躯体介入和参与到实践情境中而获得的一种经验性知识。认识过程是身体的辅助觉知过程,认知进行的方式和步骤也是由身体的物理属性决定,认知的内容同样由身体提供,而身体总是镶嵌在具体的情境中。因此,默会知识具有经验性、具体性、情境性。博兰尼认为,识知(knowing),即知识的获得,是一种对被知事物的领会。他强调,知识的获得需要个人的参与,依赖个体的识知者的技能、理解力、判断力、直觉以及情感体验,通过对某种暗示的观察而与某种隐藏的现实联系起来,并试图把这种隐含关系揭示出来。因此,博兰尼认为,识知是一种个人性和客观性的合体。从知识的默会成分分析,它在一定程度上是不可言传的,因而也具有默会性。②

　　默会知识在社会实践中习得,并具有独立的运行机制,从本质上看,默会知识的习得机制是一种实践经验,但在转换过程中,具

---

　　①　郁振华:《身体的认识论地位——论博兰尼默会认识论的身体性维度》,《复旦学报》2007 年第 6 期。

　　②　贺斌:《默会知识研究:概述与启示》,《全球教育展望》2013 年第 5 期。

体的表现形态不同。明示知识和默会知识是知识系统的两大类别，二者有内在一致性，是一对互惠互补的实体（mutually comple-mentary entities），因而需要从二者互动的关系中才能理解默会知识的习得机制。明示知识与默会知识的转换有四种模式：（1）社会化（socialization）：默会知识→默会知识。在社会化的过程中，隐性知识通过共同活动（joint activities），在个体间得以共享和交换。比如社会互动中面对面的直接经验和直接互动、观摩（observation、emulation）、模仿（imitation）等，是默会知识习得的主要机制。据美国学者朱克曼的研究，诺贝尔奖获得者从师傅那里学到的主要不是显性知识，而是如工作标准和思维模式等倾向性态度和不能编纂整理的思维和工作方法等隐性知识。（2）外化（externalization）：明示知识→默会知识。在外化过程中，默会知识的获得主要涉及语言对话、概念、类比、隐喻、示范等可观化特征，还可以形成通用的一般化符号来明确表达默会知识。（3）组合化（combination）：明示知识→明示知识。在这一过程中，常通过存储、加工等方式，进一步传播明示知识。（4）内化（internalization）：明示知识→默会知识。在内化的过程中，个体通过培训、个人实作、共同体实践等方式学习和掌握新的默会知识。默会知识习得机制的四个转换模式，是互惠互补、交互更迭的，它们彼此并非完全独立，在许多情况下，往往相互渗透，交互重叠，呈现出一种复杂关系。①

英国著名社会学家安东尼·吉登斯（Anthony Giddens）在提出

---

① 贺斌：《默会知识研究：概述与启示》，《全球教育展望》2013 年第 5 期。

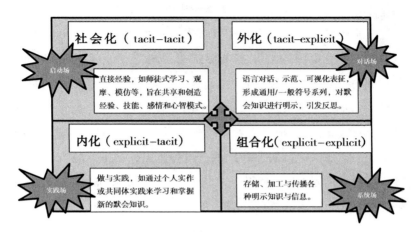

图 8-1　默会知识习得机制转换过程的四种模式关系图

社会结构化理论中,对社会实践的一些特征作了深刻细致的分析。他认为,社会实践具有某种循环性,社会结构也在人的反复实践的过程中,一再地被循环创造出来。社会结构其实是社会要素之间的一种虚拟联系、制度和规则,这些都是社会再生产的前提条件,都是在社会行动的反复循环中创造出来的。人们总是按照自己头脑中的目的、计划来创造社会结构,目的、计划来源于社会实践,是社会实践中展开的各种结构关系在实践者体内的一种内化。吉登斯认为,社会结构是一种在转换关系中呈现出的虚拟秩序,其最主要的特征是主观性,人们在社会实践的循环中再生产出的社会系统,并不具有真正的结构,只是体现着某种结构性特征。在时空维度中的结构以具体方式出现在实践中,作为"记忆的痕迹"引导具有认知能力的行动者的行为,这种"记忆痕迹"即为实践行为者头脑中的结构观念。吉登斯在分析"记忆痕迹"时强调,支配人们实践行为的结构观念,不是传统认识论中的逻辑思维,也不是用语言表达出来的概念、判断,而是在日常生活实践中日积月累形成的习惯性的实践意识。① 他说,制度形式的固定性并不能脱离或外在于日常的生活接触而独立存在,而是蕴含在那些日常接触的本身之中。② 所谓在日常生活实践中积累沉淀并内化在实践行为者头脑中的实践意识,是指行为者在社会生活实践的具体情境中,无需言明就知道如何进行的那些意识。这种意识也不是弗洛伊德所说的那种出于本能的"无意识",它恰恰是一种意识,而且是有能力支配个体社会行为的意识。同时,它也不是形成了概念、判断和推理,可以用言语表达出来的"话语意识",而是介于"无意识"和"话语意识"之间的一种"只做不说的意识"。吉登斯指出,"话语意识"和"无意识"之间并不具有固定不变的区别标准,两者之间的区别主要在于,什么是可以言说的,什么是只管去做而无需言说的,这种意识就是社会生活中普遍存在的"实践意识"。实践意识不但具有"只做不说"的特点,其最突出的特征是日常性和惯例性。社会生活中各种活动日复一日地以相同的方式进行,它所体现的重复和循环的例行化特征,是社会生活循环往复特征的实质根基。③

无论迈克尔·博兰尼(Michael Polanyi)的默会知识获得过程

① 刘少杰:《国外社会学理论》,高等教育出版社 2006 年版,第 408 页。

② [英]安东尼·吉登斯著,李康、李猛译,王铭铭校:《社会的构成》,生活·读书·新知三联书店 1998 年版,第 144 页。

③ 刘少杰:《国外社会学理论》,高等教育出版社 2006 年版,第 408—409 页。

中的觉知,还是安东尼·吉登斯(Anthony Giddens)"不可言明的实践意识",都具有默识的特征,是凭依日常生活的惯习所获得知识和经验的一种"默识意识"。它是社会的日常生活所具有的循环往复特征,内化在个体头脑中,以惯常的经验存储,并不断以结构观念的形式指导个体行为者的社会实践。由于社会生活的往复循环的惯例性特征,其所具有的相对稳定性而赋予的信任感和依赖感,使得个体对以往积累的经验产生某种信任感,从而在实践活动中,意识与行为之间达成了一种信任的默识。个体行为者无需言语明确表达,只凭惯常的一种直觉——"默识意识",就可以指导社会实践行为。个体在一生中,会获得大量隐性的默会知识,默会知识实际上是社会生活经验和知识的积累,是社会制度、规范、常识和习惯等在个体行为者上的内化。个体的实践行为常常受无意识、有意识和默识意识的交互支配,其实践行为在遵守社会规则制度的同时,掺杂着自我的个人判断和意识去完成社会中的每一个行动。因此,默识意识是个体实践行为中非常重要的意识,大量的社会行为的完成需要默识意识的参与和指导。

四、媒人在管媒行动中的默识意识

辩证唯物主义观点认为,意识是人脑的机能,是社会中的人对客观存在的主观映象。这种主观映象有感觉、知觉、表象等感性形式,也有概念、判断、推理等理性形式。意识是社会的产物,因而具有社会性,也具有主观能动作用。在意识活动中,人们从感性经验抽象出事物的本质、规律形成理性认识,又运用这些认识指导有计划、有目的地去改造客观世界。意识有共性,也具有个性。共性源自于人类对同一种事物的认识，具有大体一致的感觉和理解，个性源自于意识的主观能动作用，因个体自我的内在意识和判断而具有个别性，因而意识的感觉、判断、推理也呈现出个别性特征。

人从尚未出生，在母亲的肚子里时，已经用朦胧的意识在感觉和判断世界。出生之后，从婴儿到成人这段生命存在的过程中，便大量地与社会接触，并用意识去觉知和适应社会。自此，人类生命就逐渐形成了一个单一的重要过程，它包含两个互相平行、互相依赖的次过程（subprocesses），即遗传和社会过程。每一个过程都有自己的范围，遗传有遗传的范围，表现为身体与精神的天然倾向的形成。社会过程亦有自己特有的范围，表现为在遗传物质的基础上，形成渐进的社会秩序。① 个体与社会的互动关系，即社会化。所谓社会化，指个体由纯粹的"自然人"到成熟的"社会人"的转变过程，在这个过程中，习得或学习显得非常关键。② 文化的每项内容都是靠学习来获得，因此文化代替本能充当了对环境做出能动反应的手段，依靠学到的文化求得生存的物种是进化史上最伟大的突破。③ 人是具有社会性的动物，社会和群体是个体赖以生存的基本依托。个体就是在许多群体的交叉作用中成长起来，同时，个体在不同的群体中担任着不同的角色，每个个体在进行角色任务时，其行为影响着群体中的其他成员，这就是说，个体通过这些

---

① ［美］查尔斯·霍顿·库利著，洪小良译：《社会过程》，华夏出版社 2000 年版，第 167 页。

② 周晓虹：《社会心理学》，高等教育出版社 2008 年版，第 61 页。

③ ［美］伊恩·罗伯逊著，黄育馥译：《社会学》上册，商务印书馆 1990 年版，第 70 页。

群体的微观环境,对社会这一宏观环境发生反作用。①

个体在既定的社会环境中出生,并接受社会化过程,具有两方面的含义:第一,社会方面:出生于特定社会环境中的个体,各种先于个体存在的成型规则要求个体若想作为一个正常人存在,就必须接受这些规则和文化的约束。第二,个体方面:通过长期不断的习得,社会的规则、习俗和制度逐渐内化为个体自我观念的一部分,并在以后指导个体的社会行动。② 在社会化的过程中,个体对社会规则、制度的内化,不是消极被动和机械的,而是具有主观能动作用。在遵守社会规则的同时,个体对社会规则和制度也产生反作用,持续不断、创造性地改变社会制度和规则,推动社会的变迁。美国著名社会学家乔治·赫伯特·米德(Gorge Herbert Mead)对自我的研究中,指出自我中的"客我(Me)以一般化的他人的形式,使其能够实现内在的自我调节和社会控制。"客我(Me)在本质上是一个社会群体的成员,并因而表现群体的价值观,它的价值观就属于社会的价值观。③ 他认为,人的自我分为主我(I)和客我(Me)两部分,主我(I)是社会个体的自发性、创造性活动以及自由感的源泉。客我(Me)则是一般化了的他人,根据各种社会价值限制、塑造个体的思想和行为,使其能够实现内在的自我调节和社会控制。④ 人的主我意识具有能动性和创造性,它能够在社会

---

① 周晓虹:《社会心理学》,高等教育出版社 2008 年版,第 162 页。
② 周晓虹:《社会心理学》,高等教育出版社 2008 年版,第 60—61 页。
③ [美]乔治·赫伯特·米德著,霍桂恒译:《心灵、自我和社会》,译林出版社 2014 年版,第 47 页。
④ [美]乔治·赫伯特·米德著,霍桂恒译:《心灵、自我和社会》,译林出版社 2014 年版,第 47 页。

互动中发挥主观能动性和独创性，以各种方式打破习惯模式和常规惯例，改变和创造社会结构和制度，推动其更新以更加适合的姿态与社会个体整合成有机整体，这一过程，也称为社会变迁。而客我以社会化了的他人体现着社会价值观、社会调节和社会控制，以便使社会个体的意识、情感、意志、行动在宏观层面上体现出社会整体特征，并和谐地融入社会。社会在此过程中，能够在个体多样性的基础上整合成一个有机整体，并保持必要的秩序和正常的运转。①

　　媒人，是在社会群体中担任了某一特殊角色任务的个体。自他作为婴儿降落在世后，他便成为社会人的一员，家庭、社会、学校、街道、市场等各个场合下文化和传统的熏陶教化，与人互动交往时的意会、感知，使得他有意、无意地在习得一些社会规则，并内化为自我意识的一部分。内化在头脑中的知识，有明示知识，也有默会知识，在个体成长的历程中，日积月累地储存在个体的大脑芯片中，并被理性归类。归类后的知识，在行动实践中，他便知道什么时候该用明示知识去交际，什么时候该用默会知识，只做而无须语言表达和明示。媒人在管媒行动中，不同的情景场域下，灵活使用自己毕生的知识积累，明示知识和默会知识交替使用，相互补充，完成社会互动的各个行动。在与双方家庭沟通的过程中，媒人利用他"漂亮的口才"讲解婚姻规则，往往讲解的东西是当地普遍认可和遵循的传统和风俗规则。这些需要语言或文字明确解说的

---

　　① ［美］乔治·赫伯特·米德著，霍桂恒译：《心灵、自我和社会》，译林出版社 2014 年版，第 49 页。

东西,是社会群体在长期实践中认可为共同知识,不但被大众认可,并被固定成为群体共同的社会文化制度。社会文化制度具有传承性,大部分的制度是祖辈或前期遗留,小部分的习俗随着社会,有微观或局部的变迁。一个社会的文化,就是由大部分传承文化和少部分的变迁文化组成。媒人在成长的历程中,习得了传承文化,也觉知了变迁文化。大量的文化制度和知识,在生活的实践过程中,以明示知识和默会知识储存在头脑中,这些知识就是他们生活阅历过后储存的实践经验。当在婚姻管媒的行动中,媒人便动用自己以往的经验,经验是他处理管媒过程的主要依据。

社区的文化制度是每个个体必须遵守的行为规范,但具体到每一个事件,由于个体的文化背景、自身的观念意识等的独特性,使得个体在处理婚姻事件中的文化标准呈现微观层面的差异性。这种现象如同经济学领域的价格原理,由于市场中商品的供求关系的不平衡,商品的价格与价值经常不相一致,但这并不违背价值规律,相反,商品的价格总以价值为中心,依据市场供求关系的变化围绕价值上下波动。N村社区的文化制度,如同上述市场经济领域的价值一样,而村落中的个体处理具体的每一件事情,自己所理解和掌握的原则,如同市场经济领域中的价格,具有多样性和不平衡性。但无论如何,个体总是大致围绕社区公共的文化制度和原则,稍有变通地处理具体事件。在一个长久的时间段和一个相当程度的空间,绝大多数的个体处理问题的方式趋于一致,这和一致,具有社区整体文化的特点和标准。在绝大多数的一致中,也会有少量的偏离。媒人在长久的社会实践阅历中,自觉不自觉中,获得了群体的文化标准和制度。在管媒行动的沟通环节,他往往使用明示知识——话语交流，在双方当事人之间，把当事人个别的行事规则，通过语言沟通讲解，协调平衡，最终达成与群体共同文化标准一致的行动原则和规范。在具体管媒过程的各个环节安排上，媒人是维持群体文化的有力执行者。媒人既然担任促成婚姻的这一角色，他就把社区的文化制度和婚姻制度，早熟知于心里，很多的环节，该如何按照群体文化制度执行，他都心知肚明，往往无需言明，这其实是一种"默识意识"。因为社区的文化制度，早已积淀内化于心底成为惯习，他所做的管媒行动，就是依据熟知于心的文化制度，在默识意识规导下成为现实。这一切，都是一种默识行为，在默识意识的导引下，无需言明地说出来就能进行的实践行为。

　　N村的媒人，熟知N村村落普遍认可的这种共同文化制度，对他们来说，是几百年来老祖宗传下来的风俗和习惯。他们自小就知道，并在社会实践行为中感知、观察、总结，把群体的文化制度内化为自己头脑中的一种经验。比如N村婚姻规则和彩礼标准，每一个管媒的媒人都清楚此事，在管媒的过程中，他们自觉遵守，无需言明，甚至村里的每一个普通老百姓都知道自己生活社区内的文化制度，他们通常称为"传统习惯"。媒人是婚姻制度的有力执行者，许多媒人在给对方介绍对象，或在自己头脑中储存的未婚男女婚嫁信息中搜索的时候，本区域内通婚的各种规则，几乎作为一种早就熟知的行为惯习，来筛选和甄别信息的匹配度。这一切，都是在一种默识意识的支配下完成，并不需要用语言说给自己或他人。因此，媒人管媒的过程中，很多的程序和制度，都是以默会知识和经验的形式储存在头脑中，在管媒的实践过程中，这些经验和知识,在默识意识下支配媒人的管媒行动按群体的风俗习惯和文化制度有序进行。

第二节　媒人管媒行动的资本

人是存在于关系中的个体,每一个个体或社会团体通过信息沟通、交往互动和社会资本的占有、利用、创生、展开、涉取和改变着社会网络及其资源。而每个个体在社会层级中所处的位置不同,位置包含有社会资源和权力资本,社会成员和团体因占有不同的位置而拥有不同的权力和资源,[①]因而,社会中的个体或团体通过努力追求位置,以获取一定的权力资源。

每个社会个体都必须拥有一定的资源,资源是个体的生存保障,没有资源,任何单元都无法在社会中存在。媒人的管媒行动中,也必须具备一定的资源。媒人管媒具有三大资本。

一、媒人的人脉资本

媒人的主要任务是牵合男性个体与女性个体,使他们组合成为一个新的家庭,完成人口的繁衍和族群的再生产。这整个的行为是在处理和整合人与人之间的优化组合关系,因此,人脉在媒人管媒的行为中,显得尤为关键。

农村是一个信息和资源相对比较封闭的地方,小农经济模式决定他们局限于土地,局限于村落,生产生活中的部分劳动,主要

---

①　刘少杰:《国外社会学理论》,高等教育出版社 2006 年版,第 347 页。

凭依个人和自己的家庭,减少了社会互动和社会合作机遇,具有封闭性。但是人总是镶嵌在各种社会关系中存在的个体,绝大多数的活动,是在与人交往互动中完成。乡村尤甚,狭小的地域,人们之间的依赖和紧密程度更强。社会实践中,部分活动只需个体的力量和能力就能完成,部分活动则必须在群体合力中完成。农村没有城市发达的信息传播渠道,人际交往中信息的传递,成为乡村封闭地域中信息得以顺利快速传递的主要渠道。在乡村,传统的家族亲属和亲戚这两支血脉关系依然是社会交往中的重要群体。其一是建立在血缘基础上的亲属群体,伯父、叔父、堂哥、堂弟、侄子、侄孙,是人类群居血缘传递的一条纵向基础关系圈层。在血缘亲属圈层的基础上,通过群体中女性的外嫁这种姻亲关系链接起来的亲戚圈层,是一个向外横向无限延伸和扩展的圈层。在这个圈层,人类显示了血脉的开放特征,并构筑起一个伸向更大更广区域的社会交际网络。亲戚网络四通八达地延伸,弥补了乡村地域封闭的部分缺陷,也成为信息资源流通的主要通道。亲友网络主要是在婚姻基础上建立起来,当亲戚网络建立起来后,又反过来进一步促进和扩大婚姻圈,在乡村的婚姻中起到非常重要的作用。①

乡村中的人们,也清楚地认识到这一重要人脉通道,在社会活动中充分合理地加以利用。婚姻是这一条通道中的重要资源利用方式,农村中的婚姻往往在亲友延伸的人脉触角中去寻找相互匹配的婚恋对象。杜赞奇在研究中国乡村的通婚圈后,也认识到亲

---

① 马宗保、高永久:《乡村婚姻中的聘礼与通婚圈》,《民族研究》2005 年第 2 期。

友关系在婚姻缔结过程中的重要作用,曾说:"求亲男女双方居住于对方村中的亲戚朋友往往是促成或拆散一对青年男女的关键人物"①。封闭的乡村社会,许多的信息是通过人流来传递的,村庄之间的亲戚往来,是乡村信息快速传递的有效方式。尤其乡村的婚礼、葬礼、过孩子满月等亲友和村民大型聚会的日子,往往是人口流动最密集、信息量最多、信息传递机会最多的时候。来自四面八方的"七姑姑""八姨姨"的亲戚们,"东家长""西家短"地进行着信息交流,并把各种信息散布开去。这时候,儿女的婚嫁往往是热门话题,许多的婚事都是在串亲戚时提及并撮合而成,而其中的一位亲戚,多半会成为两家婚事的媒人。②

乡村熟人圈对婚姻的重要影响,使得它成为媒人管媒行动中的重要资源,即人脉资源或人脉资本。媒人管媒行为的成功比例,与人脉的广度成正比。人脉越多,媒人管媒的匹配率更高,搜寻婚配对象的范围也越广泛,管媒的成功率也越高。因此,职业媒人或经常管媒的媒人一般都会在适当的时机借以拓展和积累自己的人脉资本,以便更好、更有效地担当媒人角色。

在 N 村采访村里职业媒人 N 叔,观察他管媒的行为,以此也论证了媒人管媒过程中乡村亲戚圈对管媒的重要性。

访谈 1. N 村职业媒人 N 叔深谙人脉对管媒的重要作用,因此,在闲暇的时间,他骑一辆旧自行车经常去永宁县南市场。他爱

---

① 马宗保、高永久:《乡村婚姻中的聘礼与通婚圈》,《民族研究》2005 年第 2 期。

② 马宗保、高永久:《乡村婚姻中的聘礼与通婚圈》,《民族研究》2005 年第 2 期。

到处乱逛，永宁南市场离 N 村大致一公里，是永宁县方圆十五公里范围内最大的市场，那里的人流和信息每天都在频繁地流动和传递。N 叔喜欢在街上碰见熟人，拉拉家常，搜集信息。很多时候，他在南市场有闲聊的固定地点，也有一群相熟旳老人，各村各巷的最新最怪的故事，都在那里汇集。N 叔听一听，有时也会有线索地询问一些事情。N 叔家里有四亩田，种了玉米，春季播种，夏季施肥，到秋季 9 月 20 号左右，便收割归仓。田里的事情不多，闲暇的时间，N 叔主要给别人管媒。因此，除干农活、家里有事外，大部分的时间他都骑车子到处闲逛。N 家新村北门的凉亭子里，老年人成天聚在一起打扑克、聊天，春冬晒太阳，夏季纳凉风。N 叔也会经常在凉亭里坐一坐，与那些老人们聊一聊家常，听一听村里的奇闻趣事。每天吃完饭闲暇的时间，商业街亭子的长椅上坐满了闲聊的老人，这个地点，也是大家聊天交流消息的地方。N 叔管媒 40 多年，每天会投入时间和精力在管媒上下功夫，因此，储存在他头脑中的信息和人脉很广，也使得他管媒得心应手。由于乡村信息交流的局限，因而择偶面也较窄，N 叔广泛的人脉和丰富的信息，很好地弥补了这些缺陷。N 叔前些年也一直是方圆专做宴席的民间厨师，每逢村民家里有红白事，需要宴请宾客时，便请民间厨师搭台盘灶，炸馍馍、做席。N 叔在做厨师的这段年月，走街串巷，方圆各村各户，在做席的空当，都熟知在心。农村的宴席，是一次人流与信息的大型汇集，也是结识熟人亲友的好机会。N 叔很会掌握这种机遇，来积累管媒信息和人脉，一部分的媒事也就是在一次次这种大型亲友熟人聚集的时机促成。N 叔就是利用这样的时机，利用各种人流汇集的场合，去投入时间和精力积累自己的信息资本和人脉资本,通过管媒的实践行为,让这些信息资本和人脉资本转换为物质资本(管媒的谢礼),这也是他追求的最终目标。

管媒的过程,不但是一个事件,也是一个资本的形成和转换过程,其程序如下:

媒人 —投入→ 精力+时间 —积累→ 信息资本+人脉资本 —转换→ 物质资本(媒人的谢礼或金钱)

图8-2 管媒资本形成和转换过程图

媒人所拥有的人脉资本,是管媒成功的最主要因素,其中媒人的信息资本,是人脉资本的附带品,因为乡村中很多的信息,都是依赖人口的流动来传递的。媒人通过四通八达的熟人亲友关系,把原本具有局限性的乡村封闭的地域条件,变成一条条不断流动的信息链条。用人流携带的信息脉络,一个个静态且封闭的乡村聚落,逐渐连成"树根藤条式"的地域链接。这大大拓展了地域的局限,也拓展了信息的局限,从而使媒人的管媒行动有了大面积可供匹配的婚恋对象。因此,媒人在闲暇的时间,聊天、走亲戚、赶集市,都在拓展自己的人脉资源,人脉资源是保证媒人成功管媒的主要条件。

二、媒人的信息资本

媒人必须储备大量可用的信息资本,这种信息资本可分为两类:第一类是制度信息,即已被本族群共识的文化制度。文化制度以默会知识的形式,在媒人生活于社区初始时通过社会实践不断习得,并储存于头脑。但作为一位出色的媒人,他必须通晓当时普遍适用的一些文化规则。如当下的彩礼大致在 3 万—5 万元之间，还是 8 万—10 万元之间；女方要几套衣服，价位大致在什么程度；男方给女方拿什么聘礼，是羊肩胛，还是大米、清油；管媒有几道程序，该如何一步步走；看家时该请什么样的亲友合适等。这一系列的婚俗，是随着社会的发展逐渐变化的，媒人必须知晓这些规则的同时，一定自己估摸着各个家庭的情况，做出一种合适的判断。否则，管媒中间事情处理不顺利，当事人会埋怨，有的家庭甚至会提出改换媒人，非常有伤媒人尊严。第二类为环境信息，媒人必须熟知自己经常管媒区域的地理环境、生活环境。N 村人遵守传统文化观念，未婚的男女，尤其是未婚的少女，注重行为操守。N 村村落不流行自由恋爱，男女青年间的婚姻及交往事宜，全权由家长和媒人代替。未婚男女的婚事是在家长和媒人的指示下，礼节性的见面、交谈、买衣服、结婚，他们之间是很节制的交往形式。因此，媒人必须勤于在男女两个家庭之间来回沟通、交流，传递信息。由于男女婚嫁的家庭缺乏足够交流，信息量有限，这影响到了婚姻组合的机遇和速度。媒人的角色，弥补了这样的缺憾，媒人头脑灵活，并经常在街坊间走动，了解本区域的地理环境、资源环境、社会环境。在街坊间走动，哪家住在哪里，家里有几口人，是女儿还是儿子，有没有待嫁的女子或待婚的小伙子，家庭条件如何，哪里有亲戚等，他都了解得一清二楚。这些信息大大便利了管媒的成功率，同时也为狭小区域内的家庭婚姻组合做了许多重要的工作。

媒人积累的信息资本，也是在人脉资本的基础上建立起来的。因为乡村信息的传播，主要依赖人的物理性传递，即个体与个体、个体与群体、群体与群体间的"口耳相传"。亲友间的熟人圈层是媒人管媒和婚姻链接的主要关系链条,乡村的婚姻绝大多数发生在熟人圈的关系链中。媒人的管媒凭借四通八达的人脉资本,人脉资本承载的信息资本同样增加了乡村媒人管媒的成功率,这是媒人赖以管媒的有效资源。

三、媒人的自身资本

媒人自身具有的个人素养,使得他适合管媒,而不是医生、商人或其他。在社会群落中,每个人具有自身的特质和做某种职业的资质天赋,并通过社会实践的分化,更加厘清了职业分层。媒人头脑灵活、口才出众,性格开朗、善于交际,更重要的是,能够公正处事,并有能力掌控局面或掌控一些突发事件。这些本身的素养造就媒人适合管媒的职业,也在管媒实践中受到广大村民的认可。

N村的职业媒人N叔,管媒40多年,具有丰富的管媒经验。虽然他因追求管媒中媒人的谢礼而受到别人的诟病,但在一些细微的实践中,能够看到他善良、富有同情的朴素心态,同时在处理管媒过程的棘手事件中,也能够看到他公正、果敢的性格特征,具有一个优秀媒人所应具有的素养。在他处理管媒的案例"被刁难的婆亲""智取寡妇""皮鞋纠纷"中,看出N叔有媒人的潜质,在危急时刻能有条不紊处理突发事件,表现出成熟媒人处理问题的魄力,也为他后来的管媒树立了群众威信。

媒人自身具有的资本,是管媒成功的基本条件。从事媒人职业的人,一般都口才出众,擅长交际、处事公正合理,思想开通、头脑灵活,他们自身的这些天赋,为他们从事媒人职业做了基本铺垫。媒人具有的自身资本和信息资本,是属于一种文化资本。而人脉资本，是凭依社会关系所获得资源的方式，因此属于社会资本。而媒人经过管媒后，得到当事人家庭的谢媒礼品和礼金，这属于物质资本或经济资本。文化资本（cultural capital）、社会资本（social capital）和经济资本（economic capital）是资本的三种存在形式，之间可以以某种方式进行转换。他们三者相互转换的共同等价物，是人们投入在文化资本、社会资本、经济资本中间等量的劳动时间和劳动成本。①

法国著名社会学家皮埃尔·布迪厄（Pierre Bourdieu）在其"场域"理论中指出，场域实质上是一种社会构成要素之间的关系，在这个关系网络中，个体和社会团体通过信息交流、交往互动和社会资本的占有，利用、创生、展开、涉取和改变着各种社会网络及其资源。社会不同要素通过占有不同的位置而在场域中存在和发挥作用，社会成员或团体因占有不同的位置而获得不同的社会资源和权力资本。② 布迪厄在研究资本理论时，把文化资本区分为三种状态：具体化状态、客观化状态和制度化状态。具体化状态的文化资本，是指与个人的身体直接相关的资本，通常指经过家庭教育和学校教育储存于身体内的文化知识、文化技能、文化修养和能力蕴含。文化资本因与个体的参与直接相关并以个体的知识积累和自身的进步为主要的资本获得方式，因而文化资本的具体化具有个体性。同时，因为早期的家庭教育与学校教育的文化资本具体化是一种社会化的过程，而且个体存在的社区、群体的意识形

---

① 刘少杰：《国外社会学理论》，高等教育出版社 2006 年版，第 360 页。
② 刘少杰：《国外社会学理论》，高等教育出版社 2006 年版，第 347 页。

态和文化传统,以一种个体成长的文化氛围和文化环境潜移默化地或通过某种有意识地宣传教育对个体实现着文化资本的具体化。① 因此,文化资本的具体化过程也具有社会性。个体自身具有的很多知识和技能都是文化资本的具体化状态,其发生作用或进行资本传递实质是个体身体的直接性实践活动。

社会资本是现实的和潜在的资源的集合体,是一种可以从中吸取资源、持续性的社会网络关系。社会资本在个体需要使用的时候,可以作为一种资源和能量在社会实践中发挥作用,但在不调动和利用的时候,它以一种静态、潜隐的状态存在,因而它具有现实性,也具有潜隐性。社会资本是一种网络资源,每一个体从中的收益程度,主要依赖自身的实践能力的大小。布迪厄指出,社会资本是在实践策略的指导下不断建构的过程,这些策略可以是个人的,也可以是集体的,他们有意识或无意识地确立起一些社会关系。这些社会关系在短期内或长时间内是可以直接利用和调度的资源关系,即把那些偶然的亲属关系、邻居关系、同事关系,都转变成既必须又有选择性的关系,转变成主观上感觉需要长久维持的关系,转变成在体制上得到保障的关系。因此,作为社会资源的网络关系是在明确目的、需求、手段、筹划等因素的共同作用下形成的,这些形成网络关系的因素,就是在特定场域下的实践策略。社会资本的建构有潜在的动力因素以支持这种网络关系得以持久地维持下去,这其中源于社会资源所产生的收益,即社会成员在网络关系中,获得的收益要远远大于他个人所拥有的资本。个体越进

---

① 刘少杰:《国外社会学理论》,高等教育出版社 2006 年版,第 359 页。

入网络充分调动和利用资源,他获得的收益就越多,他获得的收益越多,他越会以此为动力进一步拓展、开发和维护自己所拥有的社会资源的网络关系。①

　　媒人早期所接受的家庭教育和学校教育及社会环境的各种教化,使他拥有了一定的文化资本,社会成长的过程,他也在有意无意地建构着必需的社会网络资源。这些文化资本和社会资本,是辅助他管媒成功的筹码,成功的管媒所获得的谢礼,使得文化资本和社会资本转换为媒人需要的物质资本或经济资本。经济资本的实现,最终媒人作为一种职业的谋生手段成为现实。

第三节　管媒的实践逻辑

　　媒人作为一种职业,是社会资源分化与个体自身资本相互组合选择的结果。每个个体根据自身条件,在社会结构中占据一定位置,并拥有相应资源。个体利用资源有目的、有意识地进行各种社会实践,形成一种集体无意识的社会结构,促进社会朝向个体有利的方向运动。

　　媒人在社会的职业分化过程中,根据自身的禀赋,自然地成为社区的"红娘"。社区是一个微缩的社会,媒人自身的家庭教育和学校教育等文化资本,也在选择他在社会中所处的位置及他拥有的资源。媒人自身资本中的一部分是受遗传基因控制,如天生善

_____

　　①　刘少杰:《国外社会学理论》,高等教育出版社 2006 年版,第 361—362 页。

于交际、"巧舌如簧"、"口吐莲花"、性格活跃、头脑灵活等,这些资质具有先定性。而家庭、学校的教育和社会的社会化过程,则是一种客观与主观选择的交互作用过程。社会文化、社会制度和传统具有客观性和制约性特征,但家庭和学校教育及知识的学习,是一种主观选择结果。媒人就是在这样的主观选择与客观存在交互作用的社会环境中,逐渐从社会的多种角色中分离出来,明确了自己社会身份的媒人,社会化过程中对职业素养和职业资源的积累有了更为目标化的策略。

每一种社会职业,都是专属的,即必须具有专属职业资本的个体才能够胜任,不是每个人都可以任意地从事社会中的某种角色。媒人也必须具有一定资本才能够成为自己选择的角色,资本积累,是个体投入劳动时间和劳动成本的结果。处于社会网络中的个体,必须拥有一定的生存资本才能维持个体生命的继续,每一种资本,都必须用另外一种资本交换。资本交换的实质,是投入资本中的等量等值的劳动时间和劳动成本的等价交换。一种资本之所以能够与另一种资本交换,是投入他们中的劳动时间和劳动成本的等值性决定,所以可以看作是一种公平的等价交换。正因为资本之间的自由、公平的等价交换,才得以使每个个体可以用不同的资本生存于社会,并与其他个体所拥有的不同资本交换获得可能。从而可以解释,个体为什么要相互互动,是资源的彼此依赖,也是资本的彼此依赖。在一个社会中,每个个体拥有不同种类、不同等量的资本,在相互交换中,资源和资本得到互补和充分利用,也使得社会的分配和再分配完成有效配置。

媒人管媒的目标,是把自身所具有的文化资本和社会资本,转换成可以养家糊口和购置生活资料的经济资本，这是他管媒的最终目标。为实现资本的转换，最终获得生活必需的经济资本，媒人在社会实践中，在不断地投入劳动时间和精力，以使得他的劳动成本与当事人家庭最终所付的物质报酬相等值。如 N 村的职业媒人 N 叔，他在闲暇时间，总会有意无意地去结识人脉，积累信息。他以前在村子里做宴席时，经常游走在各个家户，并借助乡村大型宴会人群集中的时机，不断拓展他的人脉圈和信息库存，为他下一步的管媒奠定基础。人们时常见他东跑西跑地到处乱逛，爱与人扯磨①，其实他在有意积累自己的人脉资本和信息资本。媒人拥有资本的量越大，他成功管媒的概率越高，从当事人那里获得的物质资本机会就越多，这也是媒人管媒的最终目标。

媒人的管媒具有一定的实践逻辑，这种规整的逻辑规律支配媒人的管媒行动严密而有程序，每一个步骤都有特定的社会意义。媒人在社会实践过程中，不断地进行原始积累，具备管媒的资本：信息资本和社会资本，是他管媒最主要的两大资源储存。媒人管媒资本的积累，主要在亲友圈这类熟人的人脉关系网络中，循序渐进地完成量的积累。乡村中的亲友熟人圈，是大量信息传递和人脉拓展的主要渠道，很多的婚姻亲家的结成都发生在亲友熟人圈的联络和托付中。媒人也正是看中了熟人关系网络的信息传递和人脉的无限拓展的重要作用，始终非常重视亲友圈层。媒人往往搜寻匹配婚恋对象，是建立在自己的熟人关系网络上的。媒人操控婚姻的程序和规范，事实上，媒人的管媒行动是受社会制度和社

---

① 扯磨：N 村方言，指闲聊。

会文化的无意识操控,媒人的观念和意识,是社会文化的观念和意识。因为媒人管媒的每一个程序,都是按照当时社会的风俗习惯和文化传统来执行,这类文化制度和传统,在媒人的头脑中,以默会知识的形式储存,用来指导媒人的社会实践活动。因此,在社会化的过程中,社会的文化规定性,是早已内化在个体头脑中的知识库存。个体的社会行动,通常按照一定的社会惯习,或凭依一定的社会经验作出判断,这些判断,是社会文化的客观反映与个体主观能动结合的产物。媒人的管媒行动,凭依着管媒的惯习或实践经验,按照社会文化的规范完成行动。他是社会文化的操控者,他操控着管媒的过程,社会文化却操控着他的管媒行动。媒人用一种早已熟知在心的经验来进行社会活动,这些经验都来自实践,并早已深深镌刻上社会文化制度和规范,因而,媒人也是社会文化制度的执行者和实施者。媒人的管媒过程遵照本区域社会文化制度的规范进行宏观程序的设置和细节情况的处理,N 村的媒人都明白于心的这些规范就是社会制度。在管媒过程中,不需要言明,在行为上习惯性地执行着群体的规范,媒人这样的管媒行动一定程度确保了社会秩序良性循环和区域文化制度的传承。

因此,媒人是社会中的一类角色,在社会实践的过程中,有自己独特的行动逻辑,这一逻辑支配他们完成了与其他社会角色不一样的任务,并形成他们独特的群体和群体文化。

第九章　文化的传承与婚姻制度的悖逆

　　在有机体的成长过程中,冲突与合作是同时存在的。如果各方力量是有组织的,它们就互相合作,但这种合作是建立在选择性方法包括冲突的基础上。它在各种现存力量中进行比较,发展那些最适应环境的力量,迫使其他力量尽可能更好地发挥为有机体服务的功能。好的合作绝不是静止的,而是一种相处的方式,在此方式下,我们会遇到新的对立面,并得到新的发展。人们可能会为了他们之间的冲突更加紧密更富有成效地达成一致,否则这种关系就毫无生机可言。①

——[美]查尔斯·霍顿·库利《社会过程》

第一节　传统文化保持中的"闭"

　　N 村地处永宁县城 1 公里的郊区,有城市现代气息渐进的渲染,也有传统观念的保守选择,处于半开放半闭合的状态。传统文

---

　　①　[美]查尔斯·霍顿·库利著,洪小良译:《社会过程》,华夏出版社 2000年版,第 29 页。

化的保守,出于显性的观念、环境地理的选择以及人们日常惯习表现,使得 N 村在现代城市的边缘,表现出传统文化原有的坚持。

行为是人们观念的反映,N 村观念的传统,在行为中主要体现在以下三个方面。

一、地理环境的"闭"

据 N 村老人们一代代传下来的口传史,据说 N 村村落的形成,源于 N 姓祖先的五个兄弟来宁夏永宁定居。当时大致是明初某个年代,宁夏北边的蒙古瓦剌兵进犯贺兰山,扬言要明朝廷割划贺兰山东麓大片地方。双方僵持不下,便决定比武夺地。在擂台比武期间,蒙古兵屡次获胜,令明朝廷非常着急,这时 N 村身材高大的"二囊爷"站出人群,几个回合后,打败蒙古瓦剌兵,为明朝廷赢回贺兰山军事屏障的土地。明朝廷大为高兴,接见了二囊爷,问有什么要求。二囊爷说:"不要金,不要银,就要永宁郊区的黑洼湖。"明朝廷欣然答应,并把大黑洼湖和小黑洼湖一并赏赐予二囊爷,N 姓祖先的五兄弟从此定居于此,开田种地,整湖捕鱼,以此为生。数代之后,黑洼湖边的五兄弟已成为一个小村庄,村庄的家户都姓 N。① 血缘亲密的同姓家户,在中国宗族制度的发展过程中,也逐渐形成了具有严密序阶和组织制度的家族体系。形成村落规模的 N 村在健全村落的社会组织体系的同时,也完善了村落的居

---

① 此段口传史系 N 村老人 NCS 和 NSQ 提供,2014 年 7—9 月份,在 N 村采访过 NCS 老人后,2015 年 5 月份再去 N 村,一个阴雨的早晨,N 村出殡,发现去世的老人竟是去年采访过的 NCS 老人。我采访他时,他已经很衰弱,讲一句停一句,如今却已经去世,能讲述 N 村历史的人越来越少。

住环境。家族制度的形成和完善，使得 N 村从外部的地理结构到内部的组织体系都更加的有序和规整。在军阀动乱的年代，N 村人出于对生命和财富的自我保护，在自己的周围筑起一层厚厚的屏障，保护自己，抵御外力，也构成一种由外至内、由地域环境到社会组织系统的村落管理模式。

1958 年以前，N 村有一个大土寨子，寨子墙高 9—10 米，宽大约 4 米，四周有四个大门，朝开晚闭。墙外是 10 多米宽的护城河，墙头有炮台和枪眼，在战火年代，寨子墙是 N 村坚固的城堡，可以抵御土匪等掠夺和入侵。村民住在寨子里，安全而舒适，无忧无虑。寨子墙内的 N 村实实在在是一个繁华的城堡，村内的街道店铺林立，有碾米铺、粮油铺、布匹铺、店房、药铺、饭馆等，是宁夏境内除银川之外的第二大商业中心。来自山西、内蒙古的商人，都必在 N 村交易商品。N 村内有店房，说明这里有外地人经常入住。N 村是这里远近闻名的商业中心和商品集散地，商业繁荣，人们富足。高大的城墙和宽阔的护城河，是地理域面的一道屏障。城门关闭的时间里，城里人与城外人各自在不同的域面，住在城墙内的 N 村人，活动时间随着集市的开闭具有专门的规定。因城墙的隔离，与外界的交往显得比较有节制，外面的人和 N 村里的人出门进门都按照时间的规定，人们的生活显得井井有条。这在一定程度上，体现出村落管理和环境规划上的严整性和有序性。直到现在，以同姓家族和亲戚们之间的交错关系结成的 N 村村落，在地理环境区划方面，仍旧保持着传统习惯上的姿态。东面 109 国道与永宁县城明晰地分开，南面一道水沟与邻近的东全村分割，西面有京藏高速划界，北面有农田，N 村清晰、整齐、安闲地保持着以前规整的姿态。这种清晰、规整的地理格局,在某种成分上,是观念意识呈现出的一种闭合趋势。

二、血缘体系中的"闭"

N 村自形成村落以来,就是以 N 姓家族为主体,其他少数杂姓混合的一个单主姓村。据学者 2011 年数据统计,N 村 N 姓家户占全村姓氏的 60.24%。村落姓氏结构的形成脉络大致有两条。第一,是以姻亲关系进入 N 村的杂姓。据一些老人说,亘古 N 村只有单姓 N 姓家族,后来的杂姓获得在 N 村的居住权,主要是单身杂姓男子与 N 村女子联姻结成的家庭。比如雷姓,N 村的雷姓家族经过数代繁衍已经人数众多,成为 N 村的一大姓氏。据采访雷氏家族成员,他说祖上是湖北来宁夏的大夫,在此行医过程中,与 N 村女子结亲,遂成为 N 村的一姓。还有 ZGZ 家族的张姓,祖上是东全村人,与 N 村联姻后,现成为 N 村家姓中的一种。还有一类情况,也是通过姻亲关系进入 N 村姓氏的杂姓。即通过与 N 村人结亲,带过来的异性子女,成家落户后,成为 N 村的姓氏之一。如八队的"李姓",现在有三家,是李姓男子的母亲最初改嫁 N 村 N 家,带过来一个李姓前夫的孩子(男孩),孩子长大后,在 N 村成家居留,李姓遂成为 N 村姓氏之一。第二,别姓给 N 村人顶门立户,当继子,几代后恢复原来的姓氏,成为 N 村姓氏中的一位。如 N 村四队 MJG 家族,N 村韩姓只有 5 家。采访韩姓的一位 40 多岁的妇女,她道,韩姓大致在 1935 年时来 N 村,也就是她的老公公,今年 83 岁(2015 年采访时)。在三岁时从甘肃抱来,给 N 村 N 家顶门立户,老公公姓韩,现在一家在 N 村安家居留下来。

也有许多抱养的继子,到 N 村后没有改回原姓,而是沿用 N 姓,成为 N 姓的一员。如 N 村守门人 NDG,大致 1920 年左右,海原遭遇大地震,他的爷爷带领他的父亲逃难至 N 村。一 N 姓家户没有儿子,爷爷便将父亲过继给 N 姓做继子,改姓 N。实际上,他的祖上姓闫,海原人,现在姓 N。N 村四队 NWM,时年 70 岁,在自己 3 个月大时,父母亲把自己过继给舅舅。舅舅只有三个女儿,没有儿子。N 村人非常重视儿子,没有儿子的家户一定要想方设法抱养一个儿子立门户,承继自己的姓氏和祖宗传统。NWM 就自小来到 N 村,成为舅舅的儿子。他的父母在永宁王太的刘家庄子,父亲姓刘。NWM 来 N 村后,改姓 N,现在生有四儿一女,一大家子,都姓 N。

N 村至 2015 年 6 月包括 N 姓,还有王、吴、李、马、杨、曹、沈、赵、张、尤、雷、罗、吕、周、耿、郭、丁、柳、黄、郝、郑、谢、许、智、胡、金等姓氏。这些姓氏表面上是杂姓,实质上血缘关系比较近。分析 N 村姓氏的结构形成途径,发现 N 村姓氏来源大致有两种,一种是其他杂姓男子与 N 村女子结亲后,居留 N 村形成新的姓氏。第二,杂姓男子过继给 N 村 N 姓家族后,成家立业,居留在 N 村,成为 N 村姓氏之一。也就是说,N 村的姓氏结构的来源主要是通过姻亲关系和拟似血亲形成的继嗣关系构成,家族关系也相对单一。因而,在村落内,除上述的情况构成外,毫无关联的杂户,也基本没有权限在 N 村居留。因为 N 村自古是富庶之地,又临近首府银川和发达的永宁县城,农业商业发达,是适宜居住的好地方。但 N 村村庄人口本身基数大,土地有限,因而在落户的限制方面设置了严格的规定。N 村的历史上,有严密的家族制度,村落由族长通过

家族制度有序地管理着整个 N 村。在落户的政策上,依旧实行有
节制的方式,因而在 N 村姓氏的构成上以及血缘体系上比较单
一。与 N 村家族没有亲属关系的家户,无法居留在村里。因此,N
村的各个姓氏间或近或远都有某种亲缘关系,村内的每一个人,也
都彼此有某种亲属或亲戚关系。这显示了 N 村血统的纯度相对
较高,呈现出某种血缘体系中的"闭"。

表 9-1　调研 N 村姓氏的材料

姓氏	队组	来源
曹	1 队	自曹打吾来 N 村,给 N 家招女婿。曹打吾,已去世,享年 83 岁,1 队曹姓 4 家。
杨	1 队	杨金林家族,在爷爷辈时,是灵武人,给 N 村招女婿,落户 N 村。
王	1 队	王清明家族在太爷辈时,灵武人,在 N 村寨子墙外买地成家,一直在寨子墙外,不属于 N 村。后来解放后土改,才并入 N 村,成为 N 村的一姓。
赵	2 队	赵秀仓,只一户,给 N 姓招女婿。
张	2 队	张松华,56 岁,本门张姓只一户,给 NYX 招女婿。
尤	2 队	尤国志,53 岁,仅此一户,给 N 村闫姓招女婿。
雷	3、4 队	湖北人,给 N 家招女婿,成为 N 村一大姓。
王	3 队	王海军,本门王姓仅此一户,于 2010 年给 NF 家招女婿,老家在王团。
王	3 队	王跃永家族,老家是王团王家,给 N 村 N 家顶门立后,改姓 N。后来他自己改为王姓,现在为 N 村王姓。
罗	3 队	罗金明,父亲姓罗,给 N 村 N 姓无子过继为后。
韩	4 队	韩建国家族,采访韩姓的一位 40 多岁的妇女。她说道,韩姓大致在 1935 年时来 N 村,也就是她的老公公,今年 83 岁(2015 年),在三岁时从甘肃抱来,给 N 村 N 家顶门立户,老公公姓韩,现在一家在 N 村安居居留下来。N 村韩姓家族现在有 5 户,都为同一家族。

姓氏	队组	来源
吕	4、5 队	80 多岁的吕少文说道,大致在新中国成立之前,太爷爷来 N 村招女婿。太爷爷当时是 N 家的长工,招女婿后,落户 N 村。祖上在银川小南门,红花区桥附近。
罗	4 队	罗进忠,今年 60—70 岁,给 N 村 NXM 招婚,儿女现在都改姓 N。
马	4 队	马存伏,母亲同心人,改嫁 N 村 NHL,马存伏为母亲带过来的孩子。
耿	5 队	与沈姓联姻招女婿。
杨	5 队	杨学平家族,奶奶 NGY,N 村人,爷爷招女婿后落户 N 村。
马	5 队	马生华家族,自太爷辈来 N 村,太爷是永宁望远人,与 N 村人结亲,招女婿,落户 N 村。
张	5 队	张学仁家族,张学仁今年 70 岁,说道:"5 队张姓都为一家。父亲为内蒙古包头人,逃难到 N 村,给 N 村人招女婿后,居留在 N 村。"现在姓张,张姓也成为 N 村新的姓氏。
杨	2、4 队	2 队和 4 队的杨姓,大都属于杨玉明、杨发永一家。杨家族人说,清朝同治年间,他的姑爷爷尤家没有儿子,便收养了杨姓祖爷爷。生的儿子,第一个给尤家立后,成为尤姓的继子外,其余都姓杨。
柳	6 队	柳成林家族,(采访柳成林)清末,柳家太爷从山西柳州逃荒到 N 村,便与 N 村人结亲,招为女婿,子孙落在 N 村。太爷绰号"柳老虎",父亲叫柳茂才。
郭	5 队	郭生礼家族,讲述者郭生礼,60 多岁。祖上在银川新城郭家庄子,解放前,爷爷搬到东河村。母亲是 N 村人,父亲与 N 村人结亲,迁移到 N 村,也属于招的女婿。
吴	6 队	吴建国家族,讲述者,60 多岁,讲道:"老公公从吴忠逃兵来 N 村,给 N 村人家招女婿。"
马	6 队	讲述者 50 多岁,祖上老家在望远,后来给 N 村人招女婿,落户 N 村。
李	6 队	李桂林家族,讲述者李桂林,70 多岁。他说,他的太爷为 N 村周家,太爷没后(没儿子)。爷爷,银川南门人,给周家立后,过继给周家,现在已经四代人了,爷爷、父亲、我、儿子,爷爷来 N 村的时间大致是新中国成立之前。

姓氏	队组	来源
陈	6队	陈跃庭家族,讲述者陈跃庭,70岁。大致在清朝年间,太爷辈来到N村。祖籍山东烟台,因战争来N村。祖上太爷为医生,行医游走各处,先在银川落脚,从银川因战争逃到N村。太爷辈没有与N村人结亲,爷爷辈、父辈、自己都与N村人结亲。他老伴姓杨,N村人。
王	5队	王波家族,老家原来是王团,在战乱年间,从吴忠逃到N村。
丁	6队	丁学文家族,6队丁姓与N村另一丁姓大户,丁跃先家族不是一个家族,他们是另外的丁姓。他们家族是自太爷辈来N村的,她的老公公与N村女子结亲,祖上是宁夏平罗县人。
张	6队	张义家族,父辈在解放后的四清运动中,与N村人结亲,落户N村。
韩	6队	韩永鹏,韩姓6队仅此一户,韩永鹏,今年40岁左右,宁夏青铜峡人,给5队郭生礼家招女婿。
刘	6队	刘佃成家族,6队刘姓只有2户,据刘佃成讲述,在爷爷辈时,逃荒来N村,其他情况并不知晓。
马	6队	马金贵家族,马金贵老人说:"大致在1949年以前,我太爷马英禄、马英泰,给N村老N家招女婿。老N家有田,条件好,能维持生活,便结亲定居在N村。"
沈	6队	祖上很早来N村,与N村人结亲,留居于N村。
马	6队	马军家族,60岁的马军说,我祖上是银川人,在清末我太爷的爷爷辈儿逃荒到N村,与N村人结亲,先在土寨子城门外,后慢慢通过结亲移居到寨子城里面。
丁	7队	丁跃先家族,祖上是河北张家口人,爷爷辈从张家口移到秦木关,父亲辈时移到N村,给N村招女婿,留居N村。(讲述者为丁跃先父亲,80多岁)
马	7队	马吉平家族,祖上永宁县望远人,马吉平爷爷带他的父亲做小生意,挑着担子,买油炸糕,父亲与N村人结亲,招女婿,落户N村。
郝	7队	郝建华,30—40岁,给N村NJL招女婿。

续表

姓氏	队组	来源
马	8队	马义忠家族,大致在清末来N村,祖上河北人,祖爷爷是一位鞋匠,凭着一把锥子,流落到N村,与N村人结亲,落户在N村。
沈	8队	沈光武家族,太爷辈做生意来到N村,祖上是兰州人,爷爷和N村人结亲落户N村。(访谈人80多岁,接近90岁)
闫	8队	闫晓平家族,大致在20世纪20年代左右,闫忠孝(今年大致80多岁)的父亲闫创业来N村,祖上是银川新城双渠口人。挑货担子来N村做生意,后来在N村街上开了一个小卖铺。闫创业与N村N姓结亲,落户在N村。现在已三代,闫创业—闫忠孝—闫晓平,闫晓平目前创办的企业,资产20多亿元,曾被评为宁夏首富。
宋	8队	宋长林家族,祖上为华平人(华平即甘肃平凉),自华平来吴忠做买卖,找了N村姑母的女儿,落户在N村。第一代宋子强——第二代宋长林(今年50多岁)——第三代宋长林儿子。
黄	8队	N村8队黄姓现在有三家,是黄姓男子的母亲最初改嫁N村N家,带过来一个黄姓前夫的孩子(男孩),孩子长大后,在N村成家居留,黄姓遂成为N村姓氏之一。黄长根祖上是华平人(甘肃平凉),黄长根的妈妈是宋子强妻子的妹妹,大致大集体时的1960年左右,黄长根母亲改嫁N村,黄长根跟母亲来N村,成家立业,遂居留在N村。
金	9队	金硬生,是NJZ的儿子,但不是亲生父子。金硬生的母亲改嫁N村NJZ,从前夫金家带过来的儿子,金硬生在N村成家立业后,他生的儿子,都改姓金。
谢	9队	谢怀英家族,讲述者谢怀英,讲述时年92岁,太爷爷辈来N村,祖上在银川西门桥谢家寨子,太爷爷给N村N家人顶门立后,留居在N村。太爷爷顶门立户后改姓N,后代改姓谢。
耿	9队	耿忠,祖上为甘肃人,来N村与N村人结亲,定居在N村,耿姓遂成为N村姓氏之一。
马	9队	马金华家族,马金华今年67岁,他的爷爷姓马,祖上是甘肃河州人(即今甘肃临夏),战争打仗逃荒至N村。爷爷给N村马姓人顶门立后,为继子,后来娶N村N姓女子成家。马金华的父亲姓马,母亲为N村N姓。

姓氏	队组	来源
赵	9队	赵秀金,9队仅此一户,今年大致40多岁,宁夏同心人,给N村N家人招女婿。
许	9队	许克昌家族,访谈人许克昌讲述时年60多岁。他讲道:"在新中国成立前,我父亲从宁夏中宁来N村,因为穷,给N村地主打长工。我父亲最后娶了N村老五门N姓女子为妻,招女婿,后来落户N村。现在N村9队,只有他们一个许姓家族。"
谢	10队	谢生金家族,在太爷辈来N村,祖上给N村人招女婿后成家,"谢姓"遂成为N村姓氏之一。
李	10队	李万成家族,解放前,爷爷从平罗来到N村,与N村人结亲,落户到N村。
梁	10队	梁学礼家族,访谈人为梁学礼媳妇,50多岁。她讲述道:"老公公那代,招女婿,老婆婆去年去世,当时83岁。老公公姓梁,祖上为银川东门外的满春,老婆婆姓N。"
智	10队	智金永,N村姓智的就此一户,智金永讲述时年大致40多岁,祖上为内蒙古人,在1958—1960年时迁到宁夏吴忠,后给N村N家人招女婿。
胡	10队	胡金林,30岁左右,在N村姓胡的家户仅他一家,给NZ招女婿而定居N村,胡姓遂成为N村姓氏之一。
郭	10队	郭金柱家族,在1940年左右,给N村N姓做上门女婿,祖上为平罗人。
杨	11队	杨永、杨军家族,祖上为永宁人。大致在1950年土改时,与N村人结亲,招女婿,遂定居在N村。
马	11队	马永家族,讲述人马永,60多岁,祖上甘肃平凉人。大致在清末或以后,太爷做生意来到N村,在N村土寨子佃了一些田,离N村土寨子比较远。土寨子拆除后,他们并入N村,成为N村的一姓。
马	5队	马兴家族,讲述人为马兴父亲马立,60多岁。马立说道:"清朝末年,我的爷爷从陕西逃难来到N村,给N村人招女婿。现在已经在N村住了许多年,有6代人。"

时间：2015年5月　访谈人：M姓牧羊人　地点：N村4队

访谈1.N村四队有一海原县搬迁的家户，姓马。这位马姓人以前在海原做生意，小有资产，娶儿媳妇花费大致40多万，算是农村中富裕且比较能干的人。他以前开商店，头脑灵活，善于经营，攒了几十万元的资本，后来在N村买了一处院落，整家从海原搬迁到N村。现在在N村街上开了一家粮油商店，还养殖了几十只羊。虽然他买了房子在N村居住，但仍然没有N村的户口，N村的户口簿上也没有他的名姓，因此他仍然是外姓人，不属于N村人。马姓人独门独户，因为搬迁来时间不算长，平常与周围的村民也交往不算密切，依旧保持着若近若远的距离。他搬迁至N村三四年，依然从行政关系和日常生活都没有融入N村，比如N村人家黑白事需要搭礼钱，或盖房需要邻里互助帮忙这类乡村社会关系，他还没有建立起来，他依旧是独立于N村社会生活范围之外的外来人员。这样的局面，他还需要比较长的一段时间来改变。

以上的资料可看出N村人在血缘关系方面呈现出保守的一面，无论出于土地等客观实际因素，还是历史传统的入户限制习惯，在整体上，N村的血缘关系表现出一种"闭合"姿态。

三、文化传统和思想观念中的"闭"

N村村庄的形成，建立在单一家族基础之上，通过血缘链接的扩展形成如今的村庄格局。在长久的生活中，N村人习惯了独门独院式的传统观念，在保持部分社会秩序方面，显示出保守的特征。N村在部分文化传统和观念中的保守特征，主要体现在两个方面:第一,对外交往互动中,呈现出半开放半闭合的状态。第二,在群内成员的某些行为方面,体现出文化的内敛和含蓄特征。

(一)对外交往

N 村人在对外交往方面,喜欢与亲友和熟人交往,不习惯与陌生人交往,这也是人们交往行为中的一种普遍心态,N 村人也有这种心理表现。人们的交际原则也主要是就近交往,因为人们的生活圈子是有限的范围,人们大多只在自己活动的主要范围内与周围人频繁交往,很少会超越生活固定范围而求远距离的交际。因此,人们的通婚圈与人们的日常交际圈和生活圈密切相关。日常的交际方面,在商业活动或工作场所,人们交际范围宽泛,但在私人的交际关系方面,交际的主要延伸是邻里关系、村际关系、亲友关系。N 村人对外交际最主要的一种关系是联姻关系,处于其他关系之首,也是关乎 N 村社会、生活、文化中最主要的关系。婚姻关系的建立,也主要依赖于一些私人的交际关系,邻里关系、村际关系、亲友关系是 N 村人重要而持久的交际网络,但其中亲友关系是 N 村人联姻结亲的主要渠道。由于遵从传统社会的价值规范,因而在某种程度上,婚姻选择过程中的交际范围有了文化的规定性。婚姻制度上的区域特征,是群体文化传统的积淀,也是历史的选择,在一定程度适应了群体社会的需要。N 村文化制度在人们社会行为中的表现,主要体现在婚姻择偶有了固定的群体和固定的范围,并在对外交往行为中的节制和选择性,呈现出一种相对"合闭"的状态。

（二）内部成员的部分行为表现出节制和内敛特征

2014 年 8 月，采访 N 村一位 70 岁的老人，N 村人对年轻人的行为标准，录音整理如下：

时间：2014 年 8 月　　地点：N 村　　访谈人：NCS

访谈 2. 我问一位叔叔："叔，咱们 N 村人找对象时，一定要找一个媒婆吗？"

答："非找。你像你是姑娘，我知道你家门朝哪开，你找不找对象？"

问："那平常年轻人之间不走动吗？"

答："走动少。别男方爹也好，妈也好，来说谁谁家有个女儿呢，长得好，也不走哪里，你给我说去。别爹妈来请她，她（媒婆）就去给别人问，别女方说：'行呢，多会儿来眊。'她便给男方再传话，多会儿去眊家。"

问叔叔："平常一个村子里的年轻人走动少吗？"

答："嗯，不怎么走动。除非在厂里，和你们念书一样，厂里来回上班，熟悉了，两个人扯磨，可以，就谈个三四成。回来给爹妈说，看请哪一个媒人能管好。来对媒人说：'谁谁家有个姑娘，你给我管去。'"

问："现在村里的年轻人自己不谈对象吗？"

答："一般不谈。"

问："还得请媒人去说合？"

答："嗯。"

问："现在还是这种情况吗？"

答："嗯。像现在念书的年轻人，在学校两个人关系差不多，两个人自愿了,媒人搭个桥就行。你不请媒人,别人笑话呢①,就等于你的丫头跟了别人,两方面不同意,你自个找了。有个媒人,别就说:'别谁谁给管了。'别人就不笑话、不议论了。"

问:"在咱们村里人的观念中,女娃娃出嫁前最好待在家里吗?"

答:"嗯,要在家。别也有人问:'谁谁有个姑娘,一老不出门②在家里。'有人这样传话,比方人会说:'谁谁家里的姑娘,别这个娃娃(叔赞赏地砸舌),也不打工,在家里。'别就转过来求亲。六队的亲戚传话:'别谁谁家的丫头,不打工,也不出门,在家里。'给一些有男娃娃的亲戚一说,这些家庭就,'走走走,那好,走,俺们去打听打听走。'"

N 村的婚姻讲究古代延续至今的"明媒正娶"模式,不流行自由恋爱,未婚的男孩女孩都不私自约会,婚姻都由家人和村里的媒人主持完成。两个家庭从找对象到提亲议事等各种程序,都在大人和媒人的张罗中进行。N 村的女孩子乖巧、行为内敛、做事有分寸,不随便出门到处闲逛,不上学的女孩子一般待在家里,帮家人忙家务。因此,N 村的女孩子是娇羞的花蕾,娇艳、含苞待放。在自己温暖的家里安静地长大,少于交际,更没有私订终身的例外,找对象全凭媒人在两家之间沟通、牵线,促成婚姻关系。

因而,N 村处于城市的边沿,有城市的丝丝风尚,也有本土文化的传统和内敛的坚持,呈现出半开半合的状态。

---

① 笑话呢:N 村方言,意思是"嘲笑你"。
② 一老不出门:N 村方言,意思是"一直不出门"或"总不出门"。

第二节 择偶中的"开"

《周礼》中说："有夫有妇，然后为家。"①"家"就是男性和女性结合组成的一个繁衍子嗣最基本的群体形式，在普通人眼里，家就是自然的人口遗传和增值。对家庭含义本质的认识是从近代开始的，卡尔·马克思和弗里德里克·恩格斯认为："每日都在重新生产自己生命的人们开始生产另外一些人，即增殖。这就是夫妻之间的关系，父母和子女之间的关系，也就是家庭。"②家庭在具有基因遗传和子嗣繁衍功能的时刻，已经不单单是人口增值的单一功能，而是社会结构的一部分。其中，家庭是社会建构的最小单位，是社会机体构造中的最小细胞。

家庭，作为男性和女性之间的结合，婚姻的建立有其生物性基础，但更是一种社会行为。③ 从微观层面，人们婚姻的选择要遵循一套社会公认的规范体系，社会的规范决定了社会个体婚姻选择的范围。个体婚姻选择的规则，有明文规定，而更多的规范是一种不成文的社会期待。男女两性婚姻的结合，不是随意的安排，每一个个体，选择与谁结婚，都要受社会文化观念的影响，也受到社会规范一定程度的约束。人们总是在社会的婚姻规则所规范的范围内，或在社会婚姻规则限制的前提下，按照自己的意愿，有限制地选择婚配对象。人类有选择的自由，但这种自由是在遵从社会规

---

① 彭华民、杨心恒：《社会学概论》，高等教育出版社 2006 年版，第 241 页。
② 《马克思恩格斯全集》第 3 卷，人民出版社 1960 年版，第 32 页。
③ 彭华民、杨心恒：《社会学概论》，高等教育出版社 2006 年版，第 252 页。

则前提下的有条件的自由选择。因此,个体的婚姻选择,必须以社会婚姻规范为先定条件。在先定条件下,才可在婚姻中附加自己的意愿,所以说,个体的婚姻选择是有限制的选择。如现实生活中的"门当户对""彩礼补偿"等,都是婚姻的一些规范,这些婚姻规范是婚姻制度重要的组成部分。

　　社会中的每一个群体、阶层都有自己的一套婚姻标准,告诉人们什么样的婚姻是适宜的,什么样的婚姻是不适宜的。这些标准是群体在婚姻实践中逐渐确定下来的,被群体的绝大多数成员认可的适宜群体文化环境的一种婚姻标准体系,并成为一种强烈的社会期望和要求。被群体认可并确定的婚姻规范,成为每个群体内个体所遵循的婚姻形式,直接影响个体婚姻选择模式。个体必须按照社会群体的婚姻期望和要求选择婚配对象以及婚配形式,若未能符合,则会受到社会群体的谴责,而面临巨大社会压力。只有符合群体婚姻期望和要求的个体,才会得到群体成员的认可和赞许。由于每个群体中的个体都按照社会规范选择配偶,结果形成一个比较固定的群体婚配模式,并成为群体社会的婚姻标准。[①]从宏观层面,婚姻过程中组建的家庭,是镶嵌在社会大的结构中,是社会宏观结构框架内的一个基层组成单位。家庭的组建,不是社会个体私人的事情,而是关涉宏观社会层面中,社会结构建构的重大主题。家庭是社会的细胞,是社会中的一个基层组织,属于基础功能的结构环节。既然镶嵌于社会大的宏观结构中,家庭的组

---

　　① 彭华民、杨心恒:《社会学概论》,高等教育出版社 2006 年版,第 252—253 页。

建，就不只单单是家庭组建中男女当事人个体之间的事情，而是牵系在大的宏观社会结构体系中去衡量和把控。家庭的合成过程，及合成因素的组合，与社会结构存在因果互动关系，对社会宏观结构产生直接的影响作用。

　　社会由群体、组织、制度等相互嵌合组成，家庭是社会结构中的基础组织，家庭如何组建，组建的方式和组建的规模都深刻影响社会结构、运作机制及其机制运作的效率。一个社会机制的有效运作，家庭各个因素的影响不容忽略。社会是一个群体组织，也是由个体组成的社会机体，它也面临存在和毁灭的问题。所谓存在，即是人类群体的存在，所谓毁灭，指人类群体的消亡。人类之所以能够世代绵延不息，在于人类有生老病死的同时，也有人口的再生产和再繁殖。人类依靠老年群体的死亡和新生群体的诞生来完成人类群体的新陈代谢。社会也一样，社会由个体组成，个体的生老病死和人口的繁衍即是社会群体的生老病死和群体的再生产。家庭是社会细胞，家庭由血缘个体组成，因此，个体、家庭、群体与社会是一体的。家庭的组合，是社会结构构建的基本环节。社会或群体也具有新陈代谢机制，这种新陈代谢的运作是依附在个体生命的新陈代谢基础之上的。社会的新陈代谢，是社会的构成细胞——家庭的新陈代谢，即老年夫妻组成的家庭因老年个体夫妻生命的终止而产生的消亡，以及由婚姻关系产生的新家庭生成，新老家庭更替，是社会群体新陈代谢循环系统运行过程。按照自然遗传规律，群体的繁荣和壮大，主要体现在人口的增值，这是一个没有人为干涉的自然发展规律。社会的发展繁荣，某种程度上，体现在人口的繁殖和壮大。在普通情况下，社会发展需要一定规模的人口。由男、女两个单性个体组合的家庭是人口再生产的主要单位,也是社会构建的基石。社会发展和群体维继都需要一定规模的人口,家庭是人口再生产唯一的基地,因此,社会群体的正常运转和存在,需要家庭正常的人口再生产,这是社会发展的基本规律。

每一个群体都在社会发展过程中创造出了适宜本群体的文化和制度,同样有自己独特的文化传统。N 村的人们在未婚青年男女婚姻方面,遵从较有节制的社交关系,体现出一种文化制度选择中某些方面与宏观社会结构构建方面的些许不协同。婚姻选择和缔结在客观上需要开放环境,N 村婚姻制度中的内敛和含蓄特征,在一定程度上人们的交际机会和交际范围减少,出现文化制度与社会结构建构之间节奏的不协同。这种"不协同"关系是文化制度与社会结构之间暂时的一种"悖逆"。暂时的"悖逆"或长久的"顺畅"都是社会运行过程"冲突"与"协同"关系的正常交替行为,社会运行通常存在"冲突"与"协同"现象,二者此消彼长,时弱时强,共存于一体。社会就在"冲突"关系中,获得发展和创新,在"协同"关系中,社会的整合使得社会更加有序和高效。

在社会的发展过程中,"添丁进口"是家庭一喜,也是社会一喜,无论何时,"添丁"意味着群体的壮大和繁荣昌盛,新生命的诞生,给人许多期望。从单个家庭讲,"添丁"意味着"后继有人""人丁兴旺"。若生的孩子不多,尤其中国古代文化中期待男孩,则意味着"人丁稀少""家运不旺",甚至还会有"后继无人"之惑。家庭如此,社会亦如此,在普通意义上,社会发展也需要"代有才人"。"代有才人"实际上是社会或群体不断需要有"后继之才",这都必须通过人口繁衍才能够完成。社会"老龄化"给人诸多危机感,有充足的人口和充足的劳动力,才能有充足的人才建设和发展社会。因此,社会或族群的发展存续,都需要家庭对人口一定规模的生产。

N 村文化传统对人们的行为举止是有一定社会期待的,人们也习惯遵循已有的社会规范。社会的个体行为,都是在一定的文化模式中进行,这种文化模式是适宜一定群体的生存环境下固定而形成,也是被群体普遍认可的一种文化惯习。个体必须遵循自己本群落的文化惯习,才能获得群体的认同和接纳。某种特定的文化模式,无所谓优劣,它是适应特定群体的观念和意识产生的制度模型,并在群体内普遍通行。N 村人们婚姻的运行特征,是当地区域文化模式的一种普通常态呈现。

然而,社会的发展,人口的繁衍,需要家庭以开放的姿态,在广泛的人流中选择最优质的基因组合,结成新的家庭,以完成社会和家庭的新陈代谢过程。因而,客观上要求个体婚配过程是极大开放的社会行为,与更多的人接触,在更广泛的范围内选择婚配对象。接触的人流越多,婚配的搜寻范围越广,个体越能够有更多的机会和频率接触到更多、更优质、更适合自己的婚配对象。接触人流少,选择婚配对象范围窄,都会大大影响家庭组合的机会和规模,并影响人口数量和人口素质,同时也影响到社会结构的平衡。因而,社会和家庭的正常发展,都需要个体婚配的大幅度"敞开",这是社会运行的一种客观需要。

第三节　乡村中的媒对婚姻构建的弥合

每一种社会角色的存在都有其历史的必然,媒人也是社会中一种负有特殊任务的群体,他们在两个男女单性的家庭之间游说牵合,组建成为新的家庭。新家庭的合成,是人口繁衍的重要通道,也为社会造就了血液细胞。因此,媒人是家庭间建立婚姻的媒介,为社会机体的新陈代谢机能承担重要的建构任务。

媒人活跃的地方,文化呈现着一种较为闭合的趋势,需要这样一群活跃且能够沟通信息的角色,媒人正是这种环境中的产物。中国的传统社会,有"三媒六证",有"男女非有行媒不相问名""男女无媒不交""女无媒不嫁""天上无云不下雨,地上无媒不成亲"等古训和俗语流传,印证了媒人在传统社会中的重要作用。这种情况,也源于古代社会"礼法"规范。女性和男性交往有限,婚姻全凭媒人在两家之间沟通信息,得以撮合成家庭。N村妇女依旧与男性交往较少,未婚的少女更是如此,大部分的时间忙于家务,较少外出,也少与外面男性接触。这样,达到婚配年龄的男孩和女孩接触不多或未曾接触过,彼此少有了解。本村的年轻人交往较少,与N村相距有一定距离的村落,年轻人婚嫁时的接触和了解更为有限。许多N村的女孩子和男孩子结为夫妻之前,接触有限。有些住家较近的男孩女孩也见过面,也许就仅次于见面后打声招呼就匆忙离开的此类交往,没有外面盛行的自由恋爱,手牵着手吃饭、逛街,或约会,一起嬉笑玩乐,这种高频率和大幅度的交往模式。

　　由于村际间地域阻隔，以及乡村社会固守的传统观念影响，婚前年轻人交往有限，因而缔结婚姻的诸多事宜都需要家庭大人和媒人进行一系列的张罗筹划，媒人成为家庭构建，以及社会构建的重要环节。法国著名社会学家拉德克利夫-布朗（Alfred Radcliffe-Brown）喜欢做有机体的类比，他假定社会系统如同一个生理有机体，有一种趋向平衡的趋势——亦即，这些系统抵抗或减少外部作用的干扰，具有返回原先稳定状态的自然趋势。这不仅对致力于公共秩序的社会控制力量来说是固有的趋势，而且也是所有社会过程的属性。① 在一定的范围内，社会的结构具有某种自我恢复和自我平衡的功能，N 村传统文化以半闭合的状态，引导人们的活动按照一定的文化规则来进行。在男女的交往行为方面较为传统，少男少女婚前必须注意自己的行为，社会交际范围比较窄。这样部分地限制了年轻人在择偶中的选择范围，与社会结构运行的需求相悖。

　　访谈 3. 2015 年 5 月采访 N 村人 NWM

　　解放前的 N 村，女子往往足不出户，所谓的"大门不出，二门不迈"，就待在自家屋里做饭、洗衣、扫屋子。采访 N 村媒人NWM，他说他的姑爷爷是个富户，前房老婆去世后，想纳他的姑奶奶为妻。他们家祖上也是富户，姑奶奶当时只有十几岁，长得一表人才。但由于女子不出门，他的姑爷爷想看看姑奶奶长什

──────────

　　① ［美］罗伯特·F.墨菲著，王卓君译：《文化与社会人类学引论》，商务印书馆 1991 年版，第 57 页。

么样,便扮作商人几次在他家门口盯瞅,来 N 村三次也没见到他姑奶奶。

现在的 N 村比解放前有了改变,妇女们出门的机会大大放宽,但部分家庭对未出阁的女孩子的行为依旧管束比较严格。男孩与女孩接触有限,因而给婚姻组建上造成困境。但社会体系是一个有机整体,这种有机性来源于其组成的元素是主观能动性的人类。因而,社会有机体在结构出现问题时,便启动自我修复功能,进行社会机能的调适。然而,这种修复功能也同样有限,在一定程度上只能解决局部的一些弊端,以达到整个机体循环运作的顺畅。N 村婚姻中的男女交际范围小,交往机会少,这种情况与群体的婚姻客观规律出现悖逆状态,使得家庭组建过程出现结构性裂隙。面对这类问题,必须有另外一种事物弥合和修复,媒人便是这种环境下的产物。他的出现,沟通男性与女性两个家庭之间的信息交流,既避免了文化制度中对人们行为上的规定性所产生的家庭构建中的不利因素,又可代替相互不直接交往的青年男女传递信息完成婚姻。媒人的存在,是社会体系自我修复功能的体现,也是 N 村社会文化环境下必然产物。媒人是活跃的,他频繁地在婚姻当事人的家庭之间走动、协商、沟通、仲裁,把女方的要求传递给男方,又把男方的信息反馈给女方,从而完成男女信息交流的媒介。媒人在两个家庭中间搭建起交流平台,充当信息桥梁,是对文化制度的尊重,也是对家庭构建意义的权衡。媒人弥补了男女两个单性家庭组建过程中社会文化制度的困扰,从而帮助社会个体顺利组成家庭,也为社会人口的生产及社会结构机制的正常运转做了重要的完善工作。

第四节　媒的个人利益与族群公共
价值的无意识糅合

　　人在社会中的行为和活动往往是在意识作用下，具有能动性的实践活动，行动、意识、能动性是三个相互紧密关联的词汇，也是许多社会学家毕生研究的重要主题。实际上，在真正的社会实践中，人不但有一些活动是在有意识的监控下完成，有一些则是在无意识下完成。而且，人类的有意识活动大部分情况下是独立完成，但社会中每个人的有意识行为汇集到一起，便形成谁也意识不到的"无意识行为"。①

　　英国著名社会学家安东尼·吉登斯（Anthony Giddens）对个人意识的研究阐明，不但要关注人的有意识时的社会行为，也要关注人在无意识时的社会行为。他认为，意识在实践中是以对行为的反思性监控而发生作用的，意识的反思性监控并不是个人意志发挥作用，而是在与他人相处的社会环境中展开反思性的监控，即人们在行为过程中存在对他人同样的期望值。因此，吉登斯指出，人们在社会行动中，总是自觉不自觉地受着人类共同意识的支配。这类共同意识，是存在于行动中，但行动者意识不到的"共同知识"（mutual knowledge）。人们在社会实践中，除了有目的、意图、动机的行动者可以觉察到的意识因素之外，在行动者话语意识和无意识之间，还存在一种广阔地带，吉登斯称为"共同知识"。吉

---

　　①　刘少杰：《国外社会学理论》，高等教育出版社 2006 年版，第 413 页。

登斯认为,行动者往往觉察不到这种"共同意识",这些知识绝大多数是实践性的,在实践之外,它储存在人的头脑中,是一种"默会知识"。当人们进行一系列的社会行为时,它会以一种"实践感"的意识形态,帮助人们日常中的例行活动。这些共同知识,会形成某种惯习,个体无需言明,便知道如何去做,在吉登斯看来,这类共同知识类似于人们平时所言的风俗、习惯等文化背景或文化传统。①

　　人们的社会行为对社会所产生的后果,不仅仅限于在有意识下的行为结果,而且部分的行为结果是在无意识下的反应。吉登斯认为,不能高估社会行动及历史过程中的自觉性,不仅许多的因果序列中的后果是无意识的偶发事件导致的结果,而且社会历史中所呈现的一些必然趋势也是人们无法自觉的,是自觉的个别事件聚合了不自觉的历史必然,特别是一向被社会学家认为是人类有意而为之的社会化过程,实际上也是无意识的后果。② 吉登斯研究了人类活动中的意外后果,认为,每个个体的行动是有意识的,但是众多的个体行为结果汇集到一起,便形成了谁也预料不到的结果,这便是吉登斯称为的"集体无意识"和"历史无意识",这其实是个体行为结果的复合效应。大量的循环往复的意外后果,不断积累地形成了人们认可,并受制于其中的社会制度,即社会生活的制度化。③ 实际上,人的社会行动所产生的后果不是单一的,往往是多重的,其中有主要的行为后果,也有许多附带的次级后果。有一些是明显的,人们一眼能够看到,有一些却是隐性的,甚

---

①　刘少杰:《国外社会学理论》,高等教育出版社 2006 年版,第 411 页。
②　刘少杰:《国外社会学理论》,高等教育出版社 2006 年版,第 413 页。
③　刘少杰:《国外社会学理论》,高等教育出版社 2006 年版,第 413 页。

至是延缓的,相隔一定时间段后才能够发现。人们在行动的时候,是按照"共同知识"的反馈效应来控制自己的行为,但个体能够控制意识得到的行为结果只是行为后果的一部分,一些行为后果是意外的连带后果。无论是有意识的行为后果,还是无意识的行为后果,都会对周围的他人和环境产生影响,造成连环效应。人们在自己的能力范围,只能控制有意识时的行为后果,而对在无意识时产生的行为后果往往无法操控。甚至部分的行为结果,是个体或群体的有意识行为,其多重的连带后果,却可以给他人造成无法控制的意外后果。因而,个体的行为结果可以分为两类,其中一类是可控、可预测的,而另一类的结果是不可控,也不可预测的行为结果。

媒人是社会群体中的一部分,他们在管媒行动中,有自己的行为意图和动机。他们是一群社会底层的劳动者,每天为生计奔波,他们也占有社会中的一部分资源,用这些资源通过价值的转换,获得维持家庭生存的生活资料。因而,媒人的管媒动机是明确的,是一种有目的的社会行为。他最终的目的,就是通过在男女两家之间撮合,使他们成为夫妻,而当事人丰厚的谢礼,是他管媒追求的主要目的。媒人的管媒行为有明确动机和意图,是一种有意识的社会行为,它同样会产生多重的行为结果。其中获得谢礼是此种行为的主要结果,但除这一主要的结果外,还会有多种附带的次结果,也许部分是显而易见的,部分则是隐性不易能辨的。比如媒人的管媒行动,相对于媒人来说,这一行为产生的主要结果是他获得了当事人的谢礼,维持了自己的家庭生存。而对于婚姻当事人的家庭来说,媒人的管媒行动促成了一对新人成为夫妻,一个家庭出嫁了女儿,或失去了女儿,另一个家庭,给儿子娶回了一个漂亮媳妇,自己孙子即日可抱。另外,管媒过程中,两家的所有事项皆由媒人操持主事,两家及亲友都必须听从媒人的指挥和调遣,遇到一些棘手的事情,媒人首当其冲地要站在人前面说话,这也是一个人个人魅力的表现。给一些大户人家或有名望的人家管媒,是媒人荣耀的时候。因此,一个社会行为的结果,是多重的,往往在主要结果后,会有许多连带结果。对于立场不同的个体,同一社会行为结果的评估和分析会有不同,并对不同的个体,同一行为过程,所产生的结果也会不同。

　　不但个体的社会行为会产生多重结果,同样,个体的社会行为所产生的结果,有有意识的结果,也有无意识的意外结果,媒人的管媒就是这样一种有多重性、多类别结果的行为过程。媒人追求谢礼中的金钱和物质,是他在有明确目的下的个人动机。然而,每一个人是镶嵌在社会大的体系中间的,个体在有意识的私人目的行为过程中,却对社会产生了他无法察觉和知晓的意外后果。媒人撮合男女两个单性个体,组成一个新家庭,家庭是社会的细胞,也是社会和群体人口再生产的唯一场所。因而,媒人无意识的行为,为社会环节的正常运作起到修补作用。社会的发展,需要人口的正常繁殖以增加社会的劳动力,因而在家庭的构建过程中,客观上需要男性与女性有较高的接触机会,并在广阔的范围内选择优质匹配,以获得社会生产必需的大规模人口和高素质基因组合人口。媒人在文化规定性的男女两个家庭间活跃,以代替被制度约束的未婚个体,弥补了家庭社会功能的失调,顺利促成社会机制的正常运行。其狭隘的个人行为,却在无意识中产生了重大的社会结果,是媒人个人利益与族群公共价值的无意识糅合。

第十章　乡村社会中世俗权威对
婚姻制度的干预与调节

任何的社会都有一种基本的社会行为规律或模式,对于社会学家来说,社会结构就是指某一社会制度的基本成分之间的有组织的关系。虽然这些基本成分的特征及其彼此间的关系因社会而异,它们却为一切人类社会提供了框架。社会结构最重要的成分是地位、角色、群体和制度,这些概念在社会学中至关重要。①

——[美]伊恩·罗伯逊《社会学》

第一节　N 村乡村的社会层级结构

人类社会在运行过程中,形成相互交织、纷繁复杂的关系网络。表面看,它们杂乱无章,难以区分,事实上,它们因组成要素和功能不同而独立为不同的体系。不同体系之间的层次关系,构成社会结构。社会由不同功能的系统镶嵌构成基本框架,在每个系

---

① [美]伊恩·罗伯逊著,黄育馥译:《社会学》,商务印书馆 1990 年版,第104 页。

统内部,还会形成相对独立的次系统,并具有本系统组织关系和组织规则。

N 村是西北地区典型的乡村社会,人们世代举亲而居,形成亲属相邻相聚的地理—居住结构(geographical-residential structure);依赖土地资本从而滋生出不同模式的经济—职业结构(economic-occupation structure);建立于完整宗族制度之上而形成的社会—权力结构(social-power structure);纵向基因传承的血亲和横向异姓姻亲交织形成的家系—婚姻结构(lineage-marriage structure)。这四种系统分布于村落不同的层位,形成 N 村立体结构的基本框架。

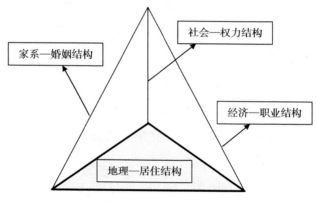

图 10-1　N 村社会结构简图

地理—居住结构(geographical-residential structure)

N 村人早先是一个祖宗繁衍而来形成的村落,人们习惯举亲而居,亲属总是毗邻建屋。农忙季节或家庭的大型婚宴等事宜,都会彼此互助互帮度过乡村最艰难的日子。举亲而居,是认祖归宗的一种情怀,也是窘迫日子里抱团取暖的生计之艰。因此,N 村人通常同一个家姓的人们,近邻而居,相互照应,从而形成 N 村大村落里的亲属小聚居的这种传统地理—居住结构。

经济—职业结构(economic-occupation structure)

马克思说:"物质生产活动和生产方式决定着社会的结构、性质和面貌,制约着人们的经济生活、政治生活和精神生活等全部社会生活。"[1]经济是一切事物的物质基础,社区的各种生计和职业,构成社会结构的经济基础,也是构成人们社区其他活动的基础。N 村人依赖土地,以土地为主要资本形式,衍生出多种其他辅助型经济—职业模式,如建筑业、餐饮业等行业的务工、做小生意、养殖业、运输业等。由于农业稳定且持久的产业性质,N 村人一边种植少量土地,另一边则在农闲时间从事其他辅助型副业,以增加收入。物质生产活动是其他活动的基础,以 N 村人经济—职业结构为基础,架构起社区运行的行政—组织结构、家系—婚姻结构。

社会—权力结构(social-power structure)

人类社会繁衍过程中,建立在物质经济基础之上的是人类个体组织起来的社会—权力结构。人类的群居模式一定程度促进人类社会组织结构的产生,组织结构内部分层,衍生出权力结构。逐渐庞大的人类社会需要强有力的组织结构协调、整合、推动社会资源朝有利于人类社会良性发展的趋向运行。同样,个体弱小的力量不足以抵抗自然和外部侵略,以群体力量存在的社会组织能够

---

① 马克思主义基本原理概论编写组:《马克思主义基本原理概论》,高等教育出版社 2007 年版,第 108 页。

保障部族获得安全和高效的群体动员,因而社会组织结构架构于物质生产基础之上而形成。组织凌驾于个体之上,从而显示出权力特征而具有权威,对全体个体实施规范和约束。N村在社会发展过程中,同样具备了社会运行的完整结构。以村委会为核心领导机构的国家行政组织,在村内行使重要的经济、生产建设功能,保障村子整体发展推进。建立在宗族文化基础上的传统力量在社会道德和文化建设方面起到重要引导和规范作用,确保重要的文化元素和文化影响力得以传承。村委组织的建设和领导是一种显性的影响力,而表现在传统文化传承和区域道德建设的是一种隐性影响力,两者相辅相成,构成N村社会—权力的运行结构。

家系—婚姻结构(lineage-marriage structure)

社会是人组成的一个群体,在这个群体内,凝结着许多关系,这些关系和人共同构成社会群落。人类群体是具有新陈代谢的有机体,保证群体新陈代谢机能正常进行的有两层关系:血亲和姻亲。家系,即为血亲;婚姻,即为姻亲关系。这两层关系,共同缔造了人类群体种族的繁衍和承继,也是人类社会纵向与横向的两条维度,两者交错,缔造了人类社会。婚姻制度构成了传统社会结构的又一个重要基础,也是传统社会结构的一个基本方面。由血亲—姻亲构成的亲属关系结构,是人类社会结构的一个重要方面,也是社会构成的另外一个重要维度。

地理—居住结构、经济—职业结构、社会—权力结构、家系—婚姻结构,这四个主要维度,支撑起N村社会的基本构建。在社会结构内,不同的社会组织和社会角色在其中又充任着不同的社会职能，角色关系和角色互动，与社会框架，共同组成人类的群体社会。社会组织和社会角色的职能促动着社会力量能够凝聚合力，把个体的能力延伸扩展为强大的群体能力，推动社会机器有效运转。因而，社会组织和社会结构对社会运行必不可少，研究社会结构运行的规律和运行机制有利于人类更加适应社会，更加有效驾驭社会发展，推动社会前进，抵御社会风险。

一、"和而不同"的协同分治

N村是西北地区因同一姓氏形成相对比较典型的社区，这种典型性源于村落形成的特殊历史，特殊的历史造就了 N 村不同于西北其他社区的村落结构布局。历史形成的因素及后来的落户规则，使得 N 村的家户血缘关系亲近，姻亲关系更密。因而，N 村具备家族制度形成的便利条件，亲密而紧凑的血缘关系，容易形成有序严密的家族制度。由于 N 村自形成以来，就具有家族制度的雏形，因而 N 村不像其他西北社区一样，形成"老人会""羊头会"等，由村里德高望重的老人组成一个民间组织进行民事调解等事宜。N 村自古有家族形成的先天条件，因此，家族制度一直与村落的历史相伴，直到新中国成立后。家族的老爷（族长）管理着整个村庄的上上下下一切事务，后来随着家族制度的解体，出现村民委员会，由村民选举的委员进行事宜管理。① 历史的遗留体制与现今的体制相整合，现在的 N 村社会，村民委员会、乡老（民间人士），国家行政人员属于官方机构，代表着国家权力，而民间乡老则是本

---

① 金太军：《村庄权力结构研究综述》，《文史哲》2004 年第 1 期。

地宗族权力的象征,是一种民间衍生的权力①。官方与民间相互配合,相互协作,共同维护着村庄秩序。

(一)村党支部委员会和村民委员会

中华人民共和国成立前,N 村实行乡、保、甲三级制的政治体制,之后,实行乡、村管理体制,1958 年成立人民公社,实行政社合一的管理体制。1983 年,人民公社解散后,恢复乡、村建制,N 村成立 11 个生产小组,改为 N 村,设村民委员会,行政上隶属永宁县杨和镇,村管理组织设有中共 N 村村支部委员会和村民委员会。

1. 中共 N 村村支部委员会

N 村党支部和村委会办公都在 N 家新村小区东北面的一栋二层办公楼,党支部每届任期 3 年。委员会有 5 名成员,书记 1 名,主抓支部全面工作;副书记 2 名(其中一名由村主任兼任),主抓精神文明建设,社会治安综合治理;委员 2 名(包括宣传委员、妇女委员各一名)。党支部的成员选举时,通常由乡(镇)党委提名推荐,然后召开村支部全体党员大会选举产生委员,委员再投票选举书记和副书记,选举的结果上报乡(镇)党委批准后任命,可以连选连任。

村党支部的主要职责是贯彻执行党的路线、方针、政策;协助、配合和完成上级党组织部署的各项工作;加强对党员的教育;向农民直接发放国家粮食、粮种、化肥、柴油等直补资金;调节农村各种矛盾;落实完善农村医疗制度;改善农村道路交通条件和农田水利设施建设;加强村庄规划、建设等。

---

① 侯钧生、谭江华:《典型族群宗教村落社区权威变迁解析——以河南省孟州市桑坡村为例》,《社会科学》2004 年第 1 期。

2. N村村民委员会

N村村民委员会成立于1984年，下设11个村民小组，每一个小组有一名组长（队长）。村委会有主任、副主任、会计执保主任等成员。村委会的职责主要是依法管理N村村属于农民集体所有的土地和其他财产，办理N村公共事务和公益事业；调节民间纠纷；协助维护社会治安；向人民政府反映村民的意见、要求和提出建议；宣传宪法、法律、法规和国家政策。

在现实中，N村的党支委和村委是糅合在一起的，党支委的副书记通常由村主任兼任，村党支部和村委会两个机构协同工作，村委会任命的执保主任统管党支部和村委权限内的执保任务。由于党支部和村委会协同工作，因而在人员任命中，精简成员，两个机构总共6位成员，由党支部书记统领全局，工作职能的界限并不明确切割开来，而是糅合在一起，成为一个复合机构。

（二）学董乡老

传统中国社会，皇权的辐射和覆盖是非常有限的，民间的社会具有相当的自由空间，宗族和乡绅这种民间的力量在一定程度滋长，形成了传统乡土社会的某种自治格局。家族史专家W.古德说："在帝国统治下，行政机构的管理还没有渗透到乡村一级，而宗族特有的势力却维护着乡村的安定和秩序。"温铁军将中国的这种权力格局概括为："国权不下县，县下唯宗族，宗族皆自治，自治靠伦理，伦理造乡绅。"①这句话贴切地描述了中国社会的状况，

---

① 杨文毕：《裂变与调适中的传统——社会转型期西海固乡村变迁研究》，博士学位论文，兰州大学人类学系，2013年。

也适于中国西北社会的状况。西北社会在大的共同社会背景下，也滋生了庞大的家族体系，以伦理道德统治乡土社会的家族文化，造就了乡绅阶层的衍生。社会有自己独特的文化，随着社会的发展，有学董乡老制、社头制、家族制等不同的民间组织形式，并以礼治维持着乡村的社会秩序。

二、"行政"与"民间"的冲突和调和

权力结构是指不同权力系统在村庄社区中的互动关系及其地位组合。N村社会的权力结构呈"二元分层"的模式，村党委和村委会是国家权力在基层的代表，具有半政府半民间的性质，他们主要代表政府服务人民，并宣传和贯彻党和国家的各类方针政策；学董乡老是社会传统力量和乡绅的代表，主要传承和保持传统观念和文化，借以维持传统社会秩序。两种力量在社会治理方面都起到不可低估的重要作用，在社会的不同领域发挥着各自作用。他们之间或合作、或互补、或冲突，不同时期、不同问题的互动关系和地位组合，影响着社会的权利结构和社会秩序的动态变动。村党委和村委会是国家行政组织，而学董乡老是村庄民众的代表，代表着世俗权力中自发建立起来的权威。权力团体之间和谐共处，是社会发展的必要条件。

（一）合作

在日常生活的绝大部分时间和事件中，社会中的权力结构之间是和谐共处，各司其职的，偶尔的冲突，也会在相互调适中缓和、化解。虽然，党支部和村委会代表国家基层组织，学董乡老代表传统和乡绅阶层，但在具体的行为活动中都注意和谐共处，在很多的

事情上,基本是合作关系。

社会结构是一个在不断调适中动态发展的体系,并不是保持原有状态始终而一。在不同时期,不同的权力关系始终在自我修复和自我调适中向前推进,与时俱进。N 村社会经历过较长的一段家族制度管理时期后,在一段时间内,党支部和村委会的权力和地位在社会结构中凸显出来,成为乡村社会的权力核心。党支部和村委会代表国家,宣传党和国家的各种政策,并作为政府的基层组织服务群众。

N 村是西北地区有宗族体系管理历史的典型社区,全村 4811口人,11 个生产队,人口庞大的村落更需要有力、有效的管理组织。N 村村委会以政府行政职能层面管理村务,承继宗族体系的学董乡老从道德和习俗层面与村委配合协作。行政部门的法律条规表现在管理行为上是硬性条文,文化习俗与道德则体现了一种软性规范,更多以传统习俗或舆论来约束人们的行为。村落社会管理的行政职能与文化职能,相互补充,软硬相嵌,相辅相成,共同为社区的有序发展、规范秩序起重要的促进作用。N 村的学董乡老们一般是村里有见识、有眼光的社会精英,能妥帖地处理社会层面的事情,与村党支部和村委会紧密配合,相互支持,共同完成村内村外的许多事情。他们往往与村委会一道积极宣传和贯彻党的方针政策,在合理的空间秉承传统文化。许多时候,有学识的乡老会被聘为乡村民事纠纷的调解员,与村委会共同治理村庄的社会秩序和发展问题。N 村社会中的权力团体之所以能够在很多时候共同合作,主要是各权力团体之间的共同利益和总体的目标是一致的,都是致力于 N 村社会经济和文化的和谐发展以及村落的繁荣富强,因而合作是权力团体之间的主要关系。

(二)互补

N村权力团体之间也是互补的,合作是共同利益一致的情况下所具有的状态,互补是在权力团体之间功能差异的情况下所表现出的状态。任何一种机构,不能在功能上全部覆盖整个社会,通常需要各个机构之间的功能互补和合作。村委会和党支部主抓村庄的经济建设,而学董乡老主要是传承传统文化,保持传统社会的社会秩序。权力团体各自负责N村社会的一定区域,各司其职,功能上相互弥补,工作中相互协作,共同为整个N村的社区民众服务。

社区的发展是一项复合型的目标,社区内的民众需求也是多层次的,每一种机构在一定时期主要的功能是比较有限的,村委会主要抓村上的经济建设,乡老士绅,重点关注村庄的传统文化和社会秩序。没有哪一种机构能够统摄整个社区的所有方面,因而,N村权力团体之间在社会功能上是互补的。功能上的差异,才能够满足村民们需求上的多样性,以及社会管理上的多元性,而差异需要功能互补,这造就了N村权力机构之间功能互补和协作机制。

(三)冲突

N村权力团体之间的关系是密切的,除了合作与互补之外,在某些方面也存在冲突。这种冲突主要与权力团体之间的价值观念相关,村党支部和村委会是执行国家大政方针的组织机构,而学董乡老的思维和价值观念是建立在传统的家族观念和新兴的士绅观念之上,不同的思想观念,在社会行为中的关注和侧重点不同,逻辑思维也不同。

村干部鼓励人们更多关注当前社会生活,把主要的精力放在发展生产和经济上。在平常的生活中，鼓励村民要关注国家的政策，支持国家政策，紧跟社会发展的步伐，与时俱进。乡老阶层则更注重保持传统，在日常生活中，更关注村民们能秉持群体的传统文化作风，维护传统社会的良好秩序，把老祖辈们留下的遗俗遗风能传承得更远更好。因此，在日常管理村庄事务的过程中，由于权力的交错，在一些时候会有些许冲突。每个权力中心都期望自己的行为和观念获得更多民众支持，从而树立更高权威。有限的民众，无限的权力期望值，往往会产生权力冲突。虽然，N 村的权力团体在一定程度上会存在一些冲突，但冲突不是权力团体之间关系的主流，在工作中，更多的是相互协调合作和互补的关系。冲突只是小范围内的一些情况，多数情况下，各团体都会通过自我调适，适应环境，达到和谐共处的局面。一般情况下，学董乡老们会服从村干部的一些国家政策方面的原则，当然，村干部作为和社区的一员，必须尊重学董和乡老的权威。偶尔的冲突都只是一些抵触情绪，不会波及更大范围。

N 村权力团体之间，既有合作、互补关系，也有偶尔的冲突，但合作和互补是他们之间关系的主流，冲突只是小范围中的抵触情绪。无论如何，村干部和学董乡老们，都是 N 村老百姓的代表，其目的都为 N 村村落的发展和社区治理，因而共同的文化背景，共同的工作目标，有助于各权力团体之间缓解冲突，加强互助合作。

第二节　村委会对婚姻的干预与调节

N 村社区的权力团体因职能的差异，在不同的区域维持着 N

村村落的文化状态和社会秩序,使这个村落健康为继,有序发展。社区内的两派权力团体,是村庄的主要管理者,社会发展、文化传承、道德的教化等都与管理者的方针策略有很大关联。N 村的婚姻,牵系着社区人口发展及族群再生产这样重大的社会问题,因而社区权力团体对婚姻的格外关注维持着村庄的应有秩序。婚姻的背后是家族、群落的文化和资源的重组与交融,家庭结合涵盖经济、文化、政治、族群等多种因素变化。因而,婚姻不仅仅是单纯的男女组合,它的缔结影响着许多其他因素的附带转化,因而成为整个群体慎重思考和关切的问题,群落的婚姻也必须遵循文化的特定规范,呈现出区域或具体群落的特殊文化特征。

村委会从权力类型上划分,它在外在形象上代表国家和党,属于行政类型,因此,它对村内婚姻的干预和控制主要体现在一些行政能力上。村委会代表国家在基层社会行使国家权力,具有行政审批权。通过宪法赋予的权利,结合当地的实际情况,对村庄实行全面的管理和监督。常言道:"一方水土养一方人",地方的行政管理因地制宜地参与着当地的风土人情,体现出本地色彩。N 村村委会的管理原则,一方面坚持贯彻党和国家的方针政策,在村庄的管理上与国家政策保持一致;另一方面,他们作为本地乡民,工作中配合学董和乡老维持着传统社会的文化共识。村委会与学董管理是自上而下融会贯通,上有国家法律政策,下有乡老学董对道德习俗的维护贯彻。因而,在一个社区,往往是国家的法律条规与滋生于本土的社区约定俗成的传统和习惯法相互交织,共同规范村落秩序。国家法律是显性的,也是硬性的,而传统社会的习惯法则是隐性的,具有柔中带刚、刚中带柔的适应性。村委会、乡老是村子权力的代言人，在村落的管理上，划分出主要的职责区域，相互配合，共同治理着村庄，以期在保持传统文化的前提下，引领村庄稳步向前发展。N村村委会，作为N村的行政权力代表，对N村村民婚姻的干预和调节中，主要体现在以下两点。

一、开具婚姻证明

国家法律规定，每一位登记结婚的公民必须出具由户口所在地村委会或居委会开出的婚姻状况证明，没有婚姻证明，无法申领到结婚证。具有婚姻证明审批权的村委会在此环节可充分监督村民的婚姻情况，以维持村内的婚姻秩序。

村委会开婚姻证明的管理原则，首先必须贯彻国家婚姻政策，按照国家法律程序和法律规定做职权范围内的审批工作。比如，社区的部分年轻人结婚年龄偏低，有些青年人未达到法定结婚年龄，但由于家长催促完婚，便会去村委会领结婚证明。遇到此类情况，村委会干部通常不予开具婚姻证明，并劝其推迟结婚日期，以达到国家规定的结婚年龄。在N村的社区内，此种情况也曾出现过，村干部一般委婉规劝年轻人等待国家规定的法定年龄到达后来村部开结婚证明。N村的情况比较特殊，村内的主姓是N姓，其他还有沈、吕、杨、王、丁、李等28个姓氏，这些姓氏的家户间大都有一定的亲缘关系，并非毫无血缘联系的杂户，因而，N村的血缘关系比较近。在新中国成立后的一段时间内，村内通婚和小生产队的队内通婚现象比较严重，因此总避免不了一些姑舅亲、姨表亲，甚至也有一些三代内的旁系血亲之间的联姻。每遇到这种情况，村委会一方面在开具婚姻证明的过程中，严格把关，控制人口质量,另一方面会大力宣传国家优生优育政策,讲解近亲通婚的危害。近些年,N 村的村民在婚姻的视域上逐渐拓宽,开始走出村内,走向周边的一些较远村落进行婚姻链接。N 村的村委会不仅仅是国家的普通基层组织,也是一个基层社区的组织,因此,他们在执行国家法律法规的同时,也在遵守和维护一个乡村个体对村落文化传承的坚守。任何村落都有维持社会秩序的规范和制度、生存于其中的个体必须服从,才得以构成一个群体。

村委会就是这样的一个基层管理组织,在自己的职权范围内监控和管理村落的社会秩序,以合乎村子的发展趋势和运行逻辑。社区的村委会,负有双重的管理职责,一方面以行政命令和法律规范村内的公民遵纪守法,另一方面协同学董乡老遵守传统村规乡俗,把自己回归为社区的普通成员,与群体的法规文化融为一体。

二、开具户口

N 村地处省城银川的边缘,有发达的交通和肥沃的土地,人们过着富足的生活。与山路崎岖不平、土地贫瘠、缺水干旱的宁南山区相比,N 村是富庶的川区。除银川和望远之外,与周围其他村落对比看,N 村也同样是比较发达富庶之地。能够在 N 村立户并分得土地,是许多农村人口长久的愿望。因而,N 村很多杂姓都是通过招赘女婿落户,后来在 N 村生儿育女,最终成为 N 村姓氏中的一员。

N 村在近代时期,是远近闻名的商业街,四方商客在 N 村频繁交易,带动宁夏商贸蓬勃发展。这富庶发达的小镇由 N 姓家族老爷管理,村民们过着闲适富裕的生活。随着历史的发展,N 村人口不断增长,最初几户人的小村子,几百年后已经成为 5000 口人的大村落,土地资源骤而紧张。自古以来,N 村就有一些不成文的规定,虽非书面律文,但多为前辈们的经验传承,后来便逐渐成为一项约定俗成的共识。N 村有许多这样约定俗成的规则,其中在户口迁入等方面,也制定了较为严格的落户条文。考虑到土地资源状况,村里设置了落户限制,与 N 村没有亲缘关系的外来户口,一般很难获得 N 村户口,也得不到 N 村官方分地。部分人用钱买得 N 村的房屋,举家住在 N 村多年,依然没有 N 村户口,也没有分得 N 村的土地。在 N 村的社会交际和心理归属上,他依旧是个外来人口,不属于 N 村本村村民。

关于落户,采访 N 村的外村人 MMG,录音材料如下:

时间:2015 年 6 月　　访谈人:MMG　　地点:N 村

访谈 1. MMG,48 岁,海原人,现住在 N 村四队的新农村家属院,已经来 N 村 4—5 年。他在海原经营商店等生意,赚了不少钱,给儿子娶媳妇花了 40 多万,算是乡里的有钱人。4 年前,他买得 N 家新村的一处院落,一家人从西海固搬迁到 N 村。来 N 村后,他们因与 N 村人没有亲缘关系,未曾把户口落在 N 村,也没有分得 N 村的田地。他与妻子主要靠买卖度日。他养了二十几只羊,给妻子在 N 村街上开了一个粮油店。儿子大学毕业后,在外地工作,老两口在老家靠灵活的头脑做一些小买卖度日。他虽然来 N 村已经快 5 年了,与 N 村人住在一起,相互为邻,但他没有入到 N 村的户口里,他依旧是个外乡人,独门独户,相邻间并不多交往。村里的儿女婚嫁或老人去世后的大型集体活动,偶尔他也参加,参加的范围也仅限于周围小范围的人际交往。但没有 N 村的户口,在心理归属上,他依然是外乡人,不是 N 村人。他若要融入N 村,还需要时间。

N 村村委会在户口上的限制,是他们对本村资源实际状况的考虑,也是他们职能的一部分。户口与婚姻有时关联紧密,N 村在落户政策上的限制,在一定程度上使得 N 村的血缘结构亲缘化。另一方面,外姓人口入赘婚的增加,也使得 N 村血统单一化,近亲通婚比例偏高。村委会的落户限制,是 N 村历来的一条传统,也是村内乡老们和村民们保护村庄的共同想法。村委会与村内的乡老们一致,为保存 N 村现有的资源,最大限度地满足本村人的生存需要而采取的一种权宜之计,以便让村民们生活得更幸福、更舒适。因而,在这一方面,村委会与村内的乡老站在了同一战线,协同共事,共同管理着村庄的资源和财产,为本村老百姓谋福祉。因此,N 村的权力团体,在大多数情况下处于"和而不同"的合作互助状态,这源于他们一致的共同目标及共同治理村社的理念。

第三节 学董、乡老对婚姻的干预与调节

村里的乡老和学董,主管非官方层面世俗事务中关切村庄发展的事宜,是社会中世俗权威的代表。学董、乡老一般为社会中部分德高望重,对本村事情较为负责、做事公允果断的老年人,他们关切村内民众和村庄发展,协调、管理村内事务,以保证所有的事情按照绝大多数人期待的方向有条理地推进。学董和乡老是社会传统文化的重要维持者,民间纠纷和棘手的事情,人们往往会邀请学董乡老调节。在某种程度上,为社会的道德教化和秩序的维持起到很大

作用。乡村社会发展过程中,人们同样存在各种各样琐碎问题,家长里短,挖沟修渠矛盾,通常人们不习惯去国家民事诉讼机构解决事情。在日常生活里,很多事情太过琐碎,无需动用政府机构,往往是在基层的民间社会自行调解。乡老阶层是传统社会威望较高并在民众心目中能够合理解读和执行村规民约的权威人物。在处理村内的一些事情上,人们大多会尊重老人的意见,听从老人的训导。老人们的权威是众人们在长久的时间里统一认同总结得出来的共识,他们的意见和话语在某种程度上就是村庄文化制度或习惯法中的一部分。因而,乡老们的话语具有相当的分量,可以仲裁民间事务,规范村庄人们的行为和道德。婚姻是社会的重大主题,乡老学董们对婚姻也格外关注,规范社区内的婚姻以正常秩序进行,是他们维护血脉传承和保护村庄现有资源这类重大问题的主要职责。关于 N 村,学董和乡老对婚姻的影响主要体现在以下两方面。

一、调解

传统的中国社会是以"礼治"统摄而成规矩意识较强的社会,古人云:"没有规矩,不成方圆。"规矩是人类生存与活动的前提与基础,人们总是要在规与矩所成形的范围内活动。人们要遵守规矩,只有这样才能让社会、个人更好地发展与进步。社会的稳定离不开规矩,有了规矩社会才能正常运转。个人的发展离不开规矩。人作为社会和国家的主体,直接决定着国家与社会的前进方向,个人只有尊重客观规律,遵守规矩,充分发挥主观能动性,才能达到自己预定的目标,并在奋斗中磨炼自己的意志,吸取失败的经验,不断充实自己,让个人的潜力达到最大的发挥。如果违背了规律,违反了规则，那么必将受到客观世界无情的惩罚，这样人与社会与国家如何得到协调发展呢？因此我们呼唤遵守规矩，寻求发展。当然，我们强调无规矩不成方圆，但并不等于墨守成规，麻木守旧。我们守正的同时需要不断创新，不断进取，社会才能在遵守规则的同时创造出新的文化来。

社会文化和道德的形成，都来源于"礼"所衍生的含义。乡村的社会同样是一个由"礼"所统摄的社会，但"礼"的内容，有源自于中国"大传统中的文化"，也有本地文化所融合的价值观念和道德传统，即所谓的"小传统文化"。"大的文化传统"是文化的根和魂，"小的文化传统"是场域和适应，相互融合形成了当地的文化环境。在一个礼俗文化传统中的社会，人们遵照礼俗来完成自我行为中的各个环节，但是个体的行为不都是框在规则里的死板的实践，而是融合了个体许多的创新。有创新就有突破，有突破便会有机会创造矛盾和危机。民间的冲突和危机需要采用合理的方式解决，乡老们是民间社会纠纷的重要调解者。乡村偏僻，民间纠纷冲突，并不轻易通过国家行政机构解决，而是以民间方式化解矛盾。很多个人难以裁决的纠纷，通常邀请有威望的学董和乡老来调解。因此，学董乡老们的民事调解对乡村社会文化和道德的形塑、秩序的维持起到相当重要的作用。

除过民事纠纷外，对婚姻问题的调解也同样是学董乡老的事项。N村是一个单主姓人口组成的村落，家户间由于有"老亲不能断"的观念而促使近亲结婚增多的现象，逐渐引起部分有识之士对人口质量和未来发展的焦虑。面对人口问题和婚姻问题，学董乡老们针对部分家庭进行引导、规劝，在长久的时间里，逐渐让民众普识了一些科学道理。村委干部在开具婚姻证明过程中,也会劝说村民们科学选择婚配对象,避免近亲结婚。另外,学董乡老们对村庄婚姻的调解还体现在婚姻彩礼或离婚纠纷中所起的作用。婚姻不仅仅是人口的组合和繁衍,其中也伴随着重要的经济交往。乡村的高昂彩礼是家庭的大部分财产,这些财产经过一定渠道被转移到另外一个家庭。转移的过程中有自愿,也有被迫而为,当这样的财产转移是迫于形势时,会产生诸多矛盾。对于严重的矛盾,单个家户无法解决的情形下,人们便会邀请有威望的学董乡老进行民事调解。学董和乡老们管理村庄遵循的是历史上逐渐形成的传统文化规则和村庄习惯法,遵从村民们恪守村庄长期传承下来的公序良俗,用这些规范维持村庄整体的衍进节奏。

民事调解是村庄事务中学董乡老们重要的管理方式,协同国家法律和本地乡俗民约,从宏观和微观层面共同治理着乡村社会活动。因此,乡老们对婚姻的规范,调解是他们处理村庄事务的常用方式。

二、公众舆论

公众舆论是一种含有多层结构的表层意识,是由公众的各种意见和态度构成的集合体。法国著名社会学家古斯塔法・勒庞认为,"只要有一些生物聚集在一起,不管是动物还是人,都会本能的让自己处在一个头领统治之下。"[1]在一个社区,人们总会有意

---

① [美]E.M.罗杰斯著,殷晓蓉译:《传播学史——一种传记式的方法》,上海译文出版社 2005 年版,第 78 页。

识地让自己的社会行为统领在部分的权威之下。

人们的生存总依赖于某个圈子,在一个圈子内,某些观念在社会发展中逐渐形成共同意识,并成为群体的文化制度。生活在群体中的个体,都要遵从自己群体的文化制度。违反群体规则,将意味着对群体文化制度的不认同或排斥,这预示着与绝大多数人的观点相悖。一个群体,共同的意识形成文化制度,实际上是一种群体经验共识。在某种程度上,群体制度在一定时期是用来保护群体利益。生活在群体中,个体活动会产生一些社会影响,其影响常常波及周围群体中的许多人。因而,群体会衍生监督机制,以维护群体的整体利益,公共舆论就是其中之一。公共舆论是群体意识对社区事务产生某种态度趋势,进而影响其他成员的行为。公众的舆论是强大的,有时候各种公众意见在一定时间和空间内会达到一定规模和迅猛的发展势头,遂成为社会惩罚的一种方式,使得违反传统文化的个体屈从,从而维护原有的社会秩序。

N村社区也同样有强大的舆论机制,乡老们是公众舆论的主导者和引领者,他们的言语和行为会在很大程度上影响共同舆论的导向。在社会运行结构里,村干部、乡老,是村庄社会的管理者和组织者,也通常是共同舆论中的主要引领者和维护者。遵照村庄公共秩序,维护社区整体利益,是村庄民众共同的生存需求。在调解村庄管理纠纷过程中,乡老们的处理意见会很大程度地影响社区的价值观念。如若乡老们对传统规则清楚明晰,则通过处理婚姻纠纷后,社区的传统规范得到加强,若乡老们对婚姻纠纷中的规则模糊,则会在微观层面部分地影响民众对规则判断。因此，精英人士对社会的影响是重要的，他们往往启用共同舆论机制，劝导或惩罚不符合文化制度的行为，以维护传统文化和正常的社会秩序。

第十一章　宗族村落的婚姻制度与
族群再造

拉德克利夫-布朗喜欢做有机体的类比,他假定社会系统如一个生理有机体,有一种趋向平衡的趋势——亦即,这些系统抵抗或减少外部作用的干扰,具有返回原先稳定状态的自然趋势。这不仅对致力于公共秩序的社会控制力量来说是固有的趋势,而且也是所有社会过程的属性。①

——[美]罗伯特·F.墨菲《文化与社会人类学引论》

N村社会是一个具体的场域,生活于其中的人们形成了他们自己独有的特殊文化。N村的婚姻制度是适应了村庄的文化环境,并在N村社会中自我调适,形成一个有序的循环机制,在某种程度上,建构起N村的社会结构框架。N村婚姻制度的机制是一个闭合的、大的关系循环网络,并由三个小的循环组成,即基础循环 C-E-F:管媒—家庭—传统文化—价值场域的循环;辅助循环

① [美]罗伯特·F.墨菲著,王卓君译:《文化与社会人类学引论》,商务印书馆1991年版,第57页。

F-G-H-D：管媒—婚姻过程·关系—交换网络循环；核心循环A-B-C-D：价值场域—交换网络—社区·族群再造的循环。三个循环合并成一个大的循环，构成 N 村婚姻制度机制的循环。在循环往复中，婚姻制度完成了群体的族群再造。N 村的婚姻制度是在 N 村的社会关系网络循环过程中，磨合调适，形成带有 N 村独特地域文化的循环。它在 N 村的社会文化环境中，如何发挥自己的强大整合力量，构筑自己的运行体系，建构起 N 村的社会结构，需要分解其每一个循环的关键环节，并对其功能进行文化和社会的解释。

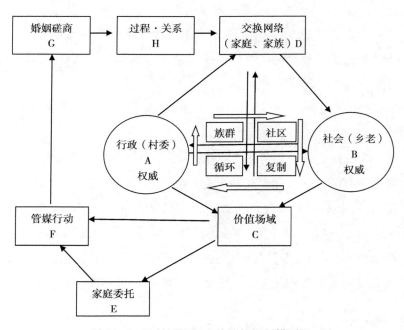

图 11-1　N 村婚姻制度的运行机制模型图

第一节　基础循环(C-E-F):管媒—家庭—
传统文化—价值场域的循环

一、N 村文化价值场域的形成

场域(field)可以被定义为在各种位置之间存在的客观关系的
一个网络(network),或一个构型(configuration)。场域是各种社
会关系联结起来的表现形式多样的社会场合或社会领域,虽然场
域中有社会行动者、团体机构、制度和规则等因素存在,但是场域
的本质是这些社会构成要素之间的关系。[①] 场域内的个体、团体
通过信息沟通和互动以及社会资本的占有,利用、展开、创生、涉取
和改变着各种社会网络及其资源,使得社会网络既具有客观限定
性,又具有主观能动的构建能力。场域是一张大的社会网络,在社
会网络中,由于占有不同的资源,因而在场域中处于不同位置。不
同的社会要素在社会场域中处于不同的位置,也可以说,社会中的
不同要素通过占有不同的位置而发挥着不同且有差别的作用。这
事实上是社会中的资源优越,在社会关系中体现出的社会分层和
权力分化。关于社会场域中的位置有三层含义:第一层,位置是客
观的,它是社会中人们的交往和互动形成的关系网络,在社会实践
中,位置起到客观前提和社会规定性的作用。第二层,位置建立在
社会资本或权力资本之上,社会个体或团体占有社会位置而获得

---

① 刘少杰:《国外社会学理论》,高等教育出版社 2006 年版,第 347 页。

社会资源或权力资本，并且，他们也只有获得一定的社会资源或权力资本才能占有某种位置。第三层，位置因含有社会资源和权力资本，因而在资源的占有争夺的矛盾中，位置时刻处于变易之中。在社会场域中，占有这些特定的位置，也就意味着把持了一些利害攸关的专门利润。① 场域具有双重特征，既具有客观限定性，又具有主观能动的构型能力。场域可以使用其构型的特性，把各种进入其中的关系和力量重新整合和构建成为新的力量和状态。在场域中，个体和团体都会有自己的能力，但这些能力要经过场域结构的调整之后才能发挥作用。场域的构型能力显示它有自身的运动逻辑，它可以通过调整各种要素的功能而使自身获得特定的结构和秩序。② 场域一定是在社会层面来理解的，它是一个动态的过程。场域中不同社会资源之间的占有、排斥、斗争、冲突使场域保持一种运动的姿态，一直作为过程而存在，展开了自己的时间状态，表现了运动变化的历史性。③ 社会资本是场域的元动力。④

    N 村的村落是一个闭合的社会场域，由于村落内的个体和团体占有不同的资源，而形成不同的位置分布和权力分布。场域是具有特殊性和情境性的，社会有社会场域，艺术有艺术场域，政治有政治场域，而 N 村的文化价值有文化价值的场域。N 村的文化价值场域是如何形成，并如何运作，对场域中的社会成员有什么样

---

① 刘少杰：《国外社会学理论》，高等教育出版社 2006 年版，第 347—348 页。

② 刘少杰：《国外社会学理论》，高等教育出版社 2006 年版，第 348 页。

③ 刘少杰：《国外社会学理论》，高等教育出版社 2006 年版，第 351 页。

④ 刘少杰：《国外社会学理论》，高等教育出版社 2006 年版，第 350 页。

的影响呢？

　　N 村的文化价值场域是一个具有共同价值认同的价值系统，是价值观念形成的一种权力合力。N 村的文化价值系统来自两个区域，一个是行政价值体系，一个是传统文化价值体系。价值系统的形成依赖于群体的价值认同，把独立的价值观念通过群体信任和共识上升为共同的价值标准。共同的价值标准一旦形成，便具有了群体规范的权力和权威，也具有群体约束力和控制力，成为个体行为活动的价值规范。美国社会学家彼得·M.布劳认为，群体一般都自愿地接受合法权力和权威，这样，权威就可以成为约束群体成员的手段。① N 村的行政权威和传统文化权威价值规范的合力，形成 N 村社会的文化价值场域。价值场域规范着其中的个体学会服从，并按照权威规导的意志行动。N 村文化价值场域是中国传统文化价值规范和当地价值规范长期糅合形成的一种力的规范体系。N 村人的个人心理、个人行为、个人的位置和作用、个人的道德都是在特定的文化价值场域中内生。

二、N 村婚姻制度基础循环（C-E-F）的运作机制

　　文化价值场域是具有客观性和前规定性的，它一旦上升到群体共识的层面，就具有了律法和规范的性质，成为群体价值的规范制度。每一个生活于场域内的个体或团体，无一例外地会受到价值场域的制约，并在价值场域的规范限度内行动。个体自出生就

---

　　① ［美］玛格丽特·波洛玛著，孙立平译：《当代社会学理论》，华夏出版社1989 年版，第 65 页。

生活在一个既定的文化价值场域之内,场域内的文化价值时刻规范着他们的行动,久而久之,场域的公共价值内化在个体的头脑意识中,形成指导个体实践行为的一种"默识意识"。"默识意识"的形成基础是日常的生活惯习,文化价值内化于个体的头脑中,形成一种实践活动的惯常经验。这种经验无需言明,个体就凭借这种经验指导日常的实践行为,法国社会学家皮埃尔·布迪厄称为"实践感"。①

N村媒人是专门撮合男女婚姻的一群特殊群体,他们的存在,是N村婚姻制度运行系统的客观必须。他们是社区中最为活跃的群体,他们的活跃正是为弥补N村青年男女婚姻过程中内敛的交往习惯。媒人的管媒行动,其实是一种功能替换。婚嫁过程中,N村青年男女交往上的局限,显示出人脉资源的短缺。然而婚姻制度在结构建构的过程中,客观上需要一个开放的交往环境,这与传统的文化观念部分相悖。媒人是社会系统自我修复过程中的一种弥补功能,他活跃、擅长交往、人脉广泛、信息量丰富,恰好替换了婚姻过程中青年男女在婚姻结构建构中功能的弱化。媒人适应社会发展而生,成为N村婚姻制度正常、有序运行的重要环节。

处于N村特殊文化价值场域内的媒人,按照头脑中的"默识意识"(即无需言明的惯常经验)指导着自己的管媒行动,操控着婚姻。事实上,社区的传统文化显示的权威赋予媒人婚姻使命,使

---

① [法]皮埃尔·布迪厄著,蒋梓骅译:《实践感》,译林出版社2003年版,第165页。

媒人的管媒行动遵照一定的规范进行。媒人对这一规定心知肚明,在管媒的过程中,无需提醒,他的行为一定会遵照社会权威引导的意志行动。

第二节　辅助循环(F-G-H-D):管媒— 婚姻过程・关系—交换网络循环

一、管媒—婚姻过程・关系

媒人的管媒行动是一个过程,它不是一种结果。处于文化权威下的个体,并非机械的木偶,他们是能动地、有选择地进行一系列的行为实践。指导他们行为活动的意识,也不是外部社会的完全内化,而是外部文化的内化与自我判断的有机糅合,形成个体的指导意识。

媒人在男女两个家庭之间撮合婚姻,这是一个糅合了社会元素和关系的过程。在管媒的过程中,由婚姻牵起两个家庭之间的一系列关系,由此滋生了姻亲关系、亲子关系、夫妻关系,以及在婚姻的缔结中所产生的物质交换关系、女人的交换关系、文化的交换关系、社区内人情的交换关系以及社会互动交往关系等。在 N 村的管媒行动中,把管媒的促婚行动看成是"过程",把婚姻搭建起两个家庭,两个家庭的社会网络看成是"关系",而"过程"和"关系"中涉及复杂的主体共同参与、互动、角色扮演,及其社会结构的建构,构成管媒过程中一系列的行动。

二、管媒—婚姻过程·关系—交换网络循环的运行机制

媒人获得婚姻的使命，利用头脑中的"默识意识"，在管媒的过程中掌控婚姻规范，按照社会的"公序良俗"进行婚姻→家庭→社会→族群的构建。社会的媒人把持着婚姻，也就把持着传统文化的规范。媒人自小受到本社区文化规范的熏陶，并在头脑中形成"默识意识"。"默识意识"是与社区的规范一致，并经过社区规范长期熏陶内化而塑形的意识观念。这种意识规导着媒人的管媒行动，在每个程式上都符合群体的意识形态。因此，媒人的管媒行动实际上是社区行政和世俗文化权威的延伸，在某种程度上，媒人潜意识中执行着社会中文化的某些指令。文化是一种无形的权力，它规导并制约着生活于其中的每一个个体，必须在一定的范围内活动，以保证社会在宏观层面整体上的有序性和协调性。

媒人肩负着社会赋予他的婚姻使命，头脑中的惯常管媒经验，即"默识意识"，规导媒人管媒的每一个程序都需遵照社会的文化规范进行。N 村社会中的青年男女，按照传统文化习惯，他们之间的交往较少，所有信息的传递和交往，由媒人替代。媒人在两个家庭之间游走，活跃且频繁，弥补了家庭组建过程中较为缺乏的男女交往行为。N 村婚姻过程中的男女交往，由媒人替换，这既遵守了社会的文化传统，又不妨碍家庭组建的环节进程，这是社会在运行过程中自我修复功能的极尽发挥。媒人有广泛的人脉资本、有丰富的信息资本、有优越于其他人的天赋资本，这一系列的资源使他能把媒人的这种社会角色发挥到最好。他的广泛人脉、丰富的信息，就是为弥补婚嫁过程中男女保守而缺失的行为弱势，媒人的出

现,就是一种功能替换和功能弥补,以确保新家庭的顺利生成,确保了社会结构的稳定。媒人在两个家庭之间撮合,完成一桩婚事,这一管媒的过程,形成了家庭与家庭之间、家族与家族之间、村落与村落之间的关系网络。列维-斯特劳斯认为,从根本上说,人类社会的建构,就是以两性关系的建构及其再生产作为基础的。[1]他认为女人的交换和食物的交换都是表现和保障群体间结合的手段,[2]婚姻关系的联结,是社会中一切关系联结的基础,有了人类的社会再生产环节,才有社会的存在,族群的存在。因此,管媒—婚姻—家庭—社会—族群的建构,是一个有序的链条,新家庭的生成,为社区注入了新的血液和基因,也为族群的再生产奠定了基础,准备了关键的生成条件,使得族群的再生产成为可能。

第三节 核心循环(A-B-C-D):价值场域— 交换网络—社区·族群再造的循环

一、家庭—家族—村落之间的交换网络

G.齐美尔在《乔治·齐美尔的社会学》一书中认为,所有的交际都以一种关系效应为基础,这种效应在此关系形成之后还是存在。[3] 美国著名社会学家彼得·M.布劳(Peter Michael Blau)也说,

① 高宣扬:《当代社会理论》,中国人民大学出版社 2010 年版,第 769 页。
② [法]列维-斯特劳斯:《野性的思维》,商务印书馆 1997 年版,第 124 页。
③ [美]彼得·M.布劳著,孙非、张黎勤译:《社会生活中的交换与权力》,华夏出版社 1988 年版,第 1 页。

社会关系不仅把个体团结成为群体,也把群体团结成为社区和社会。个体之间的交往组成复杂的社会结构,社会结构具有制度化特性,从而使组织的形式持久存在下去,远远超过了人的一生。① 彼得·M.布劳认为,交换交易和权力关系构成了社会力量。② 婚姻也是社会交换中的一种,英国社会学家詹姆斯·弗雷泽在他的《旧约全书中的民俗学》第二卷中详细探讨了澳大利亚土著的交表亲的婚姻习俗,从经济动机方面解释了婚姻关系中女人在部落与家庭间的流动和交换。而后的英国人类学家马林诺夫斯基在其名著《西太平洋的航海者》中探讨了特洛布里安群岛的岛民礼物交换的"库拉圈",其交换的动机远远超出物质性企图,而上升至一种非物质的价值追求。③ 从而表明,在交换关系中,人们的目的是多重的,有表面的、有形的物质追求,也有深层的、背后的、无形的非物质追求。

　　一个群体,相互的交换和互动关系使得个体间依赖性增强,通过互动,个体在群体的关系网络中实现自己的生存需求。婚姻关系是社会最基础的关系,在不同的家庭、家族以及村落之间进行女性的流动和交换,家庭得以生成。家庭是社会的子系统,它有自己的独特性,也有社会性。社会控制和社会化是典型的家庭功能。④

---

　　① [美]彼得·M.布劳著,孙非、张黎勤译:《社会生活中的交换与权力》,华夏出版社 1988 年版,第 14 页。

　　② [美]彼得·M.布劳著,孙非、张黎勤译:《社会生活中的交换与权力》,华夏出版社 1988 年版,第 14 页。

　　③ [美]乔纳森·H.特纳著,吴曲辉译:《社会学理论的结构》,浙江人民出版社 1987 年版,第 262—265 页。

　　④ [美]R.E.安德森、I.卡特著,王吉胜译:《社会环境中的人类行为》,国际文化出版公司 1988 年版,第 206—209 页。

家庭具有明显的家庭界限,家庭界限是一种行为界限,这种界限主要通过成员之间的相互作用的强度和频率表现出来。[①] 家庭成员间强烈情感关联,使其成员置身于一个紧密的关系网络之中,从而明显形成区别于其他的独立系统。家庭是社会的结构细胞,家庭的生成,人类社会和族群才能在此基础上建立起自己的结构。N村管媒—婚姻—家庭的过程,在家庭与家庭,家族与家族,村落与村落之间建立了一种关系网络。人们拥有资源的单一性,促使个体或单个的团体出让自己的部分资源,与社会中的其他成员互动交换,才能满足自己的生存需要。婚姻关系同样是在这样的规律下发生的社会现象,每一个家庭出让一个单性个体,与社会中的另外一个异性个体搭配成婚,组成家庭。在婚姻过程中,由家庭之间的姻亲关系导致发生了各种其他的关系。婚姻在不同的家庭之间、在不同的家族之间、在不同的村落之间,交织形成了糅合各种关系的关系网络。在一个关系网络中,公共的价值观和制度化调节着关系有序进行,且规范着网络中的个体合乎秩序。

二、价值场域—交换网络—社区·族群再造的循环机制

彼得·M.布劳说,支配着人与人之间交往的基本社会过程,其根源在于人们内心原始的心理驱动,比如个体间的交往吸引情感以及获得各种报酬的欲望。社会吸引是一种诱导力量,它使得人们主

---

①　[美]R.E.安德森、I.卡特著,王吉胜译:《社会环境中的人类行为》,国际文化出版公司 1988 年版,第 202—203 页。

动建立社会交往,一旦形成交往,社会吸引又会使人们去扩大交往范围,因此,社会吸引过程导致社会交往过程。① 布劳解释了人们交往的驱动力,不是源于外部的强制力量,而是源于主体的生存需求,有了与其他个体交往的愿望导致社会交往的发生。社会交往的发生,进一步扩大到更广阔的领域,逐渐发展形成社会的交互关系网络。

　　N 村的村落是一个已经成型的社会,由各种关系交织形成的一个网络社会。婚姻制度是 N 村关系网中的一种,并具有独立的运行机制。在这个关系网络中,存在已经形成并延续的文化价值场域,其中的文化价值实际上是长久确立的一种群体公共价值,具有权威性,也具有制度化特征。生活于其中的每一个个体都默识并认同公共价值,且在日常实践中遵循这种价值规范而进行着社会行为。彼得·M.布劳指出,群体的交互和交换关系,客观上需要一套公共价值观来导引和传递交换。② 实际上,人类社会形成的公共价值是制度化的群体规范,具有权威性,能够在实际的社会活动中约束个体行为,起到调节和规范社会活动的功能。而进入群体的社会个体,公共价值早已内化在个体的行为意识中,成为"默识知识"。个体在社会化的过程中,把群体的公共价值内化成一种心知肚明的惯常经验,用来规导自己日常的社会活动和社会行为。N 村媒人的管媒经验,实际上是惯常经验在婚姻过程中的体现。媒人的管媒经验是社会公共价值在媒人头脑中的内化,也

---

　　①　[美]彼得·M.布劳著,孙非、张黎勤译:《社会生活中的交换与权力》,华夏出版社 1988 年版,第 22—23 页。
　　②　[美]乔纳森·H.特纳著,吴曲辉译:《社会学理论的结构》,浙江人民出版社 1987 年版,第 331 页。

是社会中的行政权威和世俗权威意志的延伸。媒人按照村落的规范操控着婚姻，使得婚姻必须按照原有的规范进行，从而确保婚姻制度在村落传统的文化制度范围内有序进行。家庭与家庭之间的联姻，在此基础上建立起各种社会关系网络。社会由单个的家庭组成，媒人在管媒过程中，促成了新家庭的生成，客观上为社会和族群的形成造就了结构建构的基本元素。管媒的过程中，社会中的单性男女相互组合生成一个新的家庭，新家庭的诞生，实际上是社会机体中的一个新细胞的生成。社会如同有机体，其本体的正常新陈代谢才保证它能有新的血液以维持存续。因此，新家庭的生成，是社会、族群生成并存在和延续的先决条件。没有新家庭的生成，人类社会和族群就不复存在。

社会是具有结构的，其结构的建构是由内部的各种元素彼此互动的客观联系。[1] 美国著名社会学家安东尼·吉登斯（Anthony Giddens）指出，结构是转换性关系的某种"虚构"秩序，它只是体现着一种"结构性特征"。[2] 社会结构是人们意识分类的产物，是社会运作过程中表现出来的一种结构性的特征。然而，社会是一个独立系统，有其自己的结构和运行机制。吉登斯认为，客体主义强调的社会结构、制度、制约性，以及主体主义强调的主观性、能动性、创造性在现实生活中都是存在的，不能否认，也不能将二者对立起来。在社会实践过程中，这二者是通过人的行动而动态的相互作用、相互转化的。一方面，社会本身存在社会结构，这些结构

---

[1]　刘少杰：《国外社会学理论》，高等教育出版社 2006 年版，第 407 页。
[2]　刘少杰：《国外社会学理论》，高等教育出版社 2006 年版，第 403 页。

通过社会制度和社会规则制约着人们的社会行为，人们是按照原有社会关系制约自己行动。另一方面，人们以其自觉性认识原有的社会结构，调整自己行为，而且按照自己在行动中不断产生的新要求来调整行为规则和社会制度，进而使社会结构发生变化，社会结构从客观上的制约地位转入主观上的创造过程。社会结构由此具有客观制约性和主观创造性两种品格，并且这两种品格是融会而存在的。① 吉登斯是在社会实践或社会生产的不断展开和持续过程中动态地解析社会结构。当吉登斯在"社会再生产"概念的使用时，包含了对社会实践循环性的理解：社会结构制约着人们的社会实践，而人们又在社会实践中创造着社会结构，并且二者不断地进行着双向循环。他认为结构是一种能动的过程，在这个过程中，社会实践和结构的二重性的反复循环，使结构形成并在循环中被复制。② 他认为人类的社会活动，与自然界中某些再生的物种一样，都有循环往复的特性。他们虽然不是由社会行动者一手塑成，但却持续不断地让他们一再创造出来。社会行动者正是通过这种反复创造社会实践的途径，来表现作为行动者的自身。同时，行动者们还借助这些活动，在活动过程中再生产出使它们得以发生的前提条件。③ 美国另外一位社会学家 R.E. 安德森认为，社会与家庭都是一种独特的交往方式，这种独特的交往方式在家庭或社会的界限内起作用，并且与外部系统发生作用。在这些系统内，

---

① 刘少杰：《国外社会学理论》，高等教育出版社 2006 年版，第 407 页。
② Steven Loyal, *The Sociology of Anthony Giddens*, London：Pluto Press, 2003, 75.
③ 刘少杰：《国外社会学理论》，高等教育出版社 2006 年版，第 408 页。

家庭和社会生活一切领域重复地进行相互作用。一位美国学者马吐拉使用"自生"这一词语，意思是"自我创造"和"自己生产"，来表明家庭和社会与其他系统一样，力求维持自己的存在，它特有的过程就是用来自我保存的，变化必定也有助于系统本体的存在。[①]

N村的婚姻制度的运行有它独特的机制，这一机制的运行，也是社会结构的自我再生产。婚姻关系是社会生活的基础关系，其他的一切关系都是在婚姻——家庭的再生产关系的基础之上建立的。媒人把社会家庭中的男女单性个体，通过他的一系列管媒行动撮合组成新的家庭。新家庭为社会机体的新陈代谢注入了新的血液。一个个新家庭生成，替补了旧家庭的消亡，从而完成社会自身的更替，确保群体以及社会的存续。家庭组成社会，社会组成族群，因此家庭的再生产环节，与族群的再生产紧密地连在一起。吉登斯指出，人类的社会与自然界的某些再生物种一样，具有往复循环的特性。[②] N村的婚姻制度是历史的悠久产物，它的机制，也同样体现了往复循环的特性。婚姻制度在N村社会中往复循环，在一定程度上保持了稳定的状态，在稳定循环往复中，婚姻制度制造出了他们群体自己。家庭组成群体，群体组成族群，因此，在N村婚姻制度的循环运行中，婚姻制度一再地制造出了族群自己，完成了族群的再造。

三、宏观结构和交换系统中的制度化与公共价值观

一个宏观的结构系统中，存在着各种各样的交换关系、人们交

---

① ［美］R.E.安德森、I.卡特著，王吉胜译：《社会环境中的人类行为》，国际文化出版公司1988年版，第208页。

② 刘少杰：《国外社会学理论》，高等教育出版社2006年版，第4C8页。

往的目的,是在谋求一种需要满足。N 村的婚姻制度运行机制也同样存在着交换关系,权力的交换、礼仪的交换、人情的交换、物质的交换等。在以往的婚姻关系研究,弗雷泽和列维施特劳斯等学者认为,社会过程中,在某种程度上男女的婚姻缔结,也是一种社会交换。一个家庭与另外一个家庭,或一个群体与另外一个群体间男女的流动和互嫁互娶,是最普遍、最基本的社会交换。另外,一个社区也存在权力的交换,由于资源占有的不均衡,出现权力的分化,形成权威。彼得·M.布劳在研究社会生活中的权力与交换的过程中,他认为社会生活中存在着多种交换关系,并通过一种公平和互惠的原则进行。他概括出社会交换中的报酬有四类:金钱、社会赞同、尊重或尊敬、依从。他认为,在大多数的社会关系中,金钱是一种不适宜的报酬,因而其价值最小。社会赞同则是比较适宜的报酬,但对大多数人来说,它并不具有很高价值。在社会关系中,最普遍且最适宜的是尊重和尊敬。拥有有价值资源的占有者,为社会中需求此资源的人提供此类有价值的资源,通过社会的公平互惠原则,被接受者被迫频频为提供者回报以价值更高的尊敬和尊重。在很多情况下,提供资源者并不能要求接受者对他产生尊敬,然而其提供资源的价值足以让被接受者按照公平互惠的社会规则回报提供者那种价值最高的报酬——尊敬,即对提供者要求和态度的依从。当人们在交换关系中接受尊敬和依从时,他们便具有了权力,权力的合法化便形成权威。①

---

① [美]乔纳森·H.特纳著,吴曲辉译:《社会学理论的结构》,浙江人民出版社 1987 年版,第 322—325 页。

（一）宏观结构和交换系统中的公共价值观

在一个宏观结构中，个体间的关系存在吸引、竞争、分化、整合和对立等这些基本程序。从这些多样的关系中，可以看到一个系统中的互动交往关系是复杂的。如何让这些复杂的关系协调，以确保整体结构和整体秩序的有效运作，就需要一套价值规范来调节和引导系统内的元素按照一定的标准活动。这种价值规范是社会群体在长期的实践过程中的经验总结，把部分大家都认为合理并有利于大众公共利益的一些规范，提炼升华为群体的公共价值观，用以规范社会，使社会体系有序进行。经过群体公共认同的价值观，即为社会的"公共价值"，具有合法的权威性和规范性。个体间最初的人际吸引，在复杂的互动关系中，便被公共价值观所取代。这些公共价值观为社会个体间的复杂互动和交换关系提供了一套"公共标准"和"标准化的行为准则"，明确规定社会个体互动交换的方式方法和程度。彼得·M.布劳认为，当公共价值观与那些具有权威性的群体和组织所实施的程序相联系时，它就成为大尺度系统的宏观结构中复杂和间接交换的调节手段。在交互的关系中，公共价值观提供标准：（1）预期的报酬；（2）互惠；（3）公平交换。① 布劳认为，公共价值观是复杂交换系统得以产生的关键条件。②

---

① ［美］乔纳森·H.特纳著，吴曲辉译：《社会学理论的结构》，浙江人民出版社1987年版，第330—335页。

② ［美］乔纳森·H.特纳著，吴曲辉译：《社会学理论的结构》，浙江人民出版社1987年版，第332页。

（二）宏观结构和交换系统中的制度化

制度是一项历史性的产物，其规范和基本的公共价值观代代相传，从而对社会系统的互动关系施加限制。制度对个体和各类组织施加外在的强制力，使社会关系的程序服从其规定和禁令。制度于是提出一套相对稳定和普遍的规范，这些规范调整各种社会中的间接和复杂互动关系模式。这样的过程，实际是社会系统制度化的过程，社会系统的存在和运转客观上需要体系的制度化和标准化。社会中的个体和组织日益依赖特定的间接交换和互动网络时，经由显性规范形成交换网络的压力增大。在这样一个复杂交换系统内，其形式和规则起到作用，至少需要三种条件：（1）已形成的交换和互动网络必须给大多数人带来利益。（2）组织中的大多数个体必须通过社会内化后建立交换和互动网络而形成公共价值观。（3）交换互动系统中的权势单位必须获得一定程度的报酬，以促使它们积极去建立管理交换互动关系的规则。① 在社会交换互动的系统中，被制度化的社会系统调节着各种关系，确保了社会的正常运转和资源的有效调度。在社会体系中，确立的制度对社会的整合具有举足轻重的作用，布劳概括出了三类普遍的制度：（1）整合制度，使特定的价值观永久化，维系社会的团结，保存社会结构的特征和标记。（2）分配制度，体现了普遍的价值观，并保护社会秩序，发展这些秩序是为了生产和分配各种社会设施、捐献和报酬。（3）组织制度，运用使权威合法化的价值观，并使权

---

① ［美］乔纳森·H.特纳著，吴曲辉译：《社会学理论的结构》，浙江人民出版社 1987 年版，第 332 页。

威和组织永久化,这些权威和组织对于为实现社会目标而调动资源和协调努力是必需的。①

　　N 村的社会中,婚姻制度的运行系统同样存在各种制度,各种制度在公共价值的规导下规范着社会系统的各个环节有序且有效的运行,完成家庭—社会—族群的自我生产和制造。

---

　　① 　[美]乔纳森·H.特纳著,吴曲辉译:《社会学理论的结构》,浙江人民出版社 1987 年版,第 333—334 页。

结　论

一、媒与婚姻制度的社会意义

管媒是婚姻制度的一个环节,实际上是婚姻制度过程中的一部分,它与婚姻制度一起,构筑了社会结构的框架,并对社会产生了重要影响。

（一）媒的社会意义

1. 管媒是婚姻制度的重要环节,是弥补婚姻机制运行中部分环节功能弱化的关键一步

管媒不只是社会生活中的一种单个的行为或活动,它实际上镶嵌在社会关系中,是社会结构的一部分。社会生活中,青年男女交往机会不足,社交资源有限,这往往在婚姻的缔结过程中出现部分的婚配问题。媒人是社会生活中活跃的群体,他所拥有的丰富人际关系资源,恰好能够弥补婚姻当事人在社会交际资源上的不足。媒人的社会资源嫁接在婚姻当事人的社会资源之上,大大拓展并延伸了当事人的资源范围,从而解决了婚姻择偶上的困境。在这一过程中,实际上是婚姻机制运行过程中的一种功能替换,是社会结构的一次自我调适或自我修复。因此,媒人在婚姻过程中

起到弥合的作用,既能够让 N 村婚姻当事人按照传统文化来规范自己的行为活动,又可以通过媒人的广泛人脉和高频次的社会活动代替青年男女在婚姻方面的需求。在某种程度上,社会机能在平衡力的作用下,把部分失衡的地方通过另外一种事物的职能互补,以达到机体功能的正常运作。正如法国著名社会学家拉德克利夫-布朗喜欢做有机体的类比,他假定社会系统如图一个生理有机体,有一种趋向平衡的趋势——亦即,这些系统抵抗或减少外部作用的干扰,具有返回原先稳定状态的自然趋势。这不仅对致力于公共秩序的社会控制力量来说是固有的趋势,而且也是所有社会过程的属性。① 在某些时候,社会具有自我调节功能,使用其他部分的职能互补、替换一些职能弱化的部分,以使得整体机能的正常持续运转。

　　N 村的媒人,实际是社会机体自我调节过程中的产物。由于社会中青年男女在社会交往中机会不足,因此,在婚配过程中,表现出选择范围的某种局限。家庭是社会结构的一部分,它具有不断产生新家庭,以获得人口增长的需求。有限的社会活动影响着婚姻的选择,也影响着新家庭的生成,进而影响社会结构的正常机制运作。媒人在这种婚姻危机中应运而生,他是社会运行的客观需要。媒人广泛的人脉,丰富的信息,弥补了婚姻当事人在婚姻选择中的困境。媒人的资源优势,嫁接至婚姻当事人社会资源之上,实现了婚姻结构的平衡,也实现了社会能量的转换和平衡。

---

　　① ［美］罗伯特・F.墨菲著,王卓君译:《文化与社会人类学引论》,商务印书馆 1991 年版,第 57 页。

2. 媒维护着传统文化制度和规范

管媒的环节，是婚姻制度的第一步，媒人择偶中遵从婚姻规则，是保证婚姻制度的重要举措。在家庭托付媒人搜寻婚配对象的过程中，媒人利用已有经验，即"默识意识"甄别把守婚姻制度的规则。N村的媒人通常在匹配对象时，便针对传统规则安排婚姻程序，认真把持婚姻制度的原则，使得管媒行动符合社会的公序良俗。对部分不符合传统习惯的婚姻形式，媒人通过劝导、协调，以期平顺解决分歧，使双方能够遵从社会的文化惯习。媒人在管媒行动中对文化坚守的信念和态度，实际上是共同舆论的一部分，共同舆论的强大约束力，使得不符合文化传统的人们放弃不当的行为，进而维护群体的共同价值和文化。因此，媒人和家长以及村内的乡老都是传统文化和婚姻制度的守卫者。

(二) 婚姻制度的社会意义

婚姻家庭制度是指被一定社会所公认并被人民普遍遵循的婚姻家庭关系的规范体系。婚姻家庭制度是社会制度的有机组成部分，具有社会制度的共性。作为社会制度组成部分的婚姻家庭制度，是建立在一定经济基础之上的上层建筑，具有上层建筑的共性。作为一定社会利益体现的婚姻家庭制度，是婚姻家庭的自然属性与社会属性的有机结合。作为上层建筑的婚姻家庭制度，是一定社会中占统治地位的婚姻家庭形态的集中表现。婚姻制度的社会意义，主要体现在以下几点。

1. 婚姻制度源于群体的规范，在实施过程中却进一步巩固了社会的规范结构

婚姻家庭关系是特定的人与人之间的社会关系，即以男女两

性和亲属间的血缘联系为其自然条件的社会关系。婚姻家庭中的物质社会关系和思想社会关系,是同一定的经济基础和上层建筑意识形态相适应的。1)婚姻家庭关系是一种社会关系,它的产生、形成和发展变化,取决于社会生产关系。人类自从脱离动物界以来,就以社会一员的身份从事物质资料的生产和人口的再生产,并且在这两种生产的过程中,发生了包括婚姻家庭在内的社会关系。同时,社会生产关系又决定着婚姻家庭形态。伴随生产力的发展,人类从社会之初的杂乱性关系逐步递进至高级形态,最终产生了一夫一妻制家庭。2)婚姻家庭关系受到上层建筑诸因素的制约和影响。婚姻家庭关系是一种社会关系,它和社会的上层建筑,如政治、法律、道德、文艺、风俗习惯等都有密切联系。在阶级社会中,政治制度最集中地反映了经济基础的性质和要求,统治者必然通过法律来维护符合其阶级利益的婚姻家庭制度。道德、风俗习惯、文学艺术等,也通过不同的途径对婚姻家庭起着重要作用。它们依靠社会舆论、传统或教育等力量,去判断是非、善恶,从而调整人与人之间的婚姻家庭关系。婚姻制度的本质只能决定于它的社会属性,自然属性只是婚姻家庭的特点和前提条件。我们不能夸大自然属性对婚姻家庭的作用,也不能将自然属性和社会属性并列为同等地位。两性结合和血缘联系是普遍存在于一切高等或较高等的动物之中的,而婚姻家庭却是人类特有的社会现象。社会属性是人类的根本属性,婚姻家庭关系依存于一定的社会结构,具有一定的社会内容。婚姻家庭的起源、性质及其发展变化,只能从社会制度和社会物质生活条件中,找到正确的答案。

婚姻制度是在人类社会发展过程中形成的一种风俗习惯,不是行政律法,然而,族群的习俗一旦流行,并成为公共的价值认同,便可形成一种约定俗成的规范,并具有法律的强制力和约束力。它表现为族群的一种共同认同观念,或一种集体意识,从而从民众之中上升为群体规范;由于建立在本族群全体民众的自我认同基础之上,在某种情况下,它具有了某种强制性,成为群体的一种文化制度,并制约群体中个体的社会行为。个体按照规范活动,本身就是体现了群体的道德。个体在缔结婚姻的过程中,按照群体的规范进行,在这一行为实践中,同时也就巩固了这些规范和规则。这就是说,婚姻制度产生于群体的道德和规范,并巩固和服务于群体的道德和规范。法国社会学家莫斯(Marcel Mauss)认为,一旦这种道德出现,并在社会实践中得到巩固,它就会控制群体社会生活中的其他各类活动,这超出了特定婚姻实践活动的范畴。① 人类社会的婚姻规范,不仅仅规范着个体的婚姻实践,在某种程度上,在巩固婚姻实践的基础上,使得社会的其他规范进一步加强。

2. 婚姻制度是避免血缘近亲化,提高人口质量的一种措施

婚姻关系中个体的自由、平等、幸福诸种价值理念决定了婚恋行为的标准和态度,但实际上,婚恋行为并不是青年人基于个体意识的自觉追求,而是宏大社会变迁和个体生命历程相互作用的过程与结果。原始时代人类进化发展产生的婚姻制度,实际主要功能就是避免血缘关系太亲近,从而提高群体的人口质量。直到现代,婚姻制度的这一功能依旧保障着族群人口繁衍的质量问题。

① [美]乔纳森·H.特纳著,吴曲辉译:《社会学理论的结构》,浙江人民出版社1987年版,第263页。

婚姻家庭关系具有双重属性,即社会性和自然性。婚姻家庭的自然属性,是指婚姻家庭赖以形成的自然条件和婚姻家庭所包含的自然规律。它体现了生物学、生理学规律在人类婚姻家庭方面的作用,具体表现在以下方面:1)男女两性的生理差别和人类的性本能,构成婚姻中男女结合的生理学基础。2)通过生育而实现种的繁衍,家庭中父母子女、兄弟姐妹等亲属网络的血缘关系和基因遗传,构成家庭的生物学上的特征。社会属性婚姻家庭的社会属性,是指社会制度赋予婚姻家庭的本质属性。在本质上婚姻家庭是人与人之间一种特殊的社会关系。马克思指出,人的本质并不是单个人所固有的抽象物,实际上,它是一切社会关系的总和,是出于社会生产和生活的客观需要而形成的。

人类社会婚姻制度的形成是基于社会生产和生活的客观需要而确立,是保障群体生存的一种措施。群体近亲结婚所产生的负面影响,促使人们更新观念,提出不同群体间结婚的制度规则,这样的规定提高了人口质量,保障了族群发展的生命力。这是婚姻制度存在的重要原因,在现代村落婚姻内卷化背景下,婚姻制度在社会优质化发展中再次发挥了重要作用。

3. 婚姻制度是延续族群血脉,是群体人口再生产的重要机能

人口和人口再生产是社会存在和发展的必要条件,也是社会物质生产的必要条件,实现人口再生产以延续族群血脉是婚姻制度的另外一个重要职能。以两性结合和血缘联系为其自然条件的婚姻家庭,是人口再生产的社会形式。宏观上的社会人口再生产,在微观上是通过婚姻家庭的生育行为实现的。

人口是人类社会构成的主要元素,婚姻制度通过组合不同家

族的男女两性组建家庭,从而完成人类社会再生产的重大任务,这对整个族群以及族群的社会生产都是至关重要的任务。由婚姻关系形成的家庭,为族群生育新的人口,家庭生育功能是族群新陈代谢机制循环系统得以维持的不竭能量源泉。事实上,族群正是通过婚姻制度在相对固定的通婚圈层内则定婚配对象,并以公共认同的民俗规则完成缔结婚姻。婚姻家庭主要功能便是为族群产生新的人口,为整个社会的新陈代谢注入新的基因和血液。整个社会的人口再生产任务便是在一系列婚姻制度中完成,在族群的婚姻家庭制度下,族群生产出自身的群体。在一定程度上,婚姻制度在循环体系中完善地制造出了族群本体,这便是我们所讲的"族群再造体系"。

因此说,婚姻制度在一系列复杂的运行机制中,逐渐再生出族群人口和群落,是一种自我制造或者说是族群的循序再生产。社会存在和社会发展关键的条件便是人口再生产,有了人类才有社会,也才能有社会的物质生产和精神活动。婚姻制度的重要职能之一,便是维持种群的人口再生产。

二、文化、婚姻制度、媒人的角色阐释

(一)什么是文化

1. 文化是无形的

美国著名人类学家克利福德·格尔茨(Clifford Geertz)在其名著《文化的解释》中说,"关于文化我提出两个观点,第一,最好不要把文化看成是一个具体的行为模式——习俗、惯例、传统、习惯——的复合体,直到现在大体上都是这样看待文化的,而要看成

是一个总管行为的控制机制——计划、处方、规则、指令(类似于计算机工程师所说的'程序')。第二,人明显地是这样一种动物,他极度依赖于超出遗传的、在其皮肤之外的控制机制的文化程序来控制自己的行为。"①格尔茨指出,没有人类当然就没有文化,但是同样,更有意义的是,没有文化就没有人类。② 文化是人类群体在生活实践中把一些有价值的,群体认同的观念和规则升华为群体的公共价值,并用来规范社会成员的行为,维护集体利益的整体实现。它不是具体的或有形的,相反,它是无形的,是一种观念和意识上的控制机制。人们在日常生活中,都会无形中受到文化的规导和约束,在它规定的一定限度内活动而不得违背。这种遵守是一种隐没在日常行为背后的精神力量,它隐没在人类行为背后,储存在人们的意识和观念中,以熟知的"默识意识"表现出来。虽然它是无形的,但它却是时刻存在于人们的行为中,并指导、规范、指令、约束人们的行为,使得人们行为大致趋同,符合多数人的意愿,而不是太过偏离常规。这就是无形的文化,却是实实在在指令着有形的人类及人类社会持续运行的一种隐没的力量。

2. 文化是一种权力

文化若要生存,不被消解,它必须让生活于其中的人们学会服从,按它的意志行动。文化的权力,是在权力让渡的过程中,群体形成的一种具有强大共识认同的意识优越。文化之所以具有权

---

① [美]克利福德·格尔茨著,韩莉译:《文化的解释》,译林出版社1999年版,第56—57页。

② [美]克利福德·格尔茨著,韩莉译:《文化的解释》,译林出版社1999年版,第62页。

力，是因为文化被群体绝对认同，具有制度性特征。文化的制度化过程，是文化的权力被合法化的过程，因而具有权力的强度和威慑力。文化强大的控制力和惩罚力是文化具有权力特征的基本因素，正是文化具有这两种特征，使得文化的权威性高高树立起来。文化的权威性特征，是在群体权力的让渡中形成。文化对人类社会的规范和调控，获得群体的认同，从而具有某种意识优越。意识优越意味着权力的分化，某种观念或意识被群体从普遍中抽离出来，放置在一个更高的位置，最终确立为悬置在群体之上的公共价值观。这种权威的树立过程，是基层民众出于意识优越把部分的权力让渡出去，附加在文化之上形成的权力和权威。文化具有权威性，它便成为一种复合力，抽离出来作为社会的控制机制行使权力，完成其制度化过程，成为凌驾于社会和群体之上的一种制度和规范。不是所有的文化都具有权力特征，行使权力的某些优越条规，是那些被公共意识从普通生活中悬浮起来，凌驾于民众之上，显示文化制度特性的这样的文化，才是具有权力和制度的上层建筑。在一定程度上，文化就是一种权力，这种权力来自于公共意识赋予其特有的权威，使得它成为高于普通生活的一种上层建筑——即制度文化。因此，文化在某种程度上是一种权力，一种制度，一种规范。

（二）婚姻制度对族群再造的奠基性作用

列维-斯特劳斯认为，从根本上说，人类社会的建构，就是以两性关系的建构及其再生产作为基础的。[①] 他认为女人的交换和食

---

① 高宣扬：《当代社会理论》，中国人民大学出版社 2010 年版，第 769 页。

物的交换都是表现和保障群体间结合的手段,①婚姻的交换,人们在群落间建构起一种重重叠叠的相互关系,进而建起更为广泛、更为深刻的经济关系和社会关系网络。② 列维-斯特劳斯认为,人类从自然社会过渡到文化社会的时候,人类区别于动物之处在于人类社会有调整他们的社会规范。在他看来,人区别于动物而形成调整他们之间关系的第一类最原始的社会规范,就是在两性关系的领域发生的亲属关系规范。③ 两性关系,是人与人之间自然关系中最重要的一环。列维-斯特劳斯在研究原始婚姻关系时,分析出"在最原始的文化中,性的关系是人与人之间关系的出发点"④。在人与人之间的关系中,最自然的关系是靠人类的肉体所产生的血缘关系,而血缘关系的稳定化是最早的人的关系的基础。⑤ 在他后来的研究中,他进一步指出,包括神话、原始宗教、图腾以及习俗在内的原始文化基于其上的社会,是以最直接的个人间的简单亲属关系为联系的基本纽带。在这样最简单的社会结构所完成的文化创造活动,基本上是以男女间的性关系(性交换)和食物交换为两大主轴,直接呈现出构成文化活动的各个基本要素的关系网。⑥

　　婚姻关系是人类社会关系的基础关系,一切的关系都是在婚

---

① 　[法]列维-斯特劳斯:《野性的思维》,商务印书馆 1997 年版,第 124 页。
② 　范国华:《列维-斯特劳斯的亲属制度理论及布迪厄的批判》,《黑龙江民族丛刊》2008 年第 6 期。
③ 　高宣扬:《当代社会理论》,中国人民大学出版社 2010 年版,第 769 页。
④ 　高宣扬:《当代社会理论》,中国人民大学出版社 2010 年版,第 770 页。
⑤ 　高宣扬:《当代社会理论》,中国人民大学出版社 2010 年版,第 770 页。
⑥ 　高宣扬:《当代社会理论》,中国人民大学出版社 2010 年版,第 770 页。

姻关系所产生的关系基础上拓展开来的关系链接。婚姻制度是社会关系的基础关系,在婚姻交换的关系中,保障了族群血统和文化的传承,文化、道德、族群的凝聚力都在婚姻制度的基础上得到强化。婚姻过程中形成的家庭,是社会的组成细胞,社会中的一切关系,都是在家庭组建后人类的再生产基础上,建立起以人为主要元素的社会一系列的关系。因此说,婚姻制度是具有奠基性的关系,不但对于文化、道德以及族群的再造都起到了奠基性的作用。文化的传承、族群的认同、道德规范和群体的再生产都是在婚姻制度的基础上产生的衍生物。婚姻制度不但在保持族群人口按所需速度繁衍,而且在文化传承和血缘优化方面,保证了群体重要的发展趋向。

(三)社会中媒的角色叙述

社会中的媒有普通媒人的一般的"媒介"职能,也有社会文化赋予他的特殊职能。他是社会和文化权威的延伸,具有文化评判的权利。这种批判使得婚姻:(1)与法,要合乎法律;(2)与民俗民情,则合情合理,合乎社会的"公序良俗"。

社会中的媒人,一方面有普通媒人的媒介职能,同时他也承担着社会中传统文化权威赋予他不一样的职责范围。依据社会和文化规范,媒人在管媒过程中,明晓社会婚姻的原则,他的管媒行动倾注了社会的规范价值。事实上,媒人掌控的管媒过程,是社区文化制度内化在媒人头脑中形成的管媒经验,这些经验规导媒人的管媒过程,这些管媒过程一定是适合社区传统文化和"公序良俗"的。在管媒过程中,媒人具有文化评判权力,他判断着管媒过程中的每一个程序是否合情合理,是否符合社会的惯常秩序,不符合的现象媒人会制止或本身不去做,以此维护着传统婚姻制度。媒人的文化评判权力是由社会赋予他的角色功能决定,实际上,这种文化评判权力是社会和传统文化力量的延伸。

参考文献

中文专著

[奥]阿尔弗雷德·舒茨著,游淙祺译:《社会世界的意义构成》,商务印书馆 2012 年版。

[英]安东尼·吉登斯著,李康、李猛译,王铭铭校:《社会的构成》,生活·读书·新知三联书店 1998 年版。

[美]查尔斯·霍顿·库利著,洪小良译:《社会过程》,华夏出版社 2000 年版。

杜赞奇:《文化、权力与国家——1900—1942 年的华北农村》,江苏人民出版社 1994 年版。

[美]D.P.约翰逊:《社会学理论》,国际文化出版公司 1988 年版。

[美]E.M.罗杰斯,殷晓蓉译:《传播学史——一种传记式的方法》,上海译文出版社 2005 年版。

冯钢:《社会学基础文献选读》,浙江大学出版社 2008 年版。

[英]弗雷泽:《旧约中的民俗》,复旦大学出版社 2010 年版。

[美]弗里德曼著,刘晓春译:《中国东南的宗族组织》,上海人民出版社 2000 年版。

[日]富永健一:《社会学原理》,社会科学文献出版社 1992 年版。

高宣扬:《当代社会理论》,中国人民大学出版社 2010 年版。

(晋)郭璞:《尔雅·释亲》,北京大学出版社 1999 年版。

侯钧生:《西方社会学理论教程》,南开大学出版社 2001 年版。

郭松义:《伦理与生活——清代的婚姻关系》,商务印书馆 2000 年版。

[德]黑格尔著,范扬、张企泰译:《法哲学原理》,商务印书馆 1979 年版。

金太军:《村庄治理与权力结构》,广州人民出版社 2008 年版。

[美]克利福德·格尔茨著,韩莉译:《文化的解释》,译林出版社 1999 年版。

[德]卡尔·马克思,弗里德里克·恩格斯著:《马克思恩格斯全集·德意志意识形态》,人民出版社 1960 年版。

[美]罗伯特·F.墨菲著,王卓君译:《文化与社会人类学引论》,商务印书馆 1991 年版。

刘少杰:《国外社会学理论》,高等教育出版社 2006 年版。

李培林、谢立中:《社会学名著导读》,学习出版社 2012 年版。

[法]列维-斯特劳斯:《野性的思维》,商务印书馆 1997 年版。

[英]马林诺斯基:《西太平洋航海者》,华夏出版社 2002 年版。

[法]马歇尔·莫斯:《礼物》,上海人民出版社 2002 年版。

[美]玛格丽特·波洛玛著,孙立平译:《当代社会学理论》,华夏出版社 1989 年版。

[罗马尼亚]米尔恰:《伊利亚德:宏阔与世俗》,华夏出版社 2002 年版。

[美]皮特·布劳:《不平等和异质性》,中国社会科学出版社 1991 年版。

[法]皮埃尔·布迪厄著,蒋梓骅译:《实践感》,译林出版社 2003 年版。

[美]P.M.基辛著,甘华鸣、陈芳、甘黎明译:《文化·社会·个人》,辽宁人民出版社 1988 年版。

[美]彼得·M.布劳著,孙非、张黎勤译:《社会生活中的交换与权力》,华夏出版社 1988 年版。

[美]乔纳森·H.特纳著,吴曲辉译:《社会学理论的结构》,浙江人民出版社 1987 年版。

[美]乔纳森·特纳:《社会学理论的结构》,华夏出版社 2001 年版。

彭华民、杨心恒:《社会学概论》,高等教育出版社 2006 年版。

[美]乔治·赫伯特·米德著,霍桂恒译:《心灵、自我和社会》,译林出版社 2014 年版。

[美]R.E.安德森、I.卡特著,王吉胜译:《社会环境中的人类行为》,国际文化出版公司 1988 年版。

宋蜀华、白振声:《民族学理论与方法》,中央民族大学出版社 1998 年版。

王铭铭:《西方人类学名著提要》,江西人民出版社 2006 年版。

王铭铭:《社区的历程——溪村汉人家族的个案研究》,天津人民出版社1997年版。

(汉)许慎:《说文解字》,中华书局1963年版。

阎云翔:《礼物的流动——一个中国村庄中的互惠原则与社会网络》,上海人民出版社2000年版。

杨善华:《当代西方社会学理论》,北京大学出版社1999年版。

中共中央马克思恩格斯列宁斯大林著作编译局马列部:《马克思主义经典著作选读》,人民出版社2008年版。

[美]伊恩·罗伯逊著,黄育馥译:《社会学》,商务印书馆1990年版。

杨文炯:《互动调试与重构:西北城市社区及其文化变迁研究》,民族出版社2007年版。

庄英章:《林圯埔——一个台湾市镇的社会经济发展史》,上海人民出版社2000年版。

周晓虹:《社会心理学》,高等教育出版社2008年版。

翟学伟:《中国人行动的逻辑》,社会科学文献出版社2001年版。

学术文章

陈金泉、谢衍忆、蒋小刚:《乡村公共空间的社会学意义及规划设计》,《江西理工大学学报》2007年第2期。

刁统菊:《亲属制度研究的另一路径》,《西北民族研究》2009年第2期。

范国华:《列维-斯特劳斯的亲属制度理论及布迪厄的批判》,《黑龙江民族丛刊》2008年第6期。

付金柱:《族亲与姻亲的变奏:北方农村主要社会关系类型研究》,《大庆社会科学》2007年第6期。

桂华、余练:《婚姻市场要价:理解农村婚姻交换现象的一个框架》,《青年研究》2010年第3期。

桂榕:《婚俗变迁的人类学研究——以云南N古为个案》,《学术探索》2009年第5期。

贺斌:《默会知识研究:概述与启示》,《全球教育展望》2013年第5期。

胡健、董春诗:《宗法社会的制度结构与制度演进——中国社会制度传承解析》,《制度经济学研究》2005年第1期。

海路、徐杰舜：《西方民族研究文献回顾》，《湖北民族学院学报》2009 年第 1 期。

吉国秀：《婚姻习俗研究的路径：评述与启示》，《沈阳师范大学学报》2006 年第 2 期。

金太军：《村庄权力结构研究综述》，《文史哲》2004 年第 1 期。

李利：《人类学的婚姻研究》，《社科纵横》2010 年第 7 期。

刘太玲：《试析"女子不外嫁"习俗》，《当代经理人》2005 年第 5 期。

赖杨恩：《传统宗族社会结构与农村工业化道路抉择》，《东南学术》2002 年第 4 期。

马雪峰：《社会学民族关系研究的几种理论视角》，《西北民族研究》2007 年第 2 期。

彭峰：《从博兰尼的默识理论看中西绘画》，《文艺研究》2004 年第 4 期。

邱泽奇、丁浩：《农村婚嫁流动》，《社会学研究》1991 年第 3 期。

唐利平：《人类学和社会学视野下的通婚圈研究》，《开放时代》2005 年第 2 期。

吴重庆：《社会变迁与通婚地域的伸缩》，《开放时代》1999 年第 4 期。

王晓燕：《论婚姻及"女子不嫁外"婚俗》，《西北民族大学学报》2006 年第 4 期。

王德福：《论熟人社会的交往逻辑》，《云南师范大学学报》2013 年第 3 期。

汪俊、张建军：《西方人类学婚姻研究简论》，《塔里木大学学报》2010 年第 4 期。

新山：《婚嫁格局变动与乡村发展》，《人口学刊》2000 年第 1 期。

熊风水、慕良泽：《婚姻偿付—婚姻资助—姻亲互惠》，《新疆社会科学》2009 年第 1 期。

尹旦萍：《有女不远嫁：当代土家族女性婚嫁圈研究——以埃山村为例》，《青岛行政学院学报》2010 年第 2 期。

郁振华：《身体的认识论地位——论博兰尼默会认识论的身体性维度》，《复旦学报》2007 年第 6 期。

阎云翔：《差序格局与中国文化的等级观》，《社会学研究》2006 年第 4 期。

张建军：《结构主义视域下的仪式解读——读〈仪式过程：结构与反结构〉》，《社会科学论坛》2009 年第 6 期。

张云喜：《社会交换理论视域下的婚姻与择偶》，《山西青年管理干部学报》2013 年第 3 期。

邹静琴：《村民自治背景下的农村社区权力结构及其功能》，《社会主义研究》2003 年第 6 期。

学位文章

陈娜：《农村外出打工青年的通婚圈及影响因素研究》，硕士学位论文，华中科技大学人类学系，2008 年。

高静：《新疆生产建设兵团通婚圈变迁的研究》，博士学位论文，中央民族大学人类学系，2012 年。

韩松：《弗洛姆人性理论研究》，硕士学位论文，吉林大学心理学系，2008 年。

栗志强：《农村男方婚姻支付：性别比失衡背景下的农民婚姻策略》，博士学位论文，南京大学人类学系，2012 年。

李敏：《武定干海子村大花苗通婚圈的研究》，硕士学位论文，云南大学人类学系，2007 年。

田园：《富民芭蕉箐苗族的婚姻圈与婚姻交往》，硕士学位论文，云南大学人类学系，2012 年。

韦小鹏：《壮族婚姻圈的变迁——以南宁市二冬坡为例》，硕士学位论文，广西民族大学人类学系，2008 年。

武向征：《对豫北 L 村通婚圈的研究——基于社会资本理论的视角》，博士学位论文，华中师范大学人类学系，2012 年。

韦美神：《改革开放以来瑶族通婚圈的变迁研究——以广西田东县陇任屯为例》，硕士学位论文，广西民族大学人类学系，2008 年。

英文专著

Claude levi strauss, *The Elementary Structures Of Kinship*, France ：beacon press，1969.

Lerner, Gerda, *The Creation of Patriarchy*, Oxford: Oxford University Press, 1986.

Steven loyal, *The Sociology of Anthony Giddens*, London: Pluto Press, 2003, 75.

责任编辑:詹　夺

封面设计:姚　菲

图书在版编目(CIP)数据

管媒行动:宗族村落中的媒、婚姻制度和社会构建/
　何粉霞 著. —北京:人民出版社,2024.5

ISBN 978－7－01－026405－9

Ⅰ.①管…　Ⅱ.①何…　Ⅲ.①宗族-村落-婚姻制度-研究
　Ⅳ.①C913.13

中国国家版本馆 CIP 数据核字(2024)第 054886 号

管媒行动:宗族村落中的媒、婚姻制度和社会构建

GUANMEI XINGDONG ZONGZU CUNLUO ZHONG DE MEI
HUNYIN ZHIDU HE SHEHUI GOUJIAN

何粉霞　著

人民出版社 出版发行
(100706　北京市东城区隆福寺街99号)

北京九州迅驰传媒文化有限公司印刷　新华书店经销

2024 年 5 月第 1 版　2024 年 5 月北京第 1 次印刷
开本:880 毫米×1230 毫米 1/32　印张:12
字数:258 千字

ISBN 978－7－01－026405－9　定价:89.00 元

邮购地址 100706　北京市东城区隆福寺街99号
人民东方图书销售中心　电话 (010)65250042　65289539